Echos

French for Leaving Certificate

Brigid Mayes

Gill & Macmillan

Gill & Macmillan Ltd
Hume Avenue
Park West
Dublin 12
with associated companies throughout the world
www.gillmacmillan.ie

© Brigid Mayes 2002
0 7171 3139 4
Illustrations by Norma Leen
Design by Vermillion
Print origination in Ireland by Alanna Corballis

*The paper used in this book is made from
the wood pulp of managed forests.
For every tree felled, at least one tree is planted,
thereby renewing natural resources.*

All rights reserved.
No part of this publication may be copied,
reproduced or transmitted in any form or by any means
without written permission of the publishers or else
under the terms of any licence permitting limited copying
issued by the Irish Copyright Licensing Agency,
The Writers' Centre, Parnell Square, Dublin 1.

Acknowledgments
For permission to reproduce photos
grateful acknowledgement is made to the following
Image File; Inpho, the French Picture Library; Reuters;
Associated Press; Corbis; Frank Spooner;
Le Réunion des Musées Nationaux, Paris;
Bridgeman Photo Library; AKG.

Table des matières

Résumé des unités	vi	
Introduction	xi	
Cartes de France	xii	
1 Vacances	1	
2 Football et d'autres sports	9	
3 Randonnées dans les Pyrénées	18	
4 Chez soi	24	
5 Vivre en famille	32	
6 Fêtes	40	
En plus 1	46	
7 Questions	57	
8 Une Irlandaise en Lorraine	65	
9 L'école	71	
10 Dépêches	79	
11 Villes	86	
12 Pour dire qu'on aime	95	
En plus 2	105	
13 La Martinique: portrait d'un DOM	118	
14 Retour sur image: l'enfant symbole du Vietnam	124	
15 Entre la pluie et le beau temps	131	
16 L'eau	138	
17 Portraits de famille	145	
18 Trois jours à Paris	153	
En plus 3	162	
19 Viticulture	173	
20 Après l'école?	182	
21 Carnac	190	
22 Forêts	196	
23 Comment vas-tu?	206	
24 Au restaurant	216	
En plus 4	224	
25 J'aurais pu être …	236	
26 On vote?	245	
27 Cinéma	253	
28 Déplacements	260	
29 Chartres	265	
30 Envoi	273	
En plus 5	281	
Transcription	290	
Les chiffres	326	
Section grammaire	329	
Verbes irréguliers	348	

Résumé des unités

Units	Grammar points introduced and practised	Language use
1 Vacances	Perfect tense. Imperfect.	Narrative. Sentence building. Short profiles of people. Making conversation: responding to questions.
2 Football et d'autres sports	Present tense. Relative pronouns *qui* and *que*. *Il faut* + infinitive. *Devoir* + infinitive. Verbs followed by *à* or *de*. *En, au, aux* to talk about going to, being in a country.	Describing the role/qualities of a good sportsperson. Using words to label diagrams. Classifying vocabulary. Responding to questions. Talking about sporting activities.
3 Randonnées dans les Pyrénées	Future tense. Conditional for polite requests.	Invitations and replies. Describing a landscape. Giving directions. Narrative (postcard). Asking for and giving information.
4 Chez soi	Personal pronouns. Relative pronouns *qui* and *que*.	Short profiles of people. Saying where things are. Describing rooms in a house. Leaving messages. Short role-plays based on everyday encounters. Advertising a house for sale.
5 Vivre en famille	Adjectives. Indirect speech. *On*. Pronouns. *Vouloir que* + subjunctive.	Discussing parent-child relationships. Offering to help. Household tasks, and who does what.
6 Fêtes	Relative pronoun *celles qui/que*. Perfect tense. Future tense.	Wishes for special occasions. Speaking about public holidays and special events, and comparisons between France and Ireland.
En plus 1		

RÉSUMÉ DES UNITÉS

Units	Grammar points introduced and practised	Language use
7 Questions	Formulating questions with yes/no answers. Participles. Formulating questions with *quand, pourquoi, comment, combien, où, quel*.	Reading a play extract (from *Pour ses beaux yeux*, by René de Obaldia). Role play with quiz show host presenting participants. Personal profiles. Drawing up questions for a quiz.
8 Une Irlandaise en Lorraine	Imperfect tense. Present tense. Comparing *tu* and *vous*. Conditional.	Personal profiles. Talking about accommodation. Daily routine. Sentence building. Discussing the experience of living in France.
9 L'école	Indicators for gender of nouns. Use of the definite article. Comparing. Conditional.	Talking about school: saying what you do, commenting on the experience of school. Comparing schools in Ireland and France. Profile of a school. Consulting a document to find out how to say things.
10 Dépêches	Passive voice. Possessive pronouns. Past participles.	Sentence building. Summarizing. Narrative. Expressions of frequency. Talking about your interest in news and current affairs. Writing short news reports.
11 Villes	Perfect tense. Imperfect tense. Future and *futur proche*. Present tense.	Profile of a town. Narrative. Outlining plans for a day in town. Describing administrative functions. Drawing up a home page for your town's website.
12 Pour dire qu'on aime	Adverbs of degree. Superlative.	Expressing like and dislike. Agreeing and disagreeing. Metaphors. Comprehension of literary texts (two extracts from novels by Daniel Pennac). Written assignments based on reading of texts. Short biography.
En plus 2		

vii

RÉSUMÉ DES UNITÉS

Units	Grammar points introduced and practised	Language use
13 La Martinique: portrait d'un DOM	Nouns and corresponding verbs.	Profile of a country (France) and *département* (Martinique). Describing location. Chronology. Elaborating captions of photographs.
14 Retour sur image: l'enfant symbole du Vietnam	Negative expressions.	Comprehension of literary texts (from *Retour sur images*, by Annick Cojean). Summarizing. Written expression based on reading of text.
15 Entre la pluie et le beau temps	Constructions with *faire* to speak of weather.	Definitions (weather words). Interpreting a weather chart. Describing weather conditions. Narrative (account of a day, based on listening exercise).
16 L'eau	*Pour* to express purpose. Adjectives: position and agreement.	Talking about water: supply, shortage, treatment. Matching key sentences with paragraphs. Translation. Summarizing. Describing photos.
17 Portraits de famille	Conditional.	Elements of description: place, people, position. Giving a personal response to a picture. Requesting information or a service. Internet research. Making a reservation.
18 Trois jours à Paris	*Ancien*, and adjectives which change meaning according to their position.	Locating places on a map. Reading, listening and research activities leading to the planning of a visit to Paris. Oral presentation.
En plus 3		

RÉSUMÉ DES UNITÉS

Units	Grammar points introduced and practised	Language use
19 Viticulture	Verbs and corresponding nouns. Relative pronoun *qui*.	Locating places on a map. Describing the annual cycle of work in a vineyard, and in different types of farming or cultivation. Asking for and giving information. Saying you don't understand, asking someone to speak more slowly, etc. Filling in a job application form. Describing working conditions.
20 Après l'école?	Expressions followed by a verb in the infinitive.	Expressing hope, preference, intention. Drawing up vocabulary lists. Describing what people do in their jobs. Role play: drawing on text to complete an interview. Familiarisation with third level education structures in France. Writing a CV. Responding to job offers. Job application letter.
21 Carnac	Past participles. Conditional.	Explaining words. Expressing an opinion. Supporting statements with evidence. Translation. Using language learned to describe megalithic sites in Ireland.
22 Forêts	Present participles. Verbs and corresponding nouns.	Matching paragraphs with headings. Explaining processes and consequences. Using language learned to speak about some environmental and social problems.
23 Comment vas-tu?	Expressions with *aller*, *avoir* to speak about how one is. Reflexive verbs to speak of injuries. Imperative mood. *Pouvoir*, *devoir*. Expressions followed by a verb in the infinitive.	Asking how someone is, talking about health and state of mind. Giving advice, instructions. Role plays based on information in short articles: explaining, giving advice, discussing problems. Answering questions using information in articles. Drawing up a vocabulary list.
24 Au restaurant	Gender of nouns, use of definite article. Present tense. Relative pronouns *(ce) qui, (ce) que, celui qui*, etc. Personal pronouns. *Il faut* followed by the subjunctive Indirect speech.	Ordering a meal in a restaurant. Describing how to prepare dishes. Describing work done in a restaurant. Taking and passing on messages.
En plus 4		

RÉSUMÉ DES UNITÉS

Units	Grammar points introduced and practised	Language use
25 J'aurais pu être …	Imperfect tense. *Avant*. Expressions of cause, consequence, purpose. Past Historic tense.	Elements of biography. Comparing. Sentence building. Comprehension of literary texts (extracts from *Allah n'est pas obligé* by Ahmadou Kourouma). Using points from reading to support discussion.
26 On vote?	Perfect tense. Conditional.	Words and definitions. Summary. Election slogans. Comparing political institutions in France and Ireland. Stating a point of view and supporting it.
27 Cinéma		Talking about cinema-going habits and preferences. Expressions to describe films. Short film reviews. Making arrangements to go out.
28 Déplacements	*Par le, en, à*, when talking about means of transport. Expressions of frequency. Verbs and corresponding nouns. The partitive article.	Classifying means of transport. Talking about regular journeys and means of transport used. Reading about transport policy in Strasbourg. Discussing transport and traffic issues in your area, and outlining proposals for solving problems.
29 Chartres	Imperfect tense. Expressions of sequence. *Ne . . . plus*. Present tense.	Matching photographs and descriptions. Ordering elements of sentences. Describing a process. Sentence building.
30 Envoi		French expressions used in English. Listening to and reading about experiences of Irish people who use French in their lives. Writing emails and postcards loosely based on reading of text.
En plus 5		

Introduction

The book you are about to embark on is a two-year course book for Leaving Certificate French, at either Higher or Ordinary Level. The Department of Education syllabus is common to both levels. Your teacher will guide you as to which activities and exercises may be simplified or omitted for students intending to take Ordinary Level. There are thirty units. Each is intended to represent one to two weeks' work. The *Résumé des unités* gives a summary of the grammar points introduced and the types of communication practised in each unit. As you work with a unit, you will find it best to do the exercises in order: they generally follow a logical sequence. In the last activity of each section or unit, you will usually have a chance to draw together all the elements you have learned. Most units end with suggestions for follow-up work.

After every group of six units you will find a section entitled *En plus*. These sections revisit the themes of the preceding units, and include reading and listening material with exam-type questions and assignments.

All of the listening material which forms part of the course is available on cassette, and the transcript is included in the book. Most of the listening exercises in the book are meant to be done initially without reference to the transcript, but the transcript is there for you to check your work and to use as an extra resource and a model for your own expression.

There is a grammar section at the back of the book, and during the course of your work you will often be asked to refer to it. You may occasionally need to consult a separate grammar book, because a section this size cannot be exhaustive. Referring to the grammar section will make you aware of the workings of the French language and help you in your own composition.

Through the work you do over the next two years, you will build up your capacity to tell your own story: about your family, friends, school, the place you live, your activities, your interests, your plans for the future. In the subject matter you will find images and aspects of France and the French-speaking world, glimpses of the lives of various people, and explorations of some of the issues of concern in the world today.

Very many thanks are due to the people (students, colleagues and friends and strangers) who have generously offered advice and ideas, given interviews, reading material and photographs for this book.

ROYAUME UNI
BELGIQUE
ALLEMAGNE
LUXEMBOURG
SUISSE
ITALIE
ESPAGNE
LA MANCHE
L'OCÉAN ATLANTIQUE
LA MER MÉDITERRANÉE
Calais
Boulogne
Nord-Pas-de-Calais
Lille
Le Havre
Haute-Normandie
Rouen
Picardie
Caen
Basse-Normandie
Reims
SEINE
PARIS
Champagne-Ardenne
Lorraine
Alsace
Strasbourg
Vosges
Bretagne
Rennes
Île de France
Pays de la Loire
LOIRE
Nantes
Tours
Centre
Dijon
Franchce-Comté
Bourgogne
Jura
Poîtou-Charentes
Limoges
Limousin
Clermont-Ferrand
Auvergne
Lyon
Rhône-Alpes
RHÔNE
Alpes
Bordeaux
DORDOGNE
Massif Central
Aquitaine
GARONNE
Midi-Pyrénées
Languedoc-Rousillon
Provence-Alpes-Côtes d'Azur
Toulouse
Nice
Marseille
Pyrénées
Corse
Ajaccio
GUADELOUPE
La Montagne Pelée
MARTINIQUE
Fort-de-France
Île du Diable
Cayenne
MARONI
OIAPOQUE
GUYANE
Saint-Denis
Piton des Neiges
Piton de la Fournaise
LA RÉUNION

Carte de France

LA MANCHE

- Pas-de-Calais 82
- Nord 59 — Lille
- Somme 80 — Amiens
- Seine-Maritime 76 — Rouen
- Aisne 2
- Ardennes 8
- Manche 50
- Caen
- Calvados 14
- Eure 27
- Oise 60
- Marne 51 — Reims
- Meuse 55
- Moselle 57 — Metz
- Orne 61
- PARIS
- Chartres
- Seine-et-Marne 77
- Aube 10
- Nancy
- Moselle 64
- Bas-Rhin 67 — Strasbourg
- Finistère 29
- St. Brieuc
- Côtes-d'Armor 22
- Quimper
- Ille-et-Vilaine 35 — Rennes
- Mayenne 53
- Sarthe 72
- Eure-et-Loire 28
- Loiret 45 — Orléans
- Haute-Marne 52
- Vosges 88
- Haut-Rhin 68
- Morbihan 56
- Vannes
- Loire-Atlantique 44
- Maine-et-Loire 49
- Nantes
- Indre-et-Loire 37
- Loire-et-Cher 41
- Yonne 89
- Côtes-d'Or 21 — Dijon
- Haute-Saône 70
- Doubs 25 — Besançon
- Territoire de Belfort 90
- Vendée 85
- Deux-Sèvres 79
- Poitiers
- Vienne 86
- Indre 36
- Cher 18
- Nièvre 58
- Saône-et-Loire 71
- Jura 39
- Charente-Maritime 17
- Charente 16
- Haute-Vienne 87
- Limoges
- Creuse 23
- Allier 3
- Rhône 59 — Lyon
- Ain 1
- Haute-Savoie 74
- Clermont-Ferrand
- Puy-de-Dôme 63
- Loire 42
- Corrèze 19
- Dordogne 24
- Cantal 15
- Haute-Loire 43
- Isère 38 — Grenoble
- Savoie 73
- Bordeaux
- Gironde 33
- Lot-et-Garonne 47
- Lot 46
- Aveyron 12
- Lozère 48
- Ardèche 7
- Drôme 26
- Hautes-Alpes 5
- Lardes 40
- Tarn-et-Garonne 82
- Gers 32
- Tarn 81
- Gard 36
- Vaucluse 84
- Alpes-de-Haute-Provence 4
- Alpes-Maritimes 64 — Nice
- Basses-Pyrénées 64
- Haute-Garonne 31 — Toulouse
- Hérault 34 — Montpelier
- Bouches-du-Rhône 13 — Marseille
- Var 83
- Hautes-Pyrénées 55
- Ariège 9
- Aude 11
- Pyrénées Orientales 66 — Perpignan

L'OCÉAN ATLANTIQUE

LA MER MÉDITÉRRANÉE

- Corse — Ajaccio

PARIS
- Oise 60
- Val-d'Oise 95
- Yvelines 78
- Seine-et-Marne 77
- Essone 91
- Seine-Saint Denis 93
- Haut-de-Seine 92
- Paris 75
- Val-de-Marne 94

xiii

1 Qu'est-ce qu'ils ont fait?

1.1 Sur le document 1, vous entendrez six personnes qui parlent de ce qu'elles ont fait pendant les vacances. A la première écoute, complétez chaque phrase en répondant à la question *où?*

Thomas
Je suis parti …
J'ai travaillé …

Sarah
J'ai travaillé …
J'ai passé mon temps libre …

Deborah
Je suis allée …

Anne
J'ai gardé ma petite sœur …
J'ai passé une semaine …

Christophe
J'ai travaillé …

Robert
J'ai passé deux semaines …
Ensuite, j'ai travaillé …

1.2 Ecoutez le document 2, dans lequel les six personnes donnent plus de détails.
Notez les réponses aux questions *pourquoi? quand? souvent? avec qui? pendant combien de temps?*

1 Sarah: *Pourquoi?* **j'ai travaillé** *où? quand?*
 J'ai passé mon temps libre *où? souvent?*

2 Christophe: **J'ai travaillé** *avec qui? où? pendant combien de temps?*
 J'ai joué au hurling *souvent?*

3 Anne: **J'ai gardé ma petite sœur** *où? pourquoi?*
 Pourquoi? quand? **j'ai passé** *combien de temps? où? avec qui?*

4 Thomas: **Je suis parti** *où? avec qui? quand?*
 Quand? **j'ai travaillé** *où? pendant combien de temps?*

5 Robert: **J'ai passé deux semaines** *où? quand? pourquoi?*
 Ensuite, j'ai travaillé *où? pendant combien de temps?*

6 Deborah: *Quand?* **je suis allée** *où? pourquoi?*

1 VACANCES

1.3 Complétez les phrases ci-dessus à l'écrit, et lisez-les à haute voix. Vous pouvez vérifier vos réponses en lisant la transcription, page 290.

1.4 Dans les phrases que vous avez faites, classez toutes les expressions qui répondent aux questions dans la grille ci-dessous:

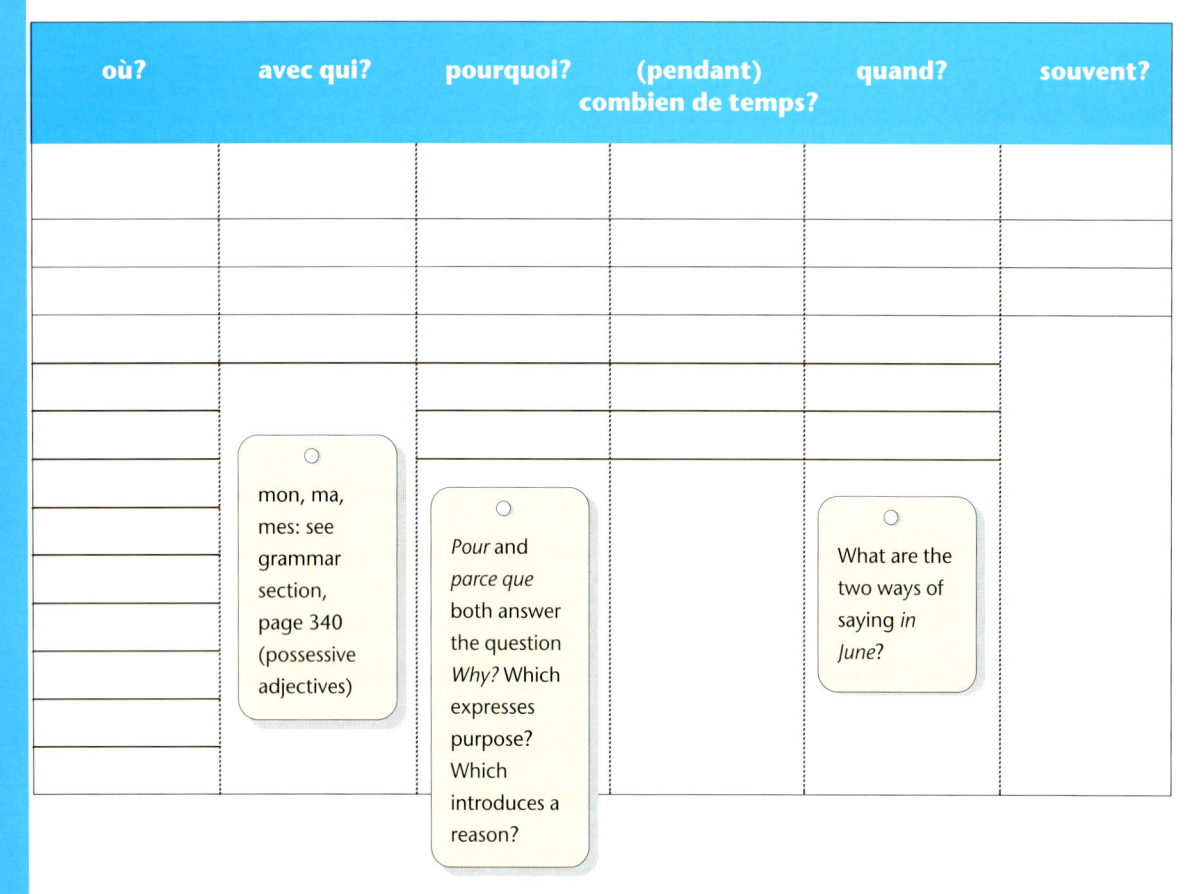

où?	avec qui?	pourquoi?	(pendant) combien de temps?	quand?	souvent?

> mon, ma, mes: see grammar section, page 340 (possessive adjectives)

> *Pour* and *parce que* both answer the question *Why?* Which expresses purpose? Which introduces a reason?

> What are the two ways of saying *in June*?

1.5 Les verbes ci-dessous sont tirés des phrases que vous avez complétées. Ils sont au passé composé. Dans la colonne de gauche, inscrivez l'infinitif de chaque verbe:

Infinitif	Passé composé
	j'ai travaillé
	je suis allée
	j'ai joué
	j'ai gardé
	j'ai passé
	je suis parti

1 VACANCES

✓ The *passé composé* is composed of an auxiliary (*avoir* or *être* in the present tense) + the past participle of the verb required.
✓ How do you know when to use *avoir* and when to use *être*?
✓ How is the past participle of a verb normally formed? Do the verbs in the list above conform to the rule?
✓ Why is there an extra e on the end of *allée* above?

Check your answers in the grammar section (pages 346 and 347).

1.6 Remettez les éléments du cercle à leur place ci-dessous pour écrire le présent des verbes *avoir* et *être*.

avoir	*être*
j' ...	je ...
tu ...	tu ...
il/elle/on ...	il/elle/on ...
nous ...	nous ...
vous ...	vous ...
ils/elles ...	ils/elles ...

ai, ont, suis, es, avons, as, a, êtes, sommes, avez, est, sont

1.7 Faites les changements nécessaires dans les phrases 1–6 de l'exercice **1.3** pour parler de ce que les six personnes ont fait à la troisième personne (il/elle).

Sarah ...
Christophe ...
Anne ...
Thomas ...
Robert ...
Deborah ...

1.8 Et vous? Qu'est-ce que vous avez fait pendant les vacances? Rédigez entre cinq et dix phrases pour dire ce que vous avez fait. Précisez (comme il convient) *où, avec qui, pourquoi, pendant combien de temps, quand* ...

2 Sur les traces de Robert

2.1 Robert a passé deux semaines en France au mois de juin. Dans le document 3 il parle des membres de la famille Lavandière, qui l'ont reçu chez eux. Ecoutez-le, et reconstruisez les phrases ci-dessous en reliant tous les éléments.

1 VACANCES

est entrepreneur dans la construction.	Michel,
	Sylvie,
	Annabelle, *la cadette,*
	Elle
	Charlotte, *la mère,*
est professeur de gymnastique dans un lycée.	Ils habitent
	C'est

le père, *l'aînée,* *près de Châteaubriant,* *une ville à mi-chemin entre Rennes et Nantes.*

a passé son bac au mois de juin. *une maison moderne construite par Michel.* *a dix-huit ans.* *a onze ans.*

2.2 Le texte suivant parle d'une journée du séjour de Robert en France. Lisez-le, et faites l'exercice en dessous.

Pris dans la tempête, le pétrolier maltais *Erika* s'est brisé en deux, le 12 décembre dernier, au sud-ouest de Penmarc'h (Finistère). Les épaves du pétrolier, en sombrant par 120 m de fond, ont lâché plus de 10 000 tonnes de fioul. Après plusieurs jours de dérive, les nappes ont souillé le littoral, du Sud-Finistère à la Charente-Maritime.

Ouest-France

1   Les Lavandière ont une maison de plage au bord de l'Atlantique, à Saint-Michel-Chef-Chef. Un jour ils y ont emmené Robert et son copain Guillaume. Michel y est allé à vélo. Il a quitté la maison à huit heures du matin, et les autres sont partis plus tard en voiture.

2   A midi ils ont fait un barbecue. Ils ont mangé des fruits de mer, des huîtres et des praires.

3   Après le déjeuner, Robert et Guillaume sont allés en ville avec Charlotte et sa copine Juliette. Saint-Michel-Chef-Chef est une ville où il y a beaucoup de maisons secondaires, qui appartiennent pour la plupart à des Parisiens. Il y avait beaucoup de maisons inoccupées, parce que le mois de juin ce n'est pas encore la saison des vacances. Sur la promenade du bord de mer, il y avait des jeunes qui faisaient du roller. Robert et ses copains ont passé un moment à les regarder.

4   Ensuite, ils sont allés à la plage. Il était interdit de se baigner. L'eau était toujours polluée par la marée noire de décembre dernier. On voyait qu'il y avait par endroits comme une couche fine de fioul sur l'eau. Plus tard, à la maison, Michel leur a montré des photos d'oiseaux mazoutés prises quelques jours après le naufrage du pétrolier *Erika*.

5   Le soir, Robert et Guillaume sont allés en boîte de nuit avec Annabelle. Il y avait beaucoup de monde, et ils se sont bien amusés. Ils y sont restés jusqu'à quatre heures du matin.

6   Finalement, Robert et Guillaume ont dormi dans une caravane à côté de la maison.

Dans le texte, relevez les verbes qui sont (a) au passé composé et (b) à l'imparfait, et inscrivez-les, avec leur sujet, comme dans les exemples donnés, dans le tableau.

Infinitif	Passé composé	Imparfait
emmener	ils (y) ont emmené	
aller		
quitter		
partir		
faire		
manger		
aller		
avoir		il (y) avait
avoir		
faire		
passer		
aller		
être		
être		
voir		
avoir		
montrer		
aller		
avoir		
s'amuser		
rester		
dormir		

○ How do you recognise a verb in the *imparfait*? Look at the *imparfait* endings in the table in the grammar section, page 344.

○ Look at the note on the pronoun *y*. Grammar section, page 332.

○ When you look down the fourth column of the irregular verb table in the grammar section, you will see that some verbs have irregular past participles. Learn them!

○ You will have noticed that there are also verbs in the present tense in the text you have studied. They speak of situations which still exist: *Les Lavandière* **ont** une maison … *Saint-Michel-Chef-Chef* **est** une ville …

1 VACANCES

2.3 Analyse the use of verbs in the table you have just completed by answering the following questions.

- ✓ Which tense, *passé composé* or *imparfait* is used to speak of actions, or what people did? Which is used to talk about the background situation?
- ✓ In the grammar section, page 342, look at the paragraph on the *imparfait* and make sure you understand the reason for using it in the text you have just read.
- ✓ In the table, look at the infinitive of the verbs in the *passé composé*. Which one of the verbs has an irregular past participle?
- ✓ Why is there sometimes an *s* at the end of a past participle?

> Voir les pronoms personnels, section grammaire, page 332.

2.4 Ecoutez le document 4, dans lequel Robert parle lui-même de sa journée à Saint-Michel-Chef-Chef. Dans le texte (**2.2**) ci-dessus, soulignez les expressions qui changent quand c'est Robert qui parle à la première personne (*je* ou *nous*).

2.5 Imaginez que vous êtes Robert, et lisez le texte à haute voix, tout en faisant les changements nécessaires.

3 Et pour parler de vous …

3.1 Faites un petit profil de votre famille, sur le modèle de celui des Lavandière à la page 4.

3.2 Comme Robert l'a fait, racontez une journée de vos vacances.

4 Pour se débrouiller en français

4.1 A son retour en Irlande, Robert a parlé de son expérience de l'apprentissage du français. Il a parlé des questions qu'on lui posait souvent.

> Au début, c'était difficile de comprendre les questions qu'on posait et d'élaborer des réponses.

Sur le document 5, écoutez les questions suivantes et notez les réponses.

- Tu veux une cigarette?
- Ça va?
- C'est la première fois que tu viens en France?
- Est-ce que tu aimes cette musique?
- Veux-tu aller au cinéma?

4.2 Les réponses que vous avez entendues ne sont évidemment pas suffisantes!
Faites correspondre à chaque question ci-dessus toutes les réponses possibles ci-dessous:

- Je veux bien.
- Non, je préfère . . .
- Non, pas beaucoup.
- Oui, mais pas ce soir.
- Avec plaisir!
- Oui, je l'aime beaucoup.
- J'aimerais bien, mais je ne peux pas.
- Oui, et toi?
- Oui, c'est la première fois.
- Non merci.
- Ça va.
- Pas très bien.
- Non, je suis déjà venu.

1 VACANCES

7

1 VACANCES

4.3 Travaillez à deux. Posez-vous les cinq questions et, là où il convient, élaborez vos réponses.

4.4 Les questions suivantes sont des questions qu'on pose souvent à un étranger ou à une étrangère.
- *a* Quand est-ce que **tu es arrivé** en France?
- *b* **Tu vas** rester combien de temps?
- *c* Quand est-ce que **tu rentres** en Irlande?
- *d* Qu'est-ce que **tu aimes** comme musique?
- *e* **Tu es venue** comment?
- *f* **C'est** où, Moate (ou la ville où vous habitez)?

Formulez le début de votre réponse à chaque question ci-dessus à partir du sujet et du verbe en caractères gras.
Exemple: *Je suis arrivé …*

5. Sur le document 6, écoutez et notez les réponses aux questions (a) à (f).

To follow up

The main focus in this unit has been narrative: telling about things that happened. A useful thing to do, over the two years of your Leaving Certificate course, would be to keep a diary of your activities, a *journal intime*. At the end of a day or a week, think back over what you have done, and talk or write about it in French. In this way you will steadily strengthen your capacity to talk about what is going on in your life.

Now test yourself at www.my-etest.com

2 FOOTBALL ET D'AUTRES SPORTS

1 Parc des Princes, 1952

Le 26 mars 1952, le peintre Nicolas de Staël assiste au match France-Suède en nocturne au Parc des Princes à Paris. Dans une lettre à son ami René Char il écrit: 'Quand tu reviendras, on ira voir des matches ensemble. C'est absolument merveilleux... Entre ciel et terre sur l'herbe rouge ou bleue une tonne de muscles voltige en plein oubli de soi...'. Dans les jours qui suivent, de Staël peint 24 tableaux dérivés du thème de football.

1.1 Identifiez les éléments suivants qu'on reconnaît sur le tableau: le ciel, les tribunes, le terrain, les footballeurs, les maillots, les shorts, les chaussettes.

1.2 Associez chaque expression à droite avec un élément à gauche:

la phase du jeu	tordus par l'action
les corps des footballeurs	d'une grande vivacité
les tribunes	désaxés
l'ensemble du tableau	une percée du ballon
	un dribble vigoureux
	blanches et noires

> Don't forget that nouns and adjectives must agree in gender and number. See grammar section, page 334.

1.3 Pour décrire le tableau, utilisez les expressions à droite ci-dessus pour compléter les phrases suivantes:

On voit un jeu de football au moment d'...
On voit les footballeurs, les corps..., et les tribunes...
C'est un tableau...

1.4 Vérifiez votre réponse à l'exercice 1.3 en écoutant le document 1.

2 Les joueurs

2.1 Faites correspondre les éléments à droite et à gauche pour expliquer le rôle principal des membres d'une équipe de football.

Le gardien	**marquer** les buts
Les défenseurs	**protéger** le but
Les milieux de terrain	**arrêter** les attaquants adverses
Les attaquants	**assurer** la liaison entre la défense et l'attaque

> Rappel! Pour la formation du présent, voir la section grammaire, page 344.

2.2 Ensuite, mettez les verbes au présent, et lisez les phrases complétées à haute voix.

2.3 Pour renforcer l'expression, vous pouvez dire:

C'est le gardien qui ...
Ce sont les défenseurs qui ...
Refaites les quatre phrases en utilisant cette construction.

2.4 Ci-dessous vous trouverez les qualités qu'il faut pour être bon footballeur:

Il faut posséder ...
une très bonne technique
une grande autorité
beaucoup de vitalité

Il faut être ...
rapide
de préférence grand
solide

Il faut avoir ...
une frappe de ballon puissante et instantanée
du sang-froid
d'excellents réflexes
une excellente vision du jeu

> *Falloir* is an impersonal verb, used only in the *il* form. It is often followed by a verb in the infinitive (see grammar section, page 343).

Choisissez des expressions ci-dessus pour compléter les phrases suivantes et faire le portrait d'un joueur idéal:

Pour être bon gardien, il faut ...
Pour être bon défenseur, il faut ...
Pour être bon milieu de terrain, il faut ...
Pour être bon attaquant, il faut ...

Reformulez les phrases que vous avez faites en utilisant le verbe *devoir*. Elles commenceront de cette façon:

Un gardien doit...
Un défenseur doit...
Un milieu de terrain doit...
Un attaquant doit...

2.5 Faites le portrait d'un sportif ou d'une sportive (joueur de football ou de n'importe quel sport) que vous admirez:

Il/elle possède...
Il/elle est...
Il/elle a...

> The verb *devoir* (when it means *to have to*) is also followed by a verb in the infinitive (see grammar section, page 343). Unlike *falloir*, it can be used with any subject.

3 Terrains de jeu

3.1 Un rectangle peut représenter:
  a   un terrain de football,
  b   un terrain de basket,
  c   une piscine,
  d   un terrain de rugby,
  e   un parcours d'obstacle pour les sports équestres (si vous enlevez les coins pour en faire un ovale),
  f   une table de tennis de table,
  g   un terrain de tennis.

Faites correspondre chaque encadré ci-dessous à l'élément correspondant de (a) à (g) ci-dessus:

1	2
le centre	la ligne des 50/5/10/22 mètres
le cercle central	la ligne de touche de but
le but	la ligne de but
la surface de but/ de réparation/de coin	la ligne de ballon mort
le point de réparation	le poteau
l'arc de cercle	la barre horizontale
la ligne de but/de touche/ médiane	

2 FOOTBALL ET D'AUTRES SPORTS

3
le départ
l'arrivée
l'oxer/l'oxer avec croix
la barrière
la haie barrée
le mur/le mur barré
la barre sur l'eau
le triple: mur, barres, oxer
le double: cube avec haie, cube avec barrière
le droit: planche et barre
la haie rivière
les blocs de départ
le mur latéral
le mur d'extrémité
les couloirs

4
les blocs de départ
le mur latéral
le mur d'extrémité
les couloirs

5
la surface de jeu
la ligne centrale/de fond/latérale
le filet

6
le panneau
le support de panneau
le panier
le premier/deuxième espace
le demi-cercle
la zone réservée
le couloir de lancer franc
le cercle central/restrictif

7
l'arrière court
le court de service
le couloir
la ligne de service/ de fond/médiane de service
le filet

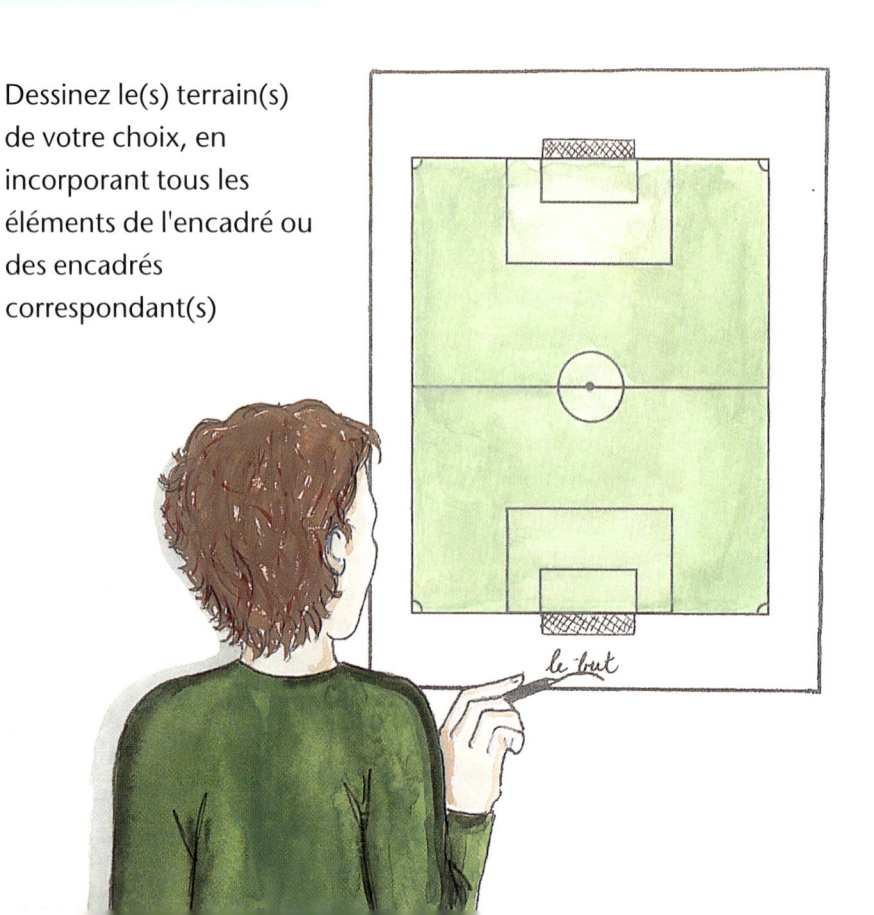

3.2 Dessinez le(s) terrain(s) de votre choix, en incorporant tous les éléments de l'encadré ou des encadrés correspondant(s)

le but

4 Les sports qu'on pratique

4.1 Trouvez dans la liste ci-dessous des sports ou des jeux qui appartiennent aux catégories suivantes:

arts martiaux
sports aériens
sports aquatiques (nautiques)
sports de montagne
sports d'équipe
sports individuels
sports-nature

l'aérobic (m)	le football	la plongée
l'aïkido (m)	le golf	le quad
l'alpinisme (m)	la gymnastique	le rafting
l'athlétisme (m)	le handball	la randonnée pédestre
l'aviron (m)	le hockey	le roller
le basket	le jogging	le rugby
le bateau	le judo	le ski
les boules (f)	le karaté	le surf
la boxe	la marelle	le tennis
le canoë	la natation	le tir à l'arc
la chasse	le patin	la voile
le cyclisme	le parachutisme	le vol libre
l'équitation (f)	le parapente	le volley
l'escalade (f)	la pêche	le VTT
les fléchettes	la planche à voile	

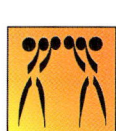

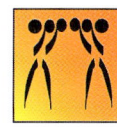

(Vous pouvez ajouter d'autres sports à la liste)

4.2 Faites d'autres classements des sports sur la liste. Quels sont, à votre avis, les sports (a) les plus coûteux, (b) les plus intéressants, (c) les moins intéressants, (d) qui demandent beaucoup d'adresse, (e) qui demandent beaucoup de résistance.

Moi j'aimerais faire du saut à l'élastique.

T'es fou.

4.3 Dans la liste, relevez les sports:

  a que vous avez essayés
  b que vous pratiquez
  c que vous aimeriez essayer

4.4.1 Sur le document 2, écoutez les gens qui parlent des sports qu'ils pratiquent, et remplissez les blancs dans les phrases suivantes:

- ✓ Je joue …… hockey.
- ✓ Je fais …… ……athlétisme.
- ✓ Je joue …… fléchettes.
- ✓ Je fais …… …… natation.
- ✓ Je fais …… ……équitation.
- ✓ Je pratique …… karaté.
- ✓ Je m'intéresse …… ski.
- ✓ Je pratique …… gymnastique.
- ✓ Je m'intéresse …… …… randonnée.
- ✓ Je fais …… patin sur glace.
- ✓ Je joue …… …… marelle avec ma petite sœur.
- ✓ Je fais … promenades à vélo.

Vérifiez vos réponses en regardant la transcription.

les verbes

jouer à (used when you talk of team games, or games played according to set rules)

s'intéresser à

faire de

pratiquer

4.4.2 In the sentences you have just completed, what do *à* and *de* become in front of nouns with the number and gender below?

	Devant un nom au masculin singulier	**Devant un nom au féminin singulier**	**Devant un nom singulier qui commence par une voyelle ou h-muet**	**Devant un nom pluriel**
à				
de				

4.5 Reprenez les sports que vous avez mentionnés sous 4.3(b) ci-dessus, et refaites vos phrases en utilisant le verbe *jouer* ou *faire*.

4.6.1 Cochez les questions ci-dessous qui demandent une réponse *oui* ou *non*:

Est-ce que vous êtes sportif/sportive? ☐
Vous aimez le sport? ☐
Vous faites du sport? ☐
Vous regardez le sport à la télé? ☐
Quels sports aimez-vous regarder à la télé? ☐
Quels sont les sports que vous pratiquez? ☐
Qu'est-ce que vous aimez comme sport? ☐
Est-ce que vous vous entraînez régulièrement? ☐

4.6.2 Reliez chaque question à toutes les réponses possibles ci-dessous:

- Le sport, ça ne m'intéresse pas du tout.
- Non, pas du tout.
- J'aime…
- Je ne pratique aucun sport.
- Oui, je fais du/de la/de l'…
- J'aime regarder…
- Oui, je l'aime beaucoup, surtout …
- Je joue au/à la/à l'…
- Oui, je regarde toujours …
- Oui, deux fois par semaine, en général.
- Non, jamais.

4.6.3 Reformulez les questions ci-dessus en remplaçant *vous* par *tu*, et faites les autres changements nécessaires.

4.7 Sur les documents 3(a) et 3(b), écoutez Georges et Marie qui parlent des sports qu'ils pratiquent, et remplissez la grille:

	Georges	**Marie**
sport pratiqué?		
où?		
quand?		
avec qui?		
pourquoi il/elle aime ce sport?		
participe aux compétitions?		

4.8 Comme Georges et Marie, faites une description de vos activités sportives. Vos réponses doivent répondre aux questions dans la grille ci-dessus.

5   La Coupe du Monde

C'est en 1928, sous l'impulsion de son président français Jules Rimet, que la FIFA a décidé la création de la Coupe du Monde. Elle a eu lieu tous les quatre ans depuis 1930, sauf en 1942 et 1946.

5.1 Consultez la section grammaire (page 330 pour déterminer le genre (masculin ou féminin) de chaque pays dans la liste ci-dessous des pays organisateurs de la Coupe du Monde. Inscrivez *m.* ou *f.* à côté de chaque pays. Vous pouvez vérifier vos réponses dans un dictionnaire.

Année	Pays organisateur	Pays vainqueur
1930	Uruguay	
1934	Italie	
1938	France	
1950	Brésil	
1954	Suisse	
1958	Suède	
1962	Chili	
1966	Angleterre	
1970	Mexique	
1974	Allemagne	
1978	Argentine	
1982	Espagne	
1986	Mexique	
1990	Italie	
1994	Etats-Unis	
1998	France	
2002	Japon/Corée du Sud	
2006	Allemagne	

avoir lieu:
to take place
organiser:
to organise

5.2 Maintenant, faites des phrases pour dire quel pays a organisé la Coupe du Monde en quelle année.

Exemples:

En 1982 la Coupe du Monde a eu lieu en Espagne.
En 1982, (c'est) l'Espagne (qui) a organisé la Coupe du Monde.

5.3 Savez-vous qui a gagné la Coupe à chaque fois? Si vous le savez, inscrivez les pays vainqueurs dans la colonne de droite. Ou bien écoutez le document 4 qui vous donnera les réponses.

> Rappel!
> En Espagne
> Au Portugal
> Aux Etats-Unis
> Voir la section grammaire, page 339.

> *gagner, remporter, être vainqueur:* to win

To follow up

In your own personal diary or album, keep a record in French of your own sporting activities, school events, matches you go to, events you follow on TV, anything which interests you.

Now test yourself at www.my-etest.com

3 RANDONNÉES DANS LES PYRÉNÉES

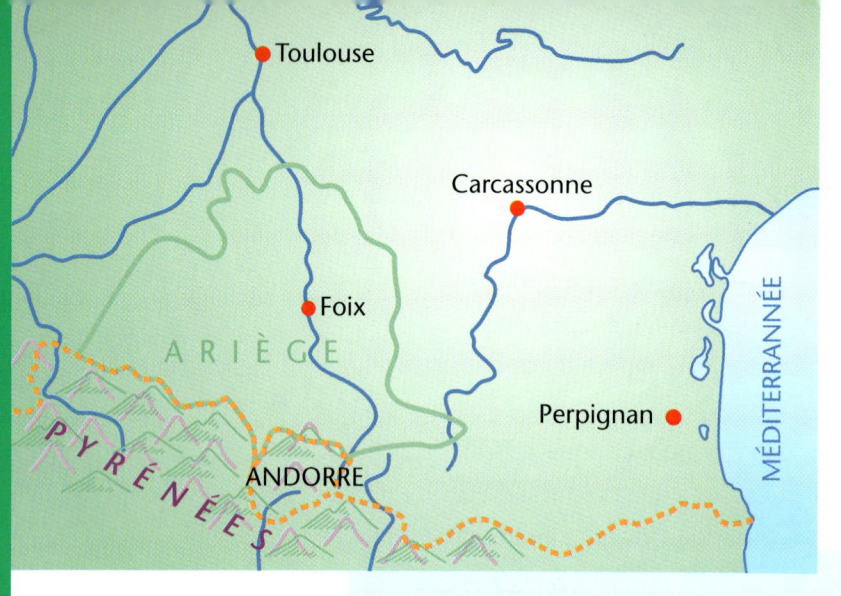

1 L'invitation

1.1 Vous êtes Paul. Un jour, vous recevez ce message dans votre courrier électronique:

> *Salut Paul!*
>
> *Veux-tu partir en randonnée dans les Pyrénées? Kevin et moi, nous avons décidé de passer dix jours en Ariège, du 2 au 12 mai. Tu sais que nous y sommes déjà allés l'année dernière. Ça nous a tellement plu que nous voulons y retourner.*
>
> *Nous serons bien contents si tu peux nous rejoindre. Fais-nous signe, et nous irons te chercher à l'aéroport de Toulouse. Nous avons aussi invité Sarah et Robert.*
>
> *Envoie-nous vite ta réponse!*
> *Dominique*

Le message est **de qui**?
Vous êtes invité à faire **quoi**?
Quand?
Avec qui?

1.2 Sarah téléphone à Dominique pour répondre à son invitation. Ecoutez la conversation sur le document 1, et notez les réponses aux questions suivantes:

Est-ce qu'elle accepte ou refuse son invitation?
Pourquoi? (Donnez deux raisons.)
Le mois de mai, c'est la bonne saison pour une randonnée dans les Pyrénées. Pourquoi? (Donnez trois raisons.)

1.3 Robert laisse un message sur le répondeur de Dominique. Ecoutez-le (document 2).

Est-ce qu'il accepte ou refuse son invitation?
Qu'est-ce qu'il a déjà fait?

Quand est-ce qu'il arrivera à Toulouse?

1.4 Faites correspondre chaque expression à gauche ci-dessous avec le sentiment qu'elle exprime à droite.

C'est une idée géniale!
Très bonne idée!
J'aimerais bien, mais …
Je ne sais pas si je peux …   l'incertitude
Je suis ravi de …   l'obligation
Je dois absolument …   l'enthousiasme
Je suis impatient de vous voir.   la déception ou le regret
Non, malheureusement.
Je regrette …
C'est pas sûr.

1.5 Rédigez un message à Dominique pour répondre vous-même à son invitation. Suivez les indices ci-dessous:

Premier message: pour dire oui
Remerciez-la pour son invitation.
Acceptez-la avec enthousiasme.
Proposez un lieu, une date et une heure de rendez-vous.
Dites que vous attendez le séjour avec impatience.

Deuxième message: pour dire non
Remerciez-la pour son invitation.
Dites que ne pouvez pas les accompagner et exprimez votre regret.
Donnez deux raisons pour lesquelles vous ne pouvez pas partir.
Demandez-lui de vous envoyer une carte postale, et souhaitez-lui de bonnes vacances.

2 La photo

2.1 A l'aide d'un dictionnaire, indiquez si les noms dans le cercle sont masculins ou féminins. Trouvez la définition des mots que vous ne comprenez pas.

> village   hameau
> rive   source   eau
> étang   hêtre   fougère
> forêt   racine   arbre   herbe
> rhododendrons   genêts
> montagne   massif
> crête   vallée   panorama
> vue   sentier   chemin
> lacet

3 — RANDONNÉES DANS LES PYRÉNÉES

3 RANDONNÉES DANS LES PYRÉNÉES

2.2 Parmi les éléments dans le cercle ci-dessus, lesquels voyez-vous sur la photo de l'étang d'Appy ?

2.3 Imaginez que c'est vous qui avez pris la photo. Décrivez ce que vous voyez devant vous. Utilisez les éléments de vocabulaire de l'exercice 2.1 pour vous aider. N'oubliez pas les couleurs !

A mes pieds …
Devant moi …
Derrière l'étang …
Au lointain …

3 La randonnée

3.1 Dans l'article ci-dessous, soulignez tous les éléments de vocabulaire de l'exercice 2.1.

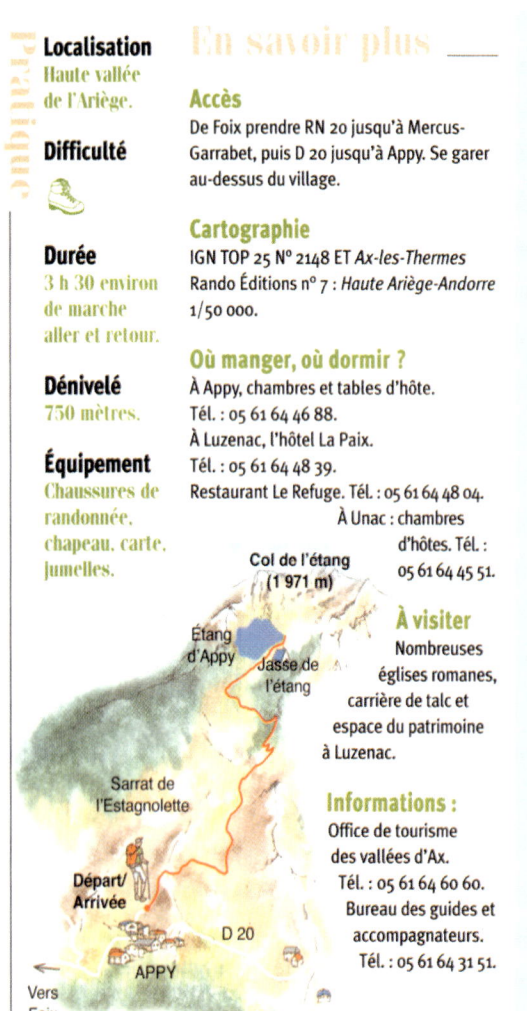

Pratique

Localisation
Haute vallée de l'Ariège.

Difficulté

Durée
3 h 30 environ de marche aller et retour.

Dénivelé
750 mètres.

Équipement
Chaussures de randonnée, chapeau, carte, jumelles.

En savoir plus

Accès
De Foix prendre RN 20 jusqu'à Mercus-Garrabet, puis D 20 jusqu'à Appy. Se garer au-dessus du village.

Cartographie
IGN TOP 25 N° 2148 ET *Ax-les-Thermes*
Rando Éditions n° 7 : *Haute Ariège-Andorre*
1/50 000.

Où manger, où dormir ?
À Appy, chambres et tables d'hôte.
Tél. : 05 61 64 46 88.
À Luzenac, l'hôtel La Paix.
Tél. : 05 61 64 48 39.
Restaurant Le Refuge. Tél. : 05 61 64 48 04.
À Unac : chambres d'hôtes. Tél. : 05 61 64 45 51.

À visiter
Nombreuses églises romanes, carrière de talc et espace du patrimoine à Luzenac.

Informations :
Office de tourisme des vallées d'Ax.
Tél. : 05 61 64 60 60.
Bureau des guides et accompagnateurs.
Tél. : 05 61 64 31 51.

L'étang d'Appy

Situé au cœur du massif de Tabe, appelé aussi massif du Saint-Barthélémy, l'étang d'Appy se love à 1 734 m d'altitude.

La randonnée débute au-dessus du petit village d'Appy. Ce hameau d'à peine une dizaine d'habitants est situé sur la route de la Corniche à 950 m d'altitude. Bien placé il reçoit les premiers rayons de soleil. En partant de bonne heure on reçoit en cadeau ce délicieux instant où la lumière naissante envahit chaleureusement la montagne.

Le sentier démarre après le parking. En de longs lacets réguliers et progressifs il s'élève à travers d'anciennes terrasses (en été il faut partir tôt le matin pour éviter les chaleurs).

Au-delà du pylône électrique l'orientation du chemin change pour remonter vers le nord. Quelques vieux hêtres solitaires ponctuent le paysage au milieu de la fougère conquérante.

Avant de s'enfoncer dans la forêt proprement dite, il faut bifurquer à gauche (en face de hêtres tortueux) pour suivre un sentier balisé en jaune. Il passe près d'une petite source qui naît sous les racines d'un bel arbre et arrose le chemin.

En lisière de forêt la raideur de quelques lacets pousse à l'effort. On atteint ainsi une crête prolongée d'un petit plateau herbeux. Cet endroit est magnifique, la vue est bien dégagée et le panorama est de qualité. La vallée de l'Ariège offre ses plus belles teintes, jeu de lumière et d'ombre où les villages apparaissent les uns après les autres.

Il reste une petite demi-heure pour atteindre le but. A travers un massif de rhododendrons et de genêts, le sentier termine sa course quelques dizaines de mètres au-dessus de l'étang d'Appy. L'eau est calme et le ciel pur s'y reflète intensément. Autour, les genêts sont en fête. Les flancs de la montagne en sont tapissés. C'est une explosion de pétales dorés et de parfums enivrants.

Jean-Pierre Sirejol

Balades et randonnées Pyrénées. Milan Presse.

3.2 Lisez l'article. Dans la marge, à gauche, notez (a), (b), (c) etc. à la ligne où se trouve chaque expression ci-dessous, ou son équivalent proche. Ce sont les points de repère de la randonnée:

- *a* le parking
- *b* anciennes terrasses
- *c* un pylône électrique
- *d* quelques vieux hêtres
- *e* une bifurcation à gauche
- *f* une petite source
- *g* quelques lacets raides
- *h* une crête prolongée d'un petit plateau herbeux
- *i* un massif de rhododendrons et de genêts
- *j* l'étang d'Appy

3 RANDONNÉES DANS LES PYRÉNÉES

3.3 Reread the article.

Find two reasons for starting the walk early in the morning.
Find a suitable place to have a rest on your way up to the lake.
Which do you think would be the most tiring part of the walk?
Pick four views which you would take photographs of.

3.4 Vous êtes arrivés à l'étang, vous avez admiré le panorama, pique-niqué, et vous descendez. A l'endroit où il faut bifurquer à gauche, vous rencontrez des gens qui montent. Ils ne connaissent pas le chemin. Vous leur expliquez, en complétant les phrases ci-dessous. Référez-vous au texte. Mettez les verbes entre parenthèses au futur.

> Pour la formation du futur, voir la section grammaire page 344. Attention: le verbe *voir* est irrégulier.

Vous suivrez le sentier balisé en jaune.
Vous (passer) …………… source.
Au bout de ………… vous (arriver) ………… crête.
Vous (voir) …………
Vous (continuer) ……………
Finalement, vous (arriver) …………… à l'étang.

3.5 Ecrivez une carte postale à Sarah, qui n'a pas pu vous accompagner. Dites-lui

- *a* où vous êtes
- *b* ce que vous avez fait de la journée
- *c* comment était la promenade.

4 Pour demander des renseignements

4.1 Ecoutez le document 3, et notez les six numéros de téléphone que vous entendez.

Ensuite, consultez l'encadré *En savoir plus* à la page 20, et dites à quel endroit chaque numéro correspond.

4.2 Travaillez à deux pour faire un jeu de rôle.

- **A** téléphone à l'office de tourisme des vallées d'Ax. Son rôle est indiqué ci-dessous.
- **B** est employé(e) de l'office de tourisme. Il/Elle consulte la section *En savoir plus* pour trouver les réponses.

B: *Allô, office de tourisme des vallées d'Ax.*

A: *Allô, bonjour. Je vous téléphone pour demander un renseignement. J'ai l'intention de passer quelques jours en Ariège au mois de mai avec des amis. Je voudrais savoir s'il y a des possibilités d'hébergement près du village d'Appy.*

B: *Il y a des … … … … … … … à Appy même, et également à … … …, qui n'est pas très loin. Il y a aussi un … … … à Luzenac. Je peux vous donner des numéros de téléphone, si vous voulez.*

A: *Volontiers. Pourriez-vous me donner un numéro pour les chambres d'hôte à Appy?*

B: *Bien sûr, c'est le … … … … … … …*

A: *Merci bien. On voudrait faire des randonnées dans la région. Est-ce qu'il est possible d'avoir un guide?*

B: ………………………………………

A: *Je vous remercie beaucoup. Au revoir, Madame/Monsieur.*

4.3 Maintenant, écoutez le dialogue sur le document 4. Est-ce que vos réponses correspondent à celles que vous entendez?

4.4 A deux, jouez le rôle (a) de vous-même et (b) d'un(e) employé(e) à l'office de tourisme. Vous voulez demander les renseignements ci-dessous. L'employé(e) trouvera les réponses dans la section *En savoir plus*.

Vous voulez savoir:

- a quelle route il faut prendre pour aller de Foix à Appy
- b s'il y a un camping à Appy
- c s'il y a un restaurant à Appy
- d s'il y a des endroits intéressants à visiter dans la région.

> Underline the following words (the verbs are in the conditional mood) in the dialogue: *je voudrais, pourriez-vous, on voudrait*. Look at the paragraph on the conditional, grammar section, page 342. Why are these three verbs in the conditional mood?

To follow up

Choose a place you know (in a town or in the country). Use the documents you have just studied as a model (photograph, text describing the walk and the points of interest or reference points, practical tips, other information, a sketch-map), and give directions for a walk in the area of your choice.

Now test yourself at www.my-etest.com

4 CHEZ SOI

1 Un immeuble et ses habitants

1.1 Le tableau ci-dessous représente six appartements dans un immeuble. Pour savoir qui habite dans les différents logements, écoutez le document 1.

1.2 A votre deuxième (et troisième) écoute du document 1, inscrivez les détails suivants dans les encadrés 1 à 5:

- *a* le nom de famille et l'âge de chaque habitant du logement
- *b* la profession de chaque adulte
- *c* les liens de parenté, s'ils existent, entre habitants d'un même appartement.

5° Paul

6°

3° Sylvie & Jacques

4° Carole, Dominique, Laure

1° Fred, Odile, Robert, Cécile, Pierre

2° Michel & Anne

1.3 Le sixième appartement est vide. Vous allez y emménager avec votre famille. Inscrivez vos détails dans l'encadré.

1.4 Répondez aux questions suivantes, en consultant les détails que vous avez notés ci-dessus, comme dans l'exemple.

- ✓ Fred et Odile Charpentier, quel est leur métier? (Lui, il est chef de cuisine, et elle, elle est photographe.)
- ✓ Robert et Cécile, quel âge ont-ils?
- ✓ Michel et Anne Beauchamp, qu'est-ce qu'ils font dans la vie?
- ✓ Sylvie et Jacques, quel est leur métier?
- ✓ Laure et Dominique Lenoir, quel âge ont-ils?
- ✓ Et Paul, il habite avec quelqu'un?
- ✓ Et quelques détails sur votre famille?

> Les pronoms toniques (moi, toi, lui, elle, soi, nous, vous, eux, elles) peuvent être utilisés pour renforcer un pronom. Consultez la section grammaire, page 332 (emphatic pronouns).

2 Les déménageurs arrivent

2.1 Dessinez un plan de l'appartement 6, avec entrée, salle de séjour, trois chambres, cuisine, salle de bains, balcon.

2.2 Disposez les meubles et les appareils ménagers de l'inventaire ci-dessous comme vous voulez dans l'appartement en les inscrivant sur votre plan.

Inventaire
un lave-linge
un lave-vaisselle
une cuisinière à gaz
un micro-ondes
un ordinateur
une télévision
un grand lit
quatre petits lits
deux canapés (m.)
trois armoires (f.)
deux fauteuils (m.)
une grande table
huit chaises (f.)
un piano
un bureau
deux tables de chevet
deux commodes
un frigo (un réfrigérateur)
un aspirateur
trois aquarelles (f.) peintes
par votre grand-mère

4 CHEZ SOI

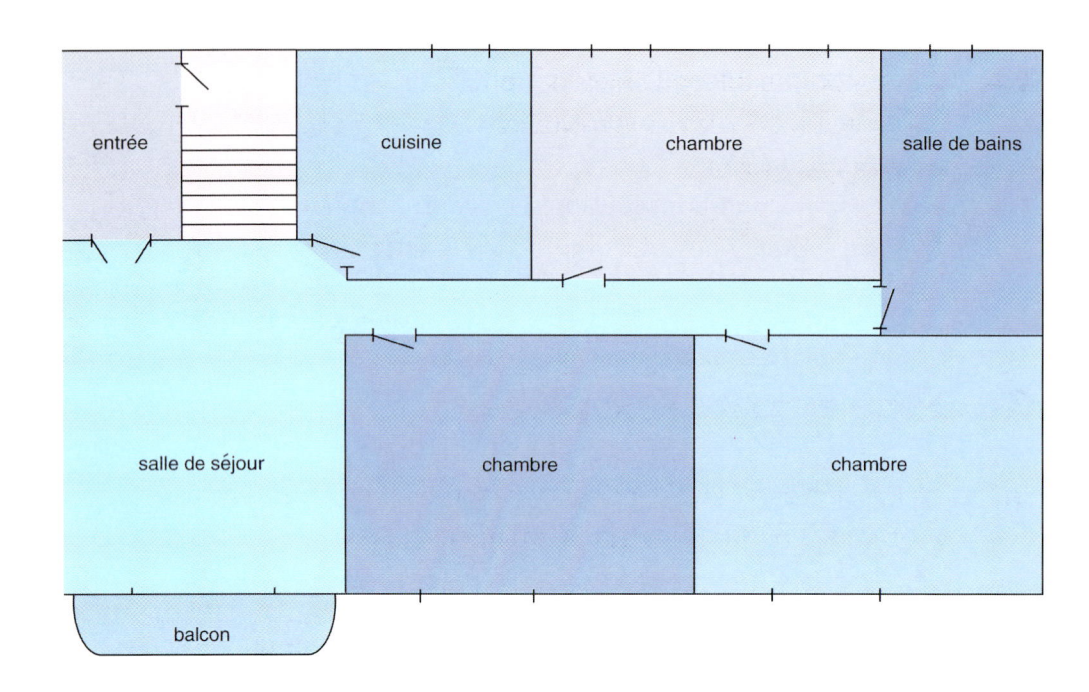

4 CHEZ SOI

[Plan d'appartement: entrée, cuisine, chambre, salle de bains, salle de séjour, chambre, chambre, balcon]

Pour ranger les meubles et les objets:

Les points de repère: le mur, la fenêtre, la porte, le plafond, le radiateur, la cheminée, le parquet, la moquette.

Pour dire où: sur, sous, dans, au-dessous (de), au-dessus (de), devant, derrière, à gauche (de), à droite (de), au milieu (de), à côté (de), contre, près de, en face de, dans l'angle (de), dans le coin (de), entre, par terre, posé (sur), accroché (à), suspendu (à) …

Les verbes: mettre, poser, accrocher, suspendre, ranger.

> Voir la section grammaire, page 338, sur les prépositions.

2.3 A deux, jouez le rôle du déménageur et d'un des nouveaux habitants de l'appartement. Le déménageur demande où il faut mettre les meubles et les appareils:

Où est-ce que je mets les petits lits?
Vous pouvez **en** mettre **deux** dans …
Mettez-**en deux** dans …

Où est-ce que je mets les chaises?
Vous pouvez **les** mettre …
Mettez-**les** …

Où est-ce que je mets la cuisinière?
Vous pouvez **la** mettre …
Mettez-**la** …

Travaillez à deux, et posez-vous d'autres questions du même genre.

2.4 Ajoutez dix meubles ou objets de votre choix, et disposez-les où vous voulez dans l'appartement.

Je pose un pot de fleurs …

> Pour les pronoms d'objet direct: *le*, *la* (it); *les* (them); *en* (of them). Voir la section grammaire, page 332.

3 Pour décrire une pièce

3.1 Mettez les verbes au présent pour parler de ce qu'on entend à un moment donné dans les appartements.

 a Il y a un bébé qui (pleurer) ………………..
 b Il y a un homme qui (entrer) ……………….. dans un appartement.
 c Il y a une femme qui (parler) ……………….. au téléphone.
 d Il y a quelqu'un qui (passer) ……………….. l'aspirateur.
 e Il y a quelqu'un qui (jouer) ………………... de la guitare.
 f Il y a quelqu'un qui (chanter) ………………..
 g Il y a quelqu'un qui (ronfler) ………………..

> *Qui* est un pronom relatif pour définir la personne dont vous parlez. Voir la section grammaire, page 333.

3.2 Regardez les noms des habitants de l'immeuble (1.1). Pour chaque action dans 3.1 ci-dessus, devinez de quel habitant il s'agit.

3.3 Sur le document 2, écoutez la description de la personne qui chante (c'est Carole, dans l'appartement 4). En même temps, lisez les phrases ci-dessous. A la première écoute, soulignez les détails qui sont différents dans le texte.

 a Carole est dans la cuisine de son appartement.
 b Elle est en train de préparer le déjeuner, et elle chante en travaillant.
 c Elle est assise à une petite table devant la fenêtre.
 d Elle épluche des pommes de terre.
 e Des haricots verts sont posés sur la table devant elle.
 f Il y a aussi une corbeille avec des pommes.
 g A l'évier, Dominique prépare la salade.

4 CHEZ SOI

h La pièce est assez sombre.
i Elle est peinte en jaune.
j La fenêtre est fermée.
k Les meubles sont assez vétustes.
l Il y a des affiches collées aux murs.
m Le chien est couché par terre, endormi.

3.4 A la deuxième écoute, changez les détails que vous avez soulignés pour que tout soit comme dans le document 2.

3.5 Choisissez une des personnes dans 3.1 ci-dessus. De la même manière que sur le document 2, imaginez la personne et la pièce où il/elle se trouve.

Les indices suivants sont pour vous aider:

> **Des mots pour décrire la pièce:** est-elle grande, petite, claire, confortable, simple, propre, coquette, bien rangée, en désordre, triste, sombre, sale, ensoleillée …?
>
> **Des mots pour décrire les meubles et les objets:** sont ils neufs, vieux, anciens, modernes, rustiques, simples, luxueux, prétentieux, élégants, vétustes, fonctionnels, beaux, laids, couverts de …, collés sur …, décorés de …? Sont-ils en bois, en verre, en fer, en papier, en soie, en coton, en acier, en plastique, en argent …?
>
> **Pour décrire la personne qui se trouve dans la pièce:** est-ce qu'il/elle est seul(e), ou est-ce qu'il y a d'autres personnes dans la pièce? Où se trouve-t-il/elle? Assis(e), debout, couché(e)? Qu'est-ce qu'il/elle est en train de faire?

N'oubliez pas qu'un adjectif doit s'accorder avec le nom qu'il qualifie. Voir la section grammaire, page 334.

Voir le tableau des pronoms personnels dans la section grammaire, page 332.

4 Messages

4.1 Les habitants de l'immeuble se laissent parfois des messages. Ecoutez les messages (document 3), et complétez-les avec les pronoms personnels qui manquent.

a Dominique, c'est Paul. Est-ce que ……… peux ……… emmener à l'aéroport demain matin pour huit heures?
b Paul, c'est Odile qui ……… souhaite de bonnes vacances au Portugal. Envoie-……… une carte postale!

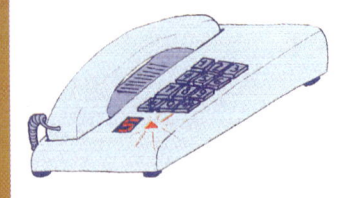

c   Jacques, c'est Anne pour .... dire que je suis très très contente du carrelage dans la salle de bains.
  d   Laure, c'est Michel. J'ai besoin de .... parler. Est-ce que .... peux passer chez .... en rentrant du lycée?
  e   Paul, je .... félicite de tes résultats. Bravo!

Vous pouvez vérifier vos réponses en regardant la transcription, page 293.

4.2 From the messages above, do you think that the people who live in the apartments know each other well and are on good terms with each other? What makes you think this?

4.3 Dans les messages ci-dessus, remplacez *tu* et *te* par *vous*, et effectuez les autres changements nécessaires.

5   Rencontres dans l'escalier

5.1 Ecoutez le document 4. Vous entendrez des bouts de conversations entendus dans les escaliers. Pour chaque phrase de 1 à 10 que vous entendez, numérotez la catégorie qui correspond ci-dessous:

☐ inviter
☐ présenter
☐ s'excuser
☐ féliciter
☐ demander un renseignement
☐ demander un service
☐ remercier
☐ accepter
☐ souhaiter
☐ demander des nouvelles de quelqu'un

5.2 Prenez une des phrases du document 5, ou un des messages dans 4.1, comme point de départ. Travaillez à deux ou en groupe, et jouez des conversations entre habitants de l'immeuble (50 à 150 mots).

6   On vend sa maison

6.1   Vous allez acheter une maison en France. Parmi les propriétés ci-dessous, choisissez celle que vous préférez, et donnez au moins quatre raisons pour votre choix.

Je préfère la maison à/en … parce que …

1

TOURAINE.
Manoir du XVe restauré surplombant un étang, 5 ha boisés. RDC : cuisine, réception 60 m^2, 2 chambres, bains. 1er : pièce de 40 m^2, 3 chambres, bains. Grenier aménageable. Anciens communs pouvant être aménagés, grange de 100 m^2 au sol, tennis, cave voûtée sous la maison.

15th restored manor in dominating position over a pond in the heart of 12 acres. Kitchen, 650 sq. ft. reception room, 2 bedrooms, bathroom. Upstairs: 430 sq. ft. room, 3 bedrooms, bathroom. Attic suitable for conversion. Outbuildings suitable for conversion. Barn of 1,075 sq. ft., tennis.

2

PAYS D'AUGE, REGION LIVAROT.
Maison des XVIIe et XVIIIe sur 1914 m^2, avec vue panoramique. Séjour de 83 m^2 avec cheminée Louis XIII, cuisine, salle de bains, wc, 2 grandes chambres, chambre palière et 4e chambre en cours d'aménagement. Double vitrage. Chauffage électrique. **Exclusivité**.

17th and 18th century house on 1/2 acre, enjoying panoramic view. 900 sq. ft. living room with Louis XIII-style fireplace, kitchen, bathroom, toilets, 2 spacious bedrooms, landing-bedroom and 4th bedroom. Double-glazing. Electric heating. Sole agent.

3

(27) 1 H DE PARIS.
Manoir entièrement rénové. Très belles prestations. Au rez-de-chaussée : cuisine aménagée et équipée, grand salon-bibliothèque de 63 m^2 avec cheminée et boiserie ancienne, salon avec cheminée, salon de musique, salle à manger avec cheminée, bar. Au 1er étage : 5 chambres, 3 salles de bains. Nombreux placards. Au second étage : 5 chambres, salle de bains, douche, cabinet de toilette, lingerie. Maison de gardien de construction récente : salon, cuisine américaine équipée, 2 chambres, salle de bains. 2 garages. Tennis. Chauffage central, alarme, portail automatique. Parc de 3 ha environ dont 2 ha boisés.

A fully renovated manor. Luxuriously appointed. First floor: equipped kitchen, 670 sq. ft. lounge-library with antique fireplace and panelling, living room w/fireplace, music room, dining room w/fireplace, bar. Second fl.: 5 bedrooms, 3 bathrooms. Several closets. Third fl.: 5 bedrooms, bathroom, shower room, washroom, linen room. A recent caretaker's cottage: living room, open equipped kitchen, 2 bedrooms, bathroom. 2 garages; tennis court. Central heating. Alarm. Automated gate. On 7.5 acres of partly wooded grounds.

4 — A 10 MN DE FONTAINEBLEAU.

Dans beau village ancien, bordure forêt domaniale, belle maison construction pierre, comprenant : entrée, cuisine, office, séjour (cheminée), 3 chambres, salle de bains, salle d'eau, dressing, grenier aménageable. Surface 143 m². Sous-sol. Beau terrain 2 000 m² clos de murs. Près écoles et commerces. Beaucoup de charme.

In a lovely old village, on the edge of the regional forest, a fine stone house including an entrance hall, kitchen, pantry, living room w/fireplace, 3 bedrooms, bathroom, shower room, dressing room. Attic suitable for conversion. Living space of 1,550 sq. ft. Basement. On a lovely 1/2 acre walled plot. Near schools and shops: Lots of charm.

5 — MOUGINS (06).

Dans un domaine clos proche du golf, provençale récente sur 3 000 m² de jardin avec piscine. Entrée, double réception, 5 chambres avec bains. Garage. Dépendances.

In an enclosed domain close to a golf course, a recent Provencal house on a 3/4 acre garden with swimming pool. Entrance hall, double reception room, 5 bedrooms with private bathroom. Garage. Outbuildings.

Belles Demeures

6.2 A l'aide des descriptions bilingues, dressez des listes de vocabulaire sous les rubriques suivantes: situation, pièces, terrain.

6.3 Imaginez que vous allez vendre votre maison ou votre appartement. Rédigez une annonce bilingue (français-anglais) dans laquelle vous la/le décrivez.

To follow up

Include in your diary descriptions of houses or rooms, your own or someone else's.

Now test yourself at www.my-etest.com

5 VIVRE EN FAMILLE

1 Parents et enfants

1.1 Regardez les quatre dessins. Dans les échanges entre parents et enfants, est-ce que vous prenez la part plutôt (a) des parents ou (b) des enfants?

Dessin 1 (a, b, c):
- a: PAPA, MAMAN, JE VOUDRAIS PASSER LE PERMIS MOTO!
- b: QU'EST-CE QUE TU ES PRÊT À FAIRE POUR TON DÉSIR DE PERMIS?
- c: AH! NON, VU LES RÉSULTATS QUE TU AS EN CLASSE! PASSE TON BAC, ON VERRA APRÈS! TU VEUX ME FAIRE MOURIR D'INQUIÉTUDE! DÉJÀ QUE JE NE DORS PAS À CAUSE DES SOUCIS QUE JE ME FAIS POUR TOI! JE NE PENSAIS PAS QU'IL GRANDIRAIT SI VITE.

Dessin 2 (d, e):
- d: ALORS? COMMENT ÇA S'EST PASSÉ? TU AS BIEN RÉCITÉ TA FABLE? COMBIEN AS-TU FAIT DE FAUTES À LA DICTÉE? TU N'AS PAS ÉTÉ PUNI?
- e: MAMAN! TU SAIS, JE PASSE DÉJÀ 7H PAR JOUR À L'ÉCOLE À RÉPONDRE À DES QUESTIONS...

Dessin 3 (f, g):
- f: TU VAS TOMBER!
- g: O..OO YO YOOO!!!

Dessin 4 (h, i):
- i: TU VAS RANGER CE DÉSORDRE!
- h: (pense à un château)

T'es toi quand tu parles, François Malnuit

1.2 Sur le document 1, écoutez 11 phrases dans lesquelles on parle des personnages qui figurent sur les dessins. A chaque fois, indiquez la personne dont on parle en notant la lettre qui correspond. Il y a parfois plusieurs réponses possibles.

1		6	
2		7	
3		8	
4		9	
5		10	

1.3 A qui, dans les dessins, pourriez-vous attribuer les adjectifs suivants?

- provocant - rebelle - patient - anxieux - soucieux - sévère - autoritaire - raisonnable - fier de lui – poli.

1.4 Réécrivez les dialogues ou les échanges entre parents et enfants de façon à créer des relations différentes.

> N'oubliez pas de mettre les adjectifs à la forme féminine lorsqu'il s'agit d'une femme. Voir la section grammaire, page 334.

5 ----- VIVRE EN FAMILLE

5 VIVRE EN FAMILLE

2 Quels parents seriez-vous?

2.1 Travaillez à deux. Imaginez que vous êtes les parents de jumeaux de 14 ans. Faites le test ci-dessous:

1 Le directeur du collège vous convoque car votre fille est rêveuse et ses notes baissent.
●Vous la privez de sorties et de télé jusqu'à la fin du trimestre.
■Vous discutez avec elle pour comprendre les raisons de ce changement.
◆Elle doit être amoureuse. Ça va passer.

2 Vous partez en vacances en famille. Votre fils ne veut pas vous accompagner.
■A son âge, vous détestiez les vacances en famille. Alors, vous lui proposez d'emmener un copain.
◆Vous le laissez à la maison, inutile de le forcer.
●Vous ne voulez rien entendre. Il vient, un point c'est tout.

3 Journée shopping: votre fille veut acheter des vêtements avec une copine et sans vous.
◆Vous lui donnez de l'argent et la laissez faire.
●Pas question. Vous voulez contrôler ses achats.
■Vous lui octroyez un budget qu'elle gère. Mais, vous voulez voir les tickets de caisse pour échanger au besoin.

4 Vous grondez votre fils. Mais il vous défie et vous répond sur un ton arrogant.
◆Vous laissez tomber et vous passez à autre chose.
■Vous l'envoyez se calmer dans sa chambre.
●Vous criez plus fort que lui et lui rappelez qui commande.

5 En vacances avec vous, votre fille veut aller danser toute la nuit dans une boîte.
◆Vous acceptez. Ce sont les vacances, après tout.
●Vous n'êtes pas d'accord. Vous lui dites qu'elle est trop jeune.
■Vous acceptez, à condition que son frère l'accompagne et vous lui imposez une heure de retour.

6 Vos enfants veulent inviter des copains à dîner:
●Vous acceptez, une fois par mois et un invité à la fois.
◆Vous laissez faire. Quel que soit le nombre, vous improvisez un dîner.
■Vous acceptez de bon cœur, à condition que tout le monde vous aide.

7 Vos enfants ne vous aident jamais à faire le ménage.
◆ Vous acceptez le martyre.
■ Vous discutez le partage du travail.
● Vous vous plaignez qu'ils ne font jamais rien.

8 Votre fille passe des heures au téléphone avec ses copines.
■ Vous lui proposez une carte prépayée et un portable. Si elle dépasse le temps limite de communication, elle règle la facture!
◆ Vous lui installez une ligne personnelle.
● Pour qu'elle ne monopolise pas la ligne, vous lui imposez de téléphoner à certaines heures.

9 Côté rangement, la chambre de votre fils, c'est la pagaille.
◆ Régulièrement, vous rangez et vous passez l'aspirateur.
● Vous lui faites ranger et passer l'aspirateur une fois par semaine.
■ C'est son domaine. Il se débrouille et il s'occupe lui-même de son linge sale.

10 Votre fils vous réclame de l'argent de poche.
◆ Vous lui donnez de l'argent à la demande, sans compter.
■ Il a droit à une somme mensuelle qu'il doit gérer.
● Vous le lui refusez puisque vous réglez tous ses achats. Mais il peut travailler pour en obtenir.

Julie, février 2001 (adapté) Milan Presse

Résultats:

Vous avez une majorité de ●
Chez vous on ne rigole pas tous les jours. Vous êtes même un peu trop sévères. Bien sûr, vous avez raison d'être exigeants côté école, politesse, respect des autres … En revanche, côté détente et vie privée, vous devriez être un peu plus cool. Pour grandir, on a tous besoin de voler de ses propres ailes, de vivre ses propres expériences. Si vous instaurez trop d'interdits, ça donne envie de les transgresser. Pas vrai?

Vous avez une majorité de ■
Tout le monde rêve d'avoir des parents comme vous! Vous êtes très complices avec vos enfants. Vous discutez souvent même s'ils gardent un peu leurs secrets … Vous avez deux grandes qualités: vous savez écouter et faire confiance. En cas de problème, vous êtes toujours là. Mais vous savez aussi être sévères quand il le faut. C'est cela les bons rapports: une confiance partagée et un dialogue.

5 VIVRE EN FAMILLE

Vous avez une majorité de ◆

C'est sûr, vos enfants doivent vous trouver hyper cool! C'est simple, vous dites oui à tout. Vous avez horreur des disputes alors vous évitez les conflits au maximum. Vous êtes comme de grands copains. Attention, être cool, c'est bien, mais tout laisser faire c'est autre chose. Imposer des limites, cela aide un enfant à forger son caractère, sa personnalité. Même si, sur le coup, il vous en veut.

2.2 Selon les résultats, quels parents êtes-vous? Parlez de vos résultats à la première personne (*nous*).

> On nous dit que nous sommes un peu sévères.

> On nous dit aussi que nous devrions être un peu plus cool.

2.3 Ci-dessous, des parents parlent. Que disent les enfants? Transformez les phrases, comme dans l'exemple.

1. On la prive de sorties.   *Ils me privent de sorties.*
2. On discute avec elle si elle a un problème.
3. On ne veut rien entendre de son point de vue.
4. On lui donne de l'argent.
5. On la laisse faire.
6. On contrôle ses achats.
7. On lui octroie un budget.
8. On crie plus fort qui lui.
9. On lui dit qu'elle est trop jeune.
10. Quand elle sort, on lui impose une heure de retour.
11. On accepte qu'il invite des copains à la maison.
12. On se plaint qu'il ne fait jamais rien.
13. On discute le partage du travail avec lui.
14. On lui refuse de l'argent de poche.

Vérifiez vos réponses en écoutant et en lisant la transcription du document 2.

On can have several different meanings. Consult the grammar section, page 332, and then say what it means (a) in the sketch above, and (b) in the sentences in 2.3.

Dans la section grammaire, consultez la table des pronoms personnels, page 332.

3 Ce qui fait les bons rapports

3.1 Dans la liste ci-dessous, cochez les qualités et les habitudes qui, à votre avis, font de bons rapports entre membres d'une famille ou entre amis:

- [ ] être complice
- [ ] discuter souvent
- [ ] savoir écouter
- [ ] faire confiance
- [ ] être là en cas de problème
- [ ] être sévère quand il le faut
- [ ] éviter les conflits
- [ ] imposer des limites
- [ ] être exigeant
- [ ] être sévère
- [ ] être autoritaire
- [ ] être compréhensif

Ajoutez d'autres éléments, si vous voulez.

3.2 Maintenant, parlez de quelqu'un de votre famille, ou d'un(e) de vos ami(e)s.

Ce que j'apprécie chez maman, c'est qu'elle sait écouter…

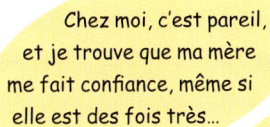

Chez moi, c'est pareil, et je trouve que ma mère me fait confiance, même si elle est des fois très…

Par contre, ce que je ne peux pas supporter chez… c'est que…

5 — VIVRE EN FAMILLE

37

5 VIVRE EN FAMILLE

4 Le partage du travail

4.1 Reliez les éléments à droite et à gauche ci-dessous pour décrire les tâches ménagères.

sortir	la vaisselle
faire	l'aspirateur
donner à manger	la poubelle
préparer	le couvert
nettoyer	les plantes
faire	le chien
tondre	le repassage
passer	aux animaux
faire	la lessive
faire	la maison
aider	les courses
mettre	la pelouse
arroser	les repas
faire	les lits
promener	les enfants avec leurs devoirs

4.2.1 Make your expressions into offers of help.

Make the following offers, using the subjunctive as appropriate.

Offer to:
feed the animals,
take the dog for a walk,
mow the lawn,
put out the dustbin,
set the table,
do the ironing.

Tu veux que je fasse les courses?

4.2.2 Match each of your offers above with the appropriate reply.

– Oui, si tu veux. Le dîner sera prêt dans cinq minutes.
– Volontiers. Il a été enfermé dans la maison toute la journée.
– C'est trop tard. Les éboueurs sont déjà passés.
– Je l'ai déjà fait. Merci quand même.
– Ah, ce serait gentil. J'ai besoin d'une chemise pour ce soir.
– Tu veux bien? Ça m'arrangerait. J'ai pas le temps de le faire.

Ensuite, vérifiez vos réponses en écoutant le document 3.

> In the grammar section, page 342, you will notice that the subjunctive is used after expressions of wishing like *tu veux que … fasse*, in the sketch, is the subjunctive of *faire* (see the irregular verb tables, page 350). All the other verbs in your list of household jobs form their subjunctive in the regular way, as set out in the grammar section, page 344.

4.3 Travaillez à deux. Imaginez une famille de cinq personnes. A vous d'établir les noms, les âges et les relations entre les cinq. Sur la première ligne horizontale de la section 4.1, inscrivez ces détails.

Sur la deuxième ligne horizontale, répartissez les 15 tâches ménagères de la grille, en tenant compte de l'âge et de la situation des membres de la famille.

1	2	3	4	5

4.4 Expliquez la situation que vous avez inventée à vos camarades de classe.

To follow up

Dans votre journal intime, expliquez comment ça se passe chez vous pour les travaux ménagers.

Now test yourself at www.my-etest.com

5 ----- VIVRE EN FAMILLE

6 FÊTES

1 Vœux et souhaits

Joyeuses Pâques! *BONNE ANNÉE!* *Meilleurs vœux!* *Bon anniversaire!* *TOUS MES VŒUX DE BONHEUR!* *Bon appétit!* *Félicitations!* *Joyeux Noël!*

1.1 Que dirait-on aux moments suivants? Ecoutez le document 1, et faites correspondre le vœu ou le souhait à l'occasion, en inscrivant le numéro qui correspond dans la case.

L'occasion		Le vœu
Quelqu'un obtient son diplôme.		
Quelqu'un part en vacances.		
Un bébé est né.		
Quelqu'un va passer une épreuve.		
Le 25 décembre approche.		
Quelqu'un a perdu un membre de sa famille.		
C'est la fin des vacances scolaires.		
Quelqu'un est malade.		
C'est le 1er janvier.		
Un couple va se marier.		

1.2 A la deuxième écoute, inscrivez les vœux dans la colonne de droite.

40

2 Le calendrier des fêtes

2.1 Regardez le calendrier des jours fériés en France et en Irlande.

	France	**Irlande**
janvier	le 1er: le Nouvel An	le 1er: le Nouvel An
février		
mars		le 17: la St-Patrick (fête nationale)
mars/avril	Vendredi Saint (Alsace seulement) Lundi de Pâques	Vendredi Saint Lundi de Pâques
mai	le 1er: fête du travail le 8: Armistice 39-45	le 1er lundi: fête du travail
mai/juin	Jeudi de l'Ascension Lundi de Pentecôte	le 1er lundi de juin: jour férié
juillet	le 14: la prise de la Bastille (fête nationale)	
août	le 15: l'Assomption	le 1er lundi d'août: jour férié
septembre		
octobre		le lundi le plus près de Hallowe'en (le 31 octobre)
novembre	le 1er: la Toussaint le 11: Armistice 14-18	
décembre	le 25: Noël le 26: la St-Etienne (en Alsace et Moselle)	le 25: Noël le 26: la St-Etienne

2.2 Parmi les fêtes ci-dessus, quelles sont:

    a   celles qu'on observe en Irlande et en France?
    b   celles qu'on observe seulement en France?
    c   celles qu'on observe seulement en Irlande?
    d   celles qui commémorent un événement historique?
    e   les fêtes chrétiennes?
    f   les fêtes nationales?

2.3 L'Irlande semble effacer la mémoire des fêtes religieuses dans son calendrier. Vrai?
Référez-vous au calendrier pour votre réponse.

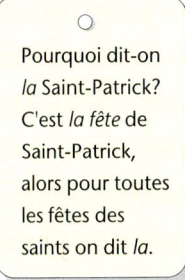

> Pourquoi dit-on *la* Saint-Patrick? C'est *la fête* de Saint-Patrick, alors pour toutes les fêtes des saints on dit *la*.

> Celles: voir la section grammaire, page 333.

6 FÊTES

2.4 Sur le document, écoutez Xavier qui parle des événements qu'il a célébrés au cours d'une année. Inscrivez-les dans la colonne de gauche ci-dessous:

	Le calendrier de Xavier	**Votre calendrier**
janvier		
février		
mars		
avril		
mai		
juin		
juillet		
août		
septembre		
octobre		
novembre		
décembre		

2.5 Ensuite, faites votre calendrier personnel des 12 mois passés. Inscrivez dans la colonne de droite les événements importants que vous avez fêtés ou marqués pendant cette période.

2.6 Travaillez à deux. Comme Xavier, parlez l'un à l'autre des événements de l'année.

2.7 Faites correspondre les objets, les mots et les fêtes ci-dessous:

un œuf

un trèfle

la Saint-Patrick

Noël

un sapin

Mardi gras

la Saint-Valentin

une crêpe

Pâques

Hallowe'en

un cœur

un potiron

42

Nouvel An chinois
Le carnaval du Nouvel An chinois dans le 13ème
Samedi 27 janvier à partir de 13h, les associations asiatiques du 13ème vont défiler en costumes traditionnels dans Chinatown. Danseurs, mandarins, chars et dragons vont animer le cœur du quartier chinois de la capitale. Une fête haute en couleurs.

3 Comment fait-on la fête?

festin n.m. Repas de fête, repas somptueux.

festival n.m. Série de représentations musicale, théâtrale, etc. organisée à époque fixe.

festivités n.f.pl. Fêtes, cérémonies.

fêtard, arde n. Fam. Personne qui aime faire la fête.

fête n.f. 1. Jour consacré à commémorer un fait religieux, historique; jour consacré à un saint. 2. Réjouissances publiques ou familiales.

fêter v.tr. 1. Célébrer une fête. *Fêter Pâques*. 2. Célébrer par une fête. *Fêter un succès*. 3. Accueillir (qqn) chaleureusement.

3.1 Nous avons différentes façons de marquer les fêtes ou les événements spéciaux. Travaillez à deux. Dites à quels moments ou pour quelles fêtes:

- a on envoie des cartes de vœux.
- b on offre des cadeaux.
- c on mange un repas ou un plat spécial.
- d on commémore un événement.
- e on participe à une cérémonie religieuse.
- f on organise une manifestation publique.
- g on se réunit en famille.
- h on se déguise, ou on se met en costume.
- i on danse.
- j on fait un feu d'artifice.
- k on observe des coutumes spéciales.

6 FÊTES

chez nous

3.2 Utilisez les phrases dans 3.1 pour parler de ce que vous faites (dans votre famille, avec vos amis, dans votre ville, en Irlande …) pour marquer les différentes fêtes. Vous pouvez aussi utiliser les expressions suivantes:

normalement   souvent   en général   quelquefois   il y a des gens qui …

3.3.1 Deborah a assisté au mariage de ses amis Warren et Christelle à Tours. Elle raconte la journée. Mettez les verbes entre parenthèses ci-dessous au passé composé:

Mr et Mme Daniel Collober ont l'honneur de vous faire part du mariage de leur fille, Christelle, avec Mr Warren Gaynor

La cérémonie de mariage était très simple. Elle (avoir) ……………… lieu à la mairie de Tours. Après nous (aller) ……………… avec tous les invités à Vouvray pour la réception. C'était dans un très beau château. D'abord on (prendre) ……………… l'apéritif sur la pelouse. Puis on (se mettre) ……………… à table pour le repas. C'était un vrai festin. On (passer) ……………… plusieurs heures à table, et il y avait du champagne tant qu'on voulait. Tout le monde était en pleine forme. Après, on (danser) ………………, et à un moment il y a des gens qui (plonger) ……………… dans la piscine du château. Finalement, à l'aube, nous (rentrer) ……………… à notre hôtel à Tours. C'était une fête vraiment géniale.

3.3.2 A l'aide du texte ci-dessus, rédigez des légendes pour les photos du mariage.

3.4 Maintenant, écoutez Anne-Claire (document 3(a)) qui parle de la fête de Noël. Notez les points communs et les différences entre la fête chez elle et la fête chez vous.

Chez Anne-Claire ils …
Chez nous aussi on …
Chez nous on ne … pas …

3.5.1 Finalement, écoutez le document 3(b), dans lequel Emmanuelle parle de la fête du 14 juillet dans le petit village de La Puye, dans le Poitou. Mettez les éléments suivants dans l'ordre correct, en les numérotant de 1 à 8:

☐ un feu d'artifice
☐ un bal dehors
☐ des enfants qui lancent des pétards
☐ les gens qui s'asseoient sur la plage de l'étang
☐ un méchoui
☐ la retraite aux flambeaux
☐ une buvette
☐ une animation sur l'étang

C'est quoi, un méchoui?

Mais écoute, on te dira.

3.5.2 Ecoutez le document encore une fois. A l'aide des notes ci-dessus, racontez comment se déroule la fête à La Puye.

3.6 Vous avez invité un(e) ami(e) à une fête. Ecrivez-lui un mot pour lui dire comment cette fête se déroulera (verbes au futur).

Ça commence dès qu'il fait noir sur la place du marché. Il y a d'abord…

Now test yourself at www.my-etest.com

1 EN PLUS

1 Vacances

(a) On his first visit to France, Robert spent two weeks with a family in Châteaubriant. Before listening to what he says (document 1), read the questions below, and say to yourself the French equivalent of the words in bold type. Listen for these words when you hear the document for the first time. Then listen once or twice more, and answer the questions.

1. What two language **difficulties** did Robert have **at first**?
2. What two adjectives does he use to describe the people who were **helpful** and spoke **slowly**?
3. Robert brought a **dictionary** and a **notebook** with him. What did he do **every evening** to help him learn the **words** he had met **during the day**? Why was Annabelle so **understanding**?
4. He identifies three ways in which he made **progress** in French. What are they?
5. Robert gives **advice** to anyone going to France **for the first time** and hoping to learn as much French as possible. What does he advise people to do (a) **before leaving** for France and (b) while they are there?

(b) Cathy spent a holiday at her aunt's house. Listen to her talking about it (document 2), and answer the questions.

1. Where does Cathy's aunt live?
2. How often does Cathy go and visit her? Who does she go with?
3. What did she do this year for the first time? What did she like about it?
4. Where do the young people meet in the evening? What three things do they do?
5. Which day is market day in the town? Which of the following items do you find at the market, according to Cathy?

clothes	cheese
soap	fruit
pottery	vegetables
meat	lavender
poultry	

2 Pour ou contre le Paris-Dakar

Chaque année en janvier, et ce depuis la première édition en 1978, le rallye Paris-Dakar suscite une polémique. 10 739 kilomètres à parcourir, 6 pays à traverser, 600 concurrents … Etes-vous plutôt pour ou contre ce rallye médiatique?
par Christopher Vadot

Pour
Pour ses défenseurs, le rallye Paris-Dakar n'a que des avantages, même s'il reste un *'événement passionnel depuis sa création'* selon Hubert Auriol, le directeur de l'épreuve. Le rallye représente tout d'abord un formidable défi humain pour les compétiteurs, qu'ils soient à moto, en voiture ou en camion. Le Paris-Dakar est avant tout une course d'endurance qui met les coureurs et les machines à l'épreuve. Il est par ailleurs une aubaine pour les médias et les sponsors qui en font un spectacle unique. Les audiences de la télévision sont toujours importantes. Enfin, il est accepté par les populations locales pour lesquelles le rallye est une distraction aussi attendue que le Tour de France à vélo pour les Français. Les villageois des pays traversés réalisent un joli chiffre d'affaires. Car ils vendent des objets ou des services aux sportifs, aux journalistes, techniciens et invités présents. Sur place, la course est toujours très bien accueillie. Pour Hubert Auriol, le Dakar permet de parler de façon positive de ce continent, souvent lié à des drames. *'Beaucoup de ceux qui nous dénoncent n'y sont jamais allés'*, explique-t-il.

Contre
Pour ses détracteurs, le Paris-Dakar n'est qu'un caprice décadent pour sportifs occidentaux en mal d'aventure. C'est du colonialisme moderne. Les véhicules traversent le désert, les villages ou les plaines à toute allure, au risque de créer des accidents, parfois mortels. Après leur passage, il ne reste sur place que des traces d'essence, des détritus, des arbres cassés, etc. Les populations africaines ne bénéficient en rien de ce rallye, même si quelques individus parviennent toujours à vendre des souvenirs. Les gens ne servent que pour le décor.

Passer à 200km/h devant les Touaregs du Mali ou des Bambaras du Sénégal, ça fait bien sur la photo ou à la télévision. Médias, sponsors, coureurs se font plaisir alors que les Africains ont le strict minimum pour vivre.

Si le Dakar se doublait de missions véritablement humanitaires, afin d'aider de façon durable les populations locales, il serait acceptable. L'Afrique en est réduite à être un champ de course pour sportifs aisés. C'est choquant.

Les Clés de l'Actualité No. 424, du 18 au 24 janvier 2001

1   Dans la section *Pour*, relevez les trois véhicules mentionnés.
2   Relevez (dans la section *Pour*) une expression qui indique que le rallye est une épreuve difficile.
3   Toujours dans la section *Pour*, relevez deux façons dont les populations locales bénéficient du rallye, selon l'auteur.
4   Quelles sont les traces laissées sur le chemin du rallye après son passage (section *Contre*)?
5   Relevez les expressions qui font ressortir le contraste entre (a) la richesse des participants au rallye et (b) la pauvreté des populations des pays traversés par le rallye.
6   Which of the two arguments, for or against the Paris-Dakar rally, would you tend to sympathise with? Illustrate your answer with reference to or quotation from the article.
7   As you prepare to do the following assignment, look closely at the expressions below as they appear in the article. They may help you to shape your argument:

(a)   … représente tout d'abord …   (b)   … n'est que …
      … est avant tout …   au risque de …
      par ailleurs …   il ne reste que …
      enfin …   même si …
                                                alors que …

Rédigez un petit article sur un grand événement sportif ou autre (rallye, match, course, défilé, manifestation, concert …) dans un endroit que vous connaissez du point de vue (a) d'un enthousiaste ou (b) d'un détracteur. (75 mots).

3 Le poids du sport chez les jeunes

(a) Read the article below and say what each of the percentages refers to.

> Selon une enquête de l'INSEE de 1991, 83% des collégiens et 87% des lycéens pratiquent une activité sportive régulièrement (au moins une fois par semaine), en dehors des cours d'éducation physique. Ils sont 58% à faire du sport par l'intermédiaire d'un club, et les sports les plus courus sont le football, le tennis, la danse et la gymnastique. Pour les collégiens, le sport est un espace d'apprentissage à 43%, un espace de solidarité à 53% et de compétition à 43%, selon les chiffres du ministère de la Jeunesse et des Sports.
> Selon une enquête menée par des scientifiques toulousains (MM.Depiesse et Maudet) en 1999, 2% des ados âgés de 13 à 20 ans qui pratiquent un sport en dehors de l'*EPS consomment un produit dopant, et 8,7% d'entre eux avouent être tentés de le faire.
>
> *EPS: éducation physique et sportive
> *Les Clés de l'Actualité*, du 17 au 23 mai 2001

(b) Listen to two people talking (document 3) and write what they say under the appropriate headings in the table below:

	No. of hours a week spent in sporting activities.	Which sports?	Why they do (or don't do) sports.	How they feel if they don't do any sport.	What they say about the benefits of sport in general.
Maxime					
Aurore					
Jérémy					

4 Insep: ton univers impitoyable

L'élite des sportifs français s'y entraîne. Et accepte tous les sacrifices dans l'espoir de décrocher une médaille aux JO …

Tout jeune sportif rêve d'y aller. Pourtant, les rêveurs n'y ont pas leur place. Le dépassement de soi et l'effort permanent sont la norme à l'Insep (Institut national du sport et de l'éducation physique), le temple du sport de haut niveau en France.

Le sportif entre ici sur proposition de sa fédération sportive, qui l'a repéré parce qu'il était bon. Il reste chez nous parce qu'il est bon. Il en sort parce qu'il n'est plus bon, avertit d'emblée Henri Davignon, responsable de la qualité de vie des internes. Il veille sur les 142 élèves, de la 2de à la T^{le}, qui logent au bâtiment U, celui des lycéens.

Au total, 410 internes résident à l'Insep, sur 900 sportifs qui s'y entraînent et y étudient. Bâtiments de briques, gymnases et stades constituent une petite ville sur plus de 34 hectares à l'est de Paris, au cœur du bois de Vincennes.

'On ne les retient jamais sur les critères scolaires, uniquement sur leurs résultats sportifs. Mais nos méthodes fonctionnent aussi pour les études. D'ailleurs, certains jeunes en grande difficulté à l'école obtiennent ici leur BTS (Brevet de technicien supérieur),' note Caroline Carpentier, chef du département Sportif de haut niveau. Question de motivation. Le taux de réussite au bac dépasse ici la moyenne nationale, malgré des horaires de cours réduits.

Mener de front entraînement et études, sans compter les compétitions et stages, exige de jongler avec les horaires. Exemple d'une journée: cours (8h - 11h) puis entraînement (11h - 13h), déjeuner, de nouveau cours (14h30 - 16h30), nouvel entraînement (16h30 jusqu'en début de soirée), puis repas et étude surveillée de 20h15 à 21h45. Ouf! C'est du sport, on vous dit …

Phosphore, juillet 2000

1 The Insep is a school. What kind of school?
2 Where is it?
3 Who goes to it?
4 How do they get into it?
5 What do they have to do to stay in it?

6   What are Henri Davignon's responsibilities?
7   How do the results of Insep students in the bac (baccalauréat: secondary school leaving exam) compare with the national average?
8   What happens at these times on a routine day at the Insep?

08.00:
11.00:
13.00:
14.30:
16.30:
20.15:

9   Explain the use of the word *impitoyable* in the title of the article.
10 In French write one sentence to explain what the Insep is:
    L'Insep, c'est …

5   Recette

Prenez un toit de vieilles tuiles
Un peu après midi.

Placez tout à côté
Un tilleul déjà
Remué par le vent,

Mettez au-dessus d'eux
Un ciel de bleu, lavé
Par des nuages blancs.

Laissez-les faire.
Regardez-les.

Guillevic (*Avec*, © Ed Gallimard)

Ma langue au chat. Philippe Geluk

6 MOTO: Le prix du permis

Vous rêvez peut-être de lâcher votre bonne vieille 'mob' pour piloter une moto? C'est possible dès 16 ans avec le permis AL, vous serez néanmoins limité à la conduite d'une cylindrée ne dépassant pas 125 cm³. Si vous avez 18 ans, vous pourrez passer le permis de catégorie A et conduire un engin plus puissant.

Leçons de code 'spécialisé moto' et épreuves théoriques, cours de conduite, stages, etc. - le permis moto coûte relativement cher. Avant de vous inscrire, faites jouer la concurrence, comparez les tarifs, qui peuvent varier d'une moto-école à l'autre. Quel que soit votre choix, vous devrez prendre 20 heures de leçons de conduite, c'est obligatoire, ainsi que des heures de formation au code de la route.

La plupart des moto-écoles proposent aujourd'hui des formules 'tout compris'. Ce type de forfait comprend en général 20 heures de conduite, des cours de code, les frais de dossier ainsi que deux présentations aux épreuves de conduite. La formule est financièrement plus intéressante, notamment en cas d'échec à l'examen: vous n'aurez pas à régler les frais de réinscription au permis. Ce n'est pas obligatoire, mais pour avoir toutes les chances, vous devrez prendre des leçons supplémentaires qui risquent d'alourdir votre facture. Pour le paiement, n'hésitez pas à demander à régler en plusieurs fois. Les moto-écoles acceptent en général un plan de financement en trois versements: un premier au départ, un second versement à mi-parcours, le solde devant être acquitté au moment de l'examen de conduite. Il ne vous restera 'plus' qu'à acheter le casque obligatoire.

M.H.
Les Clés de l'Actualité, du 16 au 22 novembre 2000

Say whether the statements below are true or false. In each case, you should be able to support your answer by quoting the relevant part of the article.

1. In France, you're allowed to drive a 250cc bike when you're 16.
2. Even when all the costs are included, a driving licence is not expensive.
3. Learners are advised to compare prices in different driving schools.
4. It's compulsory to have 20 hours of driving lessons.

5   The usual package offered by driving schools includes tuition, administration costs, and the fees for one driving test.
6   Extra lessons are not recommended.
7   Most driving schools accept payment in three instalments.
8   A free helmet is usually included in the package.

7 La cantatrice chauve

1   Dans l'extrait de *La cantatrice chauve*, une pièce d'Eugène Ionesco (document 4), un homme et une femme sont en train de parler. Ecoutez-les, et remplissez la grille ci-dessous.

	lui	elle
la rue où il/elle habite		
le numéro de son immeuble		
l'étage où il/elle habite		
le numéro de son appartement		
la description de sa chambre		
la description de sa fille		

2   What conclusion do they come to at the end of their conversation?

3   Translate the following into French. You can check your answers by looking at the transcript.

I think I've met you somewhere before.
That's strange!
Maybe we met …
It's possible.
I don't remember.
What a coincidence!

4   Make up a dialogue which begins:

Il me semble qu'on s'est rencontrés quelque part …

and which ends:

… Excuse-moi, je te confonds avec quelqu'un qui te ressemble beaucoup.

8 La Fête de la Musique

1   Quand Maurice Fleuret devient Directeur de la Musique et de la Danse en octobre 1981, à la demande de Jack Lang, il souhaite 'être le directeur de toutes les musiques, de l'accordéon jusqu'à l'industrie phonographique'. C'est en découvrant en 1982, à l'occasion d'une étude sur les pratiques culturelles des Français, que cinq millions de personnes dont un jeune sur deux, jouent d'un instrument de musique, qu'il se prend à rêver de faire descendre les gens dans la rue.

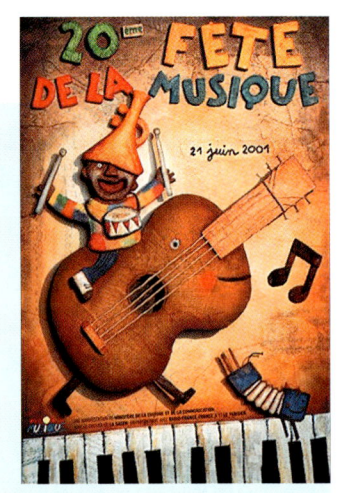

2   Et c'est ainsi, en trois semaines, que la Fête de la Musique est lancée, le 21 juin 1982, jour du solstice d'été, nuit païenne se référant à l'ancienne tradition des fêtes de la Saint-Jean.

3   Cette union des professionnels et des amateurs, cette attention nouvelle portée à toutes les musiques, devenaient ainsi, à travers la réussite immédiate d'une manifestation populaire et largement spontanée, la traduction d'une politique qui entendait accorder leur place aux pratiques amateurs ainsi qu'au rock, au jazz, à la chanson et aux musiques traditionnelles aux côtés des musiques dites sérieuses ou savantes.

4   La gratuité des concerts, le soutien de la SACEM, le relais des médias, l'appui des collectivités territoriales et l'adhésion de plus en plus large de la population, allaient en faire, en quelques années, une des grandes manifestations culturelles françaises.

5   Elle commence à 's'exporter' en 1985, à l'occasion de l'Année européenne de la Musique. En moins de quinze ans, la Fête de la Musique sera reprise dans plus de cent pays, sur les cinq continents.

6   Succès international, phénomène de société (un timbre poste lui est consacré en 1998), la Fête est aussi porteuse des nouvelles tendances musicales, que souvent elle annonce, que toujours elle traduit: renouveau des musiques

traditionnelles, explosion des musiques du monde, développement des chorales, apparition du rap, de la techno, retour au carnaval musical …

7   Sa réussite visible en centre-ville occulte bien d'autres dimensions: elle entre dans les prisons, partage la vie des malades et du personnel à l'hôpital, rapproche les établissements scolaires et les écoles de musique, établit des liens et des échanges entre la ville et la banlieue, irrigue les communes rurales, valorise le travail de plusieurs mois ou de toute une année d'un individu, d'un groupe, d'une association ou de toute une communauté. La Fête de la Musique favorise ainsi naturellement la démocratisation de l'accès aux pratiques artistiques et culturelles.

8   En l'espace d'une génération, la Fête manifeste ainsi sa capacité permanente à se réinventer, ingénieuse et vivace, issue de l'institution, mais ayant choisi - comme la chanson - de vivre sa vie dans la rue, portée par les gens.

www.fetedelamusique.culture.fr

1   The answer to each question below can be found in the paragraph with the same number.

   1   Maurice Fleuret discovered something in 1982 which prompted the idea of a music festival. What was it?
   2   Why was June 21 picked as the date for the *Fête de la Musique*?
   3   The *Fête* celebrates all kinds of music. What five types are mentioned here?
   4   The *Fête* has become a very big event. To what does it owe its success?
   5   How many countries now celebrate the *Fête de la Musique*?
   6   What new trends in music have had their place in the *Fête*?
   7   What venues are mentioned for events in the *Fête*?
   8   What are the strengths of the *Fête de la Musique*?

2   Imaginez que vous organisez une *Fête de la Musique* dans votre ville. Dressez le programme de la journée, en tenant compte des goûts de toute la population, de tous les âges, de tous les lieux de fête possibles. Inscrivez votre programme dans le tableau.

heure	lieu	genre de musique	événement	artistes

9 Bûche de Noël

4 œufs

125 grammes de sucre en poudre

80 grammes de farine

Vanille en poudre

Une pincée de sel

Mettre le sucre dans une terrine avec le sel et la vanille.
Ajouter les jaunes l'un après l'autre et travailler au fouet pour obtenir un mélange blanc et mousseux.
Ajouter la farine en pluie.
Battre les blancs en neige très ferme. Les ajouter au mélange.
Utiliser un moule spécial en forme de bûche et faire cuire à feu doux 1 heure.
Démouler et garnir avec une crème au beurre, au café, ou au chocolat.

Crème au beurre

3 œufs

120 gr de sucre

270 gr de beurre

Travailler les œufs entiers avec le sucre, à chaud, en fouettant sans arrêt. Malaxer le beurre en crème (à froid).
L'ajouter à la crème battue et refroidie. Parfumer à volonté.

7 QUESTIONS

1 Oui ou non?

1.1 Lisez le profil ci-dessous:

> Camille Benoît a une trentaine d'années. Il est adjoint responsable du Service des Eaux. C'est le service responsable de la distribution et la répartition de l'eau et de l'épuration des eaux usées. Il est né à Plouha, en Bretagne. Depuis sept ans, il habite avec sa femme Dodeline au Vésinet, dans la banlieue parisienne.

Imaginez que vous êtes Camille. Sur le document 1, écoutez quelqu'un qui vous pose des questions. Répondez par oui ou non.

Oui ou non?

1.2 The three ways of asking questions which have yes or no answers are outlined in the table below. Listen to document 1 again, and note which way each of the ten questions is formulated by ticking the correct column.

	1. A statement is turned into a question when the voice is raised at the end. (This usage is common in spoken French.)	2. *Est-ce que* is used before a statement.	3. The subject and verb are inverted. (This usage is more formal.)
1			
2			
3			
4			
5			
6			
7			
8			
9			
10			

> Note on inversion of subject and verb:
> (a) When the subject is a third person singular pronoun (*il*, *elle* or *on*) and the verb ends in a vowel, add *-t-* when you invert: *Habite-t-il à Paris?*
> (b) In compound tenses, the past participle is not included in the inversion: *Etes-vous né en Normandie?*
> (c) When the subject is a noun, the subject and verb are not inverted (you can't say 'est Camille né…?'). An extra pronoun is required: *Camille est-il né en Normandie?*

1.3 Listen again to document 1, and jot down any five of the questions. Then try formulating them in the alternative ways.

57

2   Pour un jeu télévisé

The extract which follows is from a play by René de Obaldia. Camille wants to take part in a TV quiz show, and he employs a teacher to coach him. As the extract begins, his wife Dodeline is opening the door for the teacher.

2.1   Avant d'écouter l'extrait (document 2), lisez la description des trois personnages, Camille, Dodeline et Etienne Longchamp de Beaupré.

2.2   Ensuite, écoutez l'extrait, tout en suivant le texte.

2.3   Après, travaillez en groupe de trois. Prenez chacun un rôle, et lisez l'extrait à haute voix.

Pour ses beaux yeux
de
René de Obaldia

PERSONNAGES:

CAMILLE BENOÎT: une trentaine d'années, adjoint responsable au Service des Eaux. Sans relief apparent.

DODELINE: sa femme. Plus jeune, coquette, gentiment sosotte.

ETIENNE LONGCHAMP DE BEAUPRÉ: professeur de jeux télévisés.

Scène II

Camille, Dodeline, le professeur.

DODELINE   *(voix off)* Oui, c'est ici, mon mari vous attend.

PROFESSEUR   *(voix off)* Bene! Bene!

DODELINE   *(voix off)* Passez, je vous en prie.

Irruption du professeur dans la pièce. Une quarantaine d'années. Très 'play-boy'. Costume élégant sous l'imperméable entrouvert. Enorme assurance. Dodeline et Camille sont impressionnés.

PROFESSEUR   *(allant résolument vers Camille, la main largement tendue)* Ce cher Monsieur Benoît.

CAMILLE	*(faiblement)* Monsieur …
PROFESSEUR	Etienne Longchamp de Beaupré, pour vous servir. *(lui serrant énergiquement la main)* How do you do?
CAMILLE	*(décontenancê)* Pas mal, et vous?
PROFESSEUR	Bene, bene.
DODELINE	*(fascinée par le visiteur)* Si vous voulez bien me donner votre imperméable?
PROFESSEUR	Merci, ne perdons pas de temps. Et excusez-moi pour le retard; j'ai tourné en rond avec ma Bugati.
DODELINE	Une Bugati!
PROFESSEUR	*(très simple)* Oui, je l'ai troquée dernièrement contre ma Mercedes … Bene. Attaquons! *(Il entoure de son bras l'épaule de Camille et l'entraîne avec lui sur le devant de la scène. S'adressant au public)* Je vous présente Monsieur Benoît. *(Il sort une brosse à cheveux de sa poche et la place devant la bouche de Camille comme s'il s'agissait d'un micro. Le ton qu'il empruntera sera copié sur celui des animateurs de ce genre d'émissions télévisées)* Votre prénom est Camille, je crois?
CAMILLE	*(interloqué, parlant dans la brosse à cheveux)* Oui, Camille.
PROFESSEUR	Camille Benoît. Et vous habitez le Vésinet?
CAMILLE	Le Vésinet.
PROFESSEUR	C'est dans le bassin parisien, ça?
CAMILLE	Oui, la banlieue.
PROFESSEUR	*(au public)* Le veinard! La verdure, l'air frais, les pinsons, les criquets … *(Tendant à nouveau la brosse à cheveux à Camille)* Mais vous êtes né en Normandie?

> Je vous présente Monsieur Benoît.

7 QUESTIONS

7 QUESTIONS

CAMILLE   En Bretagne.

PROFESSEUR   En Bretagne, excusez-moi. Où exactement?

CAMILLE   A Plouha.

PROFESSEUR   A Plouha! … Il faut bien naître quelque part … Il y a longtemps que vous habitez Le Vésinet?

CAMILLE   *(essayant de se souvenir)* Bien, ça fait … ça fait …

DODELINE   *(lui soufflant)* Sept ans.

CAMILLE   Sept ans.

PROFESSEUR   Et puis-je vous demander quelle est votre profession?

CAMILLE   Adjoint responsable au Service des Eaux.

PROFESSEUR   *(claironnant comme s'il s'agissait d'un exploit, à l'adresse du public)* Adjoint responsable au Service des eaux!! Nous applaudissons! *(Il applaudit)* Applaudissez! *(A Dodeline, médusée)* Applaudissez, Madame! *(Dodeline applaudit. Camille à son tour, frappe dans ses mains. Bas à Camille)* Non, pas vous, voyons!

CAMILLE   Oh pardon.

PROFESSEUR   Et comment se manifeste votre 'responsabilité' au Service des Eaux?

CAMILLE   Beaucoup de statistiques, de graphismes … Distribution. Répartition. Structure d'épuration pour les eaux usées.

PROFESSEUR   Eh! Oui; il n'y a pas que les hommes qui soient usés! …

DODELINE   *(dans un soupir)* Eh! Oui.

Léger temps.

PROFESSEUR   Bene. Maintenant que nous avons fait connaissance, je vais ouvrir le feu - le feu des questions. Camille, est-ce que vous êtes prêt?

(L'avant-scène 1050, 15 mai 1999. © René de Obaldia 1999. Editions Grasset.)

2.4 D'après votre lecture de l'extrait, chaque adjectif suivant correspond auquel (ou auxquels) des trois personnages? Indiquez votre réponse en cochant la bonne case ci-dessous:

	Camille	Dodeline	Le professeur
poli			
d'une politesse exagérée			
autoritaire			
énormément assuré			
timide			
indécis			
discrète			
correcte			
loquace			
moqueur			

2.5 Ecoutez les trois descriptions dans le document 3. De quel personnage s'agit-il dans:

(a) ?
(b) ?
(c) ?

Dans la section grammaire page 343, voir le paragraphe sur les participes.

2.6 L'auteur donne des précisions pour aider les acteurs à jouer leur rôle. Dans le texte (parmi les mots en italiques) trouvez tous les mots dans les catégories ci-dessous:

Participe présent, l'équivalent de *-ing* en anglais. Il se termine en *-ant*. Il est invariable.	**Adverbe formé sur un adjectif**. Il se termine en *-ment*. Il est invariable.	**Participe passé**, utilisé comme adjectif pour indiquer un état de fait. Il s'accorde avec un nom.
1 allant	1 résolument	1 impressionnée
2	2	2
3	3	3
4	4	4
5		5
6		6
7		
8		

2.7 Respectant les indices donnés en italiques, jouez l'extrait en groupes de trois.

2.8 Choisissez un jeu que vous aimez regarder à la télévision. Jouez les rôles de l'animateur ou du présentateur et des participants. Faites les présentations.

3 Pour poser des questions: les mots interrogatifs, et comment les utiliser

3.1 Who? What? Which?

les adjectifs d'interrogation	les pronoms d'interrogation
quel etc. (what, which)	*qui?* (who? whom?)
	que? (what?)
	quoi? (what? Often occurs after a preposition)
	lequel, etc. (which ones?)

les adjectifs d'interrogation:

	singulier	pluriel
masc.	quel	quels
fém.	quelle	quelles

les pronoms d'interrogation:

	singulier	pluriel
masc.	lequel	lesquels
fém.	laquelle	lesquelles

3.2 When? Why? How? How much? How many? Where?

Les adverbes d'interrogation
Quand? (when?)
Pourquoi? (why?)
Comment? (how?)
Combien? (how much? how many?)
Où? (where?)

3.3 When you use an interrogative word, you can follow it with:

(a) an inversion of the subject and verb or
(b) *est-ce que.*

In the following exercise, fill in the blank spaces with the equivalent question formed in the alternative way.

Inversion	With *est-ce que*
Comment *vous appelez-vous?*	
	Où *est-ce que vous habitez?*
Que *faites-vous* comme travail?	
	D'où *est-ce que vous venez?*
	Depuis quand *est-ce que vous habitez* à Paris?
Quel âge *avez-vous?*	
	Avec qui *est-ce que vous habitez?*
	De quoi *est-ce que vous parlez?*

Try variations on this exercise: replace *vous* with *tu*, or with *il/elle/ils/elles*.

3.4 As with yes/no questions, the questions in the table above may be formulated by adding the question word to a statement. This practice is informal, and used in spoken French. Listen to the questions above being formulated in this way (document 4), and note them down.

3.5 For practice, make questions to establish a personal profile of someone: their name, age, the number of brothers and sisters they have, their date of birth, nationality, address, occupation, interests/hobbies.

> When the question word is itself the subject, you can't invert subject and verb: *Qui* est là? *Qui* veut du café? *Lequel* des deux est plus grand? *Quel* est votre nom?

> Interrogative adjectives agree with their corresponding nouns. They can be separated from their nouns by a verb: *Quelle* heure est-il? *Quelle* est la capitale de la France? *Quel* est votre prénom? En *quelle* année êtes-vous né? *Quels* sont vos passe-temps préférés?

C'est le 12 août, 1980.

?

?

J'ai cinq ans.

4 Questions pour un quiz

4.1 Ecoutez les questions (document 5) trois fois. A la première écoute, cochez la bonne case dans la colonne *catégorie*. A la deuxième écoute, notez le mot interrogatif utilisé. A la troisième écoute, notez la réponse à la question.

	Catégorie	Mot interrogatif	Réponse
sport			
géographie			
grammaire			
Paris			
musique			

4.2 A vous maintenant de créer un quiz sur le modèle, si vous voulez, de votre jeu télévisé préféré. Dressez des listes de questions dans des catégories différentes.

Now test yourself at www.my-etest.com

8 UNE IRLANDAISE EN LORRAINE

1 Introduction

1.1 Dans cette unité on fait la connaissance d'une jeune Irlandaise qui a fait une partie de ses études en France. Ecoutez le document 1, et dites si les affirmations suivantes sont vraies ou fausses. Ensuite, corrigez celles qui sont fausses.

1. Marion est étudiante à UCD.
2. Elle fait des études de linguistique.
3. Elle étudie le français et l'allemand.
4. Elle a dû faire une année de ses études en France.
5. Elle vient de passer une année à Besançon.

1.2 Remplissez les blancs dans le texte ci-dessous, selon les informations que vous avez entendues sur la cassette:

Je suis étudiante à .... où je fais des études de .... Il faut étudier une langue, soit le français, soit l'allemand. On doit passer la troisième année de licence dans une université en .... ou en .... Moi, je viens de passer une année scolaire à ...., en ....

> Rappel!
> Pour un pays: *en, au, aux*
> Pour une ville: *à*
> Voir la section grammaire, page 339.

2 Le logement

2.1 Classez les expressions ci-dessous dans les trois catégories indiquées en les inscrivant dans la grille:

studio - université - appartement - chambre d'étudiant - résidence universitaire - loyer - programme - sanitaires - cartes - examen - professeur - voyage - meubles - semestre - sortie - télévision - faculté (fac) - cours (cours magistral) - guitare - cursus - cinéma

le logement (7 expressions)	les études (8 expressions)	les loisirs (6 expressions)

2.2 A l'aide d'un dictionnaire, vérifiez si les noms dans vos trois listes sont masculins ou féminins.

2.3 Dans le document 2(a), écoutez la réponse de Marion à la question *Comment avez-vous fait pour trouver un logement?*

Quelles étaient les trois possibilités proposées à Marion et ses amies?
Où est-ce qu'elles ont décidé d'habiter?
Pourquoi ont-elles rejeté les deux autres propositions? (deux raisons)

2.4 Ecoutez le document 2(b), et relevez les détails suivants:

1. Les dimensions de la chambre de Marion
2. Les meubles qui s'y trouvent
3. Les sanitaires
4. Les possibilités (a) pour faire la cuisine et (b) pour manger au restaurant
5. Les deux raisons pour lesquelles Marion était contente d'habiter à cet endroit
6. La nationalité de ses voisins de palier

3 La routine journalière

3.1 Dans le document 3, Marion parle d'une journée typique. Ecoutez le document, et complétez les phrases ci-dessous en répondant aux questions entre parenthèses.

1. On se levait (à quelle heure?)
2. On descendait (où? pour quoi faire?)
3. On se préparait (quoi? où?)
4. On partait (où? pour quoi faire?)
5. Les cours duraient (combien de temps?)
6. (A quelle heure?) on rentrait (où? pour quoi faire?)
7. (Quand?) on avait (quoi?)
8. (Quand?) on mangeait (où?)
9. On passait (quoi? à quoi faire?)

The verbs in the sentences above are all in the *imparfait*. Why?

> If you're not sure of the answer, consult the grammar section, page 342.

3.2 Marion dit *'on'* qui a souvent le sens de *'nous'*. (Voir la section grammaire, page 332).

Réécrivez les verbes ci-dessus (sauf le cinquième)
- a à l'imparfait et à la première personne du pluriel (nous)
- b à l'imparfait et à la première personne du singulier (je)

> See the grammar section, page 344, for the formation of the *imparfait*. *Etre* is the only verb in the French laguage which is irregular in the *imparfait*.

3.3 Imaginez que Marion est toujours à Nancy, et qu'elle parle de ce qu'elle fait tous les jours. Mettez les verbes ci-dessus au présent (avec *je*, *on* et *nous*).

Place Stanislas, Nancy

4 Les études

4.1 Dans le document 4, Marion parle de ses études à Nancy et à Dublin. Avant de l'écouter, lisez les expressions suivantes à haute voix:

a 40
b 18
c 10-12
d 17
e faire du travail autonome sur ordinateur
f pas de tâches particulières à faire
g réviser des notes
h lire des livres à la bibliothèque
i passer six examens au cours de l'année
j de bons contacts avec les profs
k la possibilité de discuter de notre travail
l des cours magistraux
m moins l'occasion de parler avec les profs
n de bons contacts avec les autres étudiants
o tendance à partir chez eux après les cours
p passer pas mal de temps ensemble en dehors des cours
q aider si on avait besoin de quelque chose

4.2 Ecoutez le document 4 sur la cassette. A côté de chaque expression ci-dessus notez *N* s'il s'agit de Nancy, ou *D* s'il s'agit de Dublin.

4.3 Ensuite, inscrivez les lettres a-q correspondantes aux expressions dans la grille sous *Nancy* ou *Dublin*, pour pouvoir comparer l'expérience de Marion dans les deux endroits.

	Nancy	Dublin
Nombre d'étudiants dans la classe		
Nombre d'heures de cours par semaine		
Travail en dehors des cours		
Examens		
Contacts avec les professeurs		
Contacts avec les autres étudiants		

4.4 Pour comparer la situation à Nancy et à Dublin, faites des phrases en utilisant le schéma ci-dessous et les informations dans la grille ci-dessus.

| Il (n') y avait (pas)
Marion (n') avait (pas) | plus de
moins de
autant de | .... | à Nancy qu'à Dublin. |

Pour le comparatif, voir la section grammaire, pages 335 et 336.

5 Une bonne expérience

5.1 Dans le document 5, on pose des questions à Marion sur son année en France. On la tutoie. Dans les blancs ci-dessous, inscrivez l'équivalent de chaque élément barré en remplaçant *vous* par *tu*.

a Est-ce que ~~vous avez eu~~ .... le mal du pays?

b ~~Vous avez eu~~ .... des problèmes de communication?

c Est-ce que ~~vous avez fait~~ .... beaucoup de progrès en français?

d Est-ce que ~~vous avez trouvé~~ .... que la vie coûte plus cher en France?

e ~~Vous vous êtes ennuyée~~ .... loin de ~~vos~~ .... amis?

f Est-ce que ~~vous avez profité~~ .... au maximum de ~~votre~~ .... séjour?

g ~~Vous avez été~~ .... contente de rentrer en Irlande à la fin de l'année?

8 UNE IRLANDAISE EN LORRAINE

69

5.2 Vérifiez vos réponses en écoutant le document 5.

5.3 Ecoutez encore une fois le document 5, et notez les réponses de Marion à chaque question.

5.4 Travaillez à deux. Utilisez les mêmes questions, et les notes que vous avez prises, et reconstruisez la conversation.

5.5 Aimeriez-vous faire un séjour en France comme Marion? Répondez en donnant des raisons.

> Dans votre réponse, il y aura probablement des verbes au conditionnel. Voir la section grammaire, pages 342 et 345.

> Moi j'aimerais bien partir en France pour une année. Ça me changerait les idées, et j'aimerais parler couramment le français.

> Moi non. Je suis trop casanier.

To follow up

Using the exercises you did in section 3, *La routine journalière*, as models, describe typical days in your life, past or present.

If you know people who have done a year's studies in France, speak to them and find out how they got on. Do a brief write-up of their experience in French.

Now test yourself at www.my-etest.com

1 L'emploi du temps

Les matières scolaires proposées au Leaving Certificate en Irlande:

comptabilité	gaélique
commerce	anglais
économie	français
histoire économique	allemand
	espagnol
génie	italien
dessin technique	latin
études de construction	grec
sciences agricoles	hébreu
économie agricole	études classiques
sciences sociales/ arts ménagers	
	mathématiques (maths)
histoire	physique
géographie	chimie
arts plastiques	physique-chimie
musique	biologie
	maths appliquées

1.1 Lisez la liste des matières qu'on peut étudier pour le Leaving Cert. Dans la section grammaire (page 330) lisez les indices sur le genre des noms. Selon les indices, écrivez *m* ou *f* à côté des sciences et des langues. Vérifiez et notez le genre de tous les noms de la liste à l'aide d'un dictionnaire.

1.2 Pour vous aider à bien prononcer les noms des matières, écoutez le document 1.

1.3 Lesquelles des matières dans la liste sont offertes dans votre école? Lesquelles étudiez-vous? Au niveau supérieur ou ordinaire? Si vous participez au programme LCVP ou LCAP, qu'est-ce que vous prenez comme modules?

> Don't forget that nouns and adjectives must agree in gender and number. See grammar section, page 334.

> To list the subjects you study you can say:
> Je fais maths, gaélique, anglais, etc. (no article)
> J'étudie les maths, le gaélique, l'anglais, etc. (using the definite article: see the grammar section, page 341)

9 L'ÉCOLE

L'ÉCOLE

1.4 Dressez votre emploi du temps hebdomadaire.

heure	lundi	mardi	mercredi	jeudi	vendredi

1.5 Vous avez combien de cours par semaine dans chaque matière? Dans votre emploi du temps, y a-t-il des matières qui ne sont pas au programme du Leaving Cert.? Lesquelles? Quelle est votre matière préférée? Quelle est votre journée préférée? Pourquoi?

1.6 Qu'est-ce que vous faites pendant la récréation? Pendant l'heure du déjeuner?

1.7 Ci-contre, étudiez bien l'emploi du temps d'Anne-Claire, une élève de Première S dans un lycée à Paris. Rédigez une dizaine de questions que vous aimeriez lui poser.

heure	lundi	mardi	mercredi	jeudi	vendredi	samedi
8h30	maths	allemand	anglais	anglais	physique/chimie	
9h30	maths	anglais	allemand	français	physique/chimie	latin
10h30	histoire/géographie	sport	latin	français	allemand	maths
11h30	histoire/géographie	sport	allemand	déjeuner	déjeuner	maths
12h30	déjeuner	déjeuner	déjeuner	biologie	histoire/géographie	déjeuner
13h30	travaux pratiques	maths		sciences expérimentales	français	
14h30	travaux pratiques	latin		sciences expérimentales	français	
15h30	travaux pratiques	biologie		sciences expérimentales		
16h30	allemand	biologie		français		

1.8 Sur le document 2(b), vous allez écouter une conversation avec Anne-Claire dans laquelle elle répond à des questions qu'on lui pose. Mais d'abord, écoutez les questions (document 2(a)). Est-ce que ce sont celles que vous auriez posées vous-même?

1.9 Notez les réponses d'Anne-Claire aux questions qu'on lui pose.

1.10 Faites la comparaison entre votre emploi du temps et celui d'Anne-Claire.

Les filières du bac
Littéraire
Scientifique
Economique et Social
Sciences Médico Sociales
Sciences et Technologies Tertiaires
Sciences et Technologies Industrielles
Sciences et Technologies de Laboratoires

Chez nous on a plus de...

Chez nous... tandis que chez elle...

En France, ils... chez nous, par contre...

Eux, ils ont la possibilité de...

9 L'ÉCOLE

9 L'ÉCOLE

2 Une journée à l'école

2.1 Ecoutez Paul qui parle d'une journée à l'école (document 3). A la première écoute, notez les matières dans la colonne *cours*. A la deuxième écoute, notez dans la deuxième colonne ce que Paul a fait pendant ces cours. A la troisième écoute, notez ses commentaires sur le cours et la matière.

Cours	Travail fait	Commentaire de l'élève
récréation		

2.2 Et vous? Dessinez une grille comme ci-dessus, et inscrivez les détails d'une de vos journées à l'école.

Les expressions ci-dessous seront utiles. Ajoutez-en d'autres, au besoin.

Ce qu'on fait:

étudier	faire
regarder	rédiger
discuter	corriger
travailler	dessiner
jouer	peindre

Commentaires:

C'est une matière que je trouve	très intéressant(e)
	utile
Le travail est	difficile
	facile
Le cours (n')était (pas)	passionnant(e).

Je suis	fort(e)	
	faible	
	doué(e)	
	nul(le)	en maths.

Je comprends tout.
Je trouve que ... est compliqué(e).
J'ai quelques difficultés.
... ça me plaît énormément.
Il faut dire que je ne fais pas beaucoup d'efforts.
J'aime bien quand on ...

3   Pour faire le profil de votre école

3.1   Dans la deuxième colonne du tableau ci-dessous, inscrivez les informations indiquées par les rubriques à gauche:

Nombre d'élèves:	
Nombre de professeurs:	
Nom du directeur/ de la directrice:	
Uniforme	
Clubs, activités extra-scolaires	
L'histoire de l'école: l'année de sa fondation, et dates clés	
Installations pour le sport (terrains de sport, salle omnisport, etc.)	
Salles spécialisées (laboratoires, salle d'informatique, bibliothèque, etc.)	
Cantine	
Infirmerie	

4 Internat, c'est mon choix

4.1 Lisez l'article, et reliez chaque titre ci-dessous au paragraphe qui correspond en l'inscrivant dans l'espace prévu.

(c) ... ou au lycée

(f) On n'a pas la tête au travail

(e) La formation rêvée est au bout du monde

(a) On perd du temps dans les transports

(b) On veut préparer à fond une grande école

(d) Ça ne va plus à la maison ...

INTERNAT
C'est mon choix

C'en est fini de l'image vieillotte du pensionnat, vécu comme une punition. L'internat fait peau neuve. Voici les bonnes raisons d'y aller.

Pourquoi choisir d'être interne?

1

Le conflit gronde, les portes claquent. Parce que la tension monte entre les parents ou avec l'un d'eux, parce que la vie vous paraît étouffante. Parce que les parents se séparent et que vous préférez aller attendre ailleurs que les choses se calment.

2

Vous êtes fiché sur les listes de grand banditisme du *CPE. Avertissements, colles, renvois ... Vous avez déjà tout expérimenté, aussi bien du côté des copains que de celui de la direction. Aller voir ailleurs vous permet de vous 'refaire une virginité'.

3

A la sortie du lycée, le café du coin, la télévision, le téléphone ou l'ordinateur vous attirent bien plus que vos bouquins. Du coup, les mauvais résultats s'enchaînent sans que vous puissiez redresser la barre. Parents et professeurs sont sans arrêt sur votre dos.

Il y a en France un certain nombre de lycées qui permettent aux élèves de suivre une spécialité tout en préparant son bac: sports (voir l'article sur l'Insep, page 50), hôtellerie, horticulture, viticulture, agriculture, musique ...

4

Autrefois, c'était la principale raison pour laquelle on choisissait l'internat car les lycées étaient moins nombreux et les moyens de transport plus restreints. Même si les choses se sont améliorées, certains continuent à se lever dans le noir du petit matin, à perdre deux heures par jour dans un car, à ne pas voir d'amis le soir. Et finissent par en avoir assez …

5

Tout petit déjà, vous plantiez des radis ou escaladiez les barrières de votre parc. Maintenant, c'est clair, vous souhaitez devenir horticulteur, ou bien sportif professionnel, ou encore cascadeur … Des formations qu'on ne trouve vraiment pas à tous les coins de rue, mais souvent fort loin de son domicile.

6

L'espace de deux ou trois ans, vous voulez mettre toutes les chances de votre côté pour décrocher un concours et, ainsi, surtout ne pas perdre une minute dans les transports. Les classes préparatoires aux grandes écoles, généralement situées dans les grandes villes, sont les mieux équipées en internats, avec des formules mixtes de demi-internat.

Phosphore. Avril 2001

*CPE: conseiller principal de l'éducation. C'est la personne au lycée qui s'occupe des problèmes de discipline.

4.2 Adapt the appropriate parts of the article above to say the following things:

- *a* When I was very small I used to grow radishes. Now I'd like to be a horticulturalist. You don't find training courses everywhere.
- *b* I'm blacklisted in school. Warnings, detentions, suspensions, I've tried everything.
- *c* I get up early in the morning in the dark, I waste two hours a day in a coach, and I don't see any friends in the evening.
- *d* When I get home from school, I find the TV, the phone and the computer much more tempting than my books. So my results are always bad and I can't get myself straightened out.

Les grandes écoles sont des établissements d'enseignement supérieur, et elles ont la réputation d'assurer un enseignement de très haute qualité. Pour entrer dans une grande école, il faut être reçu à un concours qui se prépare normalement pendant deux ans dans une classe préparatoire. Quelques exemples: L'ENA (l'Ecole Normale d'Administration) prépare aux postes importants de la fonction publique. Les Ecoles Normales Supérieures forment les enseignants. (En argot, la classe préparatoire pour l'Ecole Normale Supérieure s'appelle la *cagne*.) La Polytechnique est une grande école militaire.

9 L'ÉCOLE

4.3 In document 4, listen to four people talking about their life in boarding school. Write down the correct number (1 Fabrice, 2 Corinne, 3 Alain, or 4 Cécile) to say who:

- [ ] a used to do anything but study at home?
- [ ] b feels more independent?
- [ ] c misses his grandparents?
- [ ] d can't go home every weekend?
- [ ] e likes a structured timetable?
- [ ] f doesn't waste time travelling any more?
- [ ] g is happy to be a boarder?
- [ ] h has to look after herself?
- [ ] i belongs to a camera club?
- [ ] j felt a bit cramped at home?

4.4 Listen once again to document 4. Then, without consulting the transcript, reconstruct the sentences corresponding to the questions above, as spoken by the four people.

Exemple: At home, I used to do anything but study.
A la maison, je faisais tout sauf mes études.

Check your answers later by looking at the transcript.

4.5 Est-ce que vous aimeriez être interne à l'école? Expliquez pourquoi, ou pourquoi pas.

> Verbes au conditionnel, pour la plupart! Voir la section grammaire, pages 342 et 344.

J'aimerais...
Je pourrais...
Je n'aimerais pas...
Je ne pourrais pas...

Now test yourself at www.my-etest.com

10 DÉPÊCHES

1 Les mots et les chiffres

1.1 Inscrivez les titres ci-dessous dans le cercle qui convient:

tremblement de terre
élections
justice
fusillade
terrorisme

....
séisme
épicentre
l'échelle de Richter

....
explosifs
dynamite
cache d'armes

....
législatives
vote
résultats

....
mis en examen
écroué
maison d'arrêt

....
balle
altercation
tuer
blesser

1.2 Dans le document 1, vous entendrez des expressions qui contiennent des chiffres. A la première écoute, cochez la bonne colonne pour indiquer la catégorie dont il s'agit …

	année	date	heure	durée	unité de mesure	âge
1						
2						
3						
4						
5						
6						
7						
8						
9						
10						

10 DÉPÊCHES

1.3 A la deuxième écoute, inscrivez les expressions dans la case appropriée.

1.4 Dans la langue écrite, l'usage n'est pas toujours pareil en français et en anglais. Donnez l'équivalent anglais des expressions ci-dessous:

français	anglais
vendredi 21 juillet	
06h15	
20h00	
5,9 sur l'échelle de Richter	

2 Pour reconstruire des phrases

2.1 Consultez les dépêches ci-dessous, et complétez les phrases suivantes en répondant aux questions entre parenthèses

a **Une partie des explosifs** (lesquels?) **a été découverte** (quand?) (où?)

b **Un séisme** (de quelle magnitude?) **a été ressenti** (à quelle heure?) (à quelle date?) (où?)

c **Les résultats** (de quoi?) **seront connus** (quand?)

d **Le propriétaire d'un chien rottweiler a été mis en examen et écroué** (quand?) (où?) (pourquoi?)

e **Un jeune homme a été tué et deux personnes ont été blessées** (quand?) (dans quelles circonstances?) (où?)

> In the grammar section, page 338 (prepositions), look at the two meanings of *dans*.

TERRORISME: Une partie des explosifs dérobés en septembre 1999 dans une entreprise de Plévin (Côtes-d'Armor) a été découverte, vendredi, par des policiers espagnols à Vitoria, au pays Basque. Les enquêteurs, qui perquisitionnaient un appartement servant de cache d'armes à l'organisation indépendantiste basque ETA, ont notamment découvert 10kg de dynamite provenant de l'entreprise bretonne Titanite.

MEXIQUE: Un séisme d'une magnitude de 5,9 sur l'échelle ouverte de Richter a été ressenti à 01h15 (06h15 GMT) vendredi 21 juillet à Mexico. Il n'a pas immédiatement été fait état d'éventuels dégâts ou de victimes. L'épicentre du tremblement de terre, qui a duré une minute environ, est situé dans les Etats de Guerrero et Puebla (au sud de Mexico).
- (AFP)

PHILIPPINES: Les résultats officiels des élections législatives et locales, qui ont eu lieu lundi 14 mai, ne seront pas connus avant deux semaines, pour des raisons techniques, a fait savoir la commission électorale à l'issue des opérations de vote. -(AFP)

JUSTICE: Le propriétaire d'un chien rottweiler, dont l'animal avait agressé une enfant de cinq ans, vendredi 8 septembre, à Soissons (Aisne), a été mis en examen et écroué, dimanche 10 septembre, à la maison d'arrêt de Laon. Dépourvu de la muselière obligatoire, le chien s'était jeté sans raison apparente sur une petite fille, la mordant violemment au bras. Opérée en urgence, la fillette ne devrait pas subir de séquelles, selon les médecins.

FUSILLADE: Un jeune homme de 19 ans a été tué par balle et deux personnes ont été blessées, jeudi 20 juillet, lors d'une fusillade survenue peu après 20h dans un bar de Bobigny (Seine-Saint-Denis). Une altercation entre des jeunes du quartier serait à l'origine du drame.

AFP: Agence France Presse
Le Monde

> Mexico: Mexico city
> le Mexique: Mexico (the country)

3 La voix passive

3.1 Read the statements below. Look at the news items from which they are taken, and see if it is possible to give precise answers to the questions in brackets after them.

1 *Une partie des explosifs a été découverte.* (Who made the discovery?)
2 *Un séisme a été ressenti.* (Who felt the earthquake?)
3 *Les résultats seront connus.* (Who will know the results?)

10 DÉPÊCHES

4   *Le propriétaire d'un chien rottweiler a été écroué.* (Who put him in custody?)

5   *Un jeune homme a été tué.* (Who killed him?)

When a verb is in the passive voice (*la voix passive*), it's subject is acted on: something happens to it. The opposite is the active voice (*la voix active*), where the subject is in some sense an actor. In the sentences above the verbs are in the passive voice. In some cases we do not know, or we have only a general idea of the people responsible for or involved in the events described.

To form the passive, we use the verb *être* (in the apppropriate tense) and a past participle.

> See the note on voices in the grammar section, page 343.

3.2   In the sentences 1-5 above, underline the verbs in passive voice. Which tense of *être* is used in each case?

3.3   The titles below might be given to the five news items you have read.

Explosifs découverts à Vitoria
Séisme ressenti à Mexico
Résultats officiels dans deux semaines
Propriétaire d'un rottweiler écroué
Jeune homme tué

Past participles of verbs may be used as adjectives, in which case they usually carry a passive meaning. Underline the past participles in four of the titles above.

4   Un fait divers insolite ...

GRENOBLE
Une valise de cannabis
Un couple de Parisiens débarquant du TGV Paris–Grenoble en milieu de semaine dernière a *eu* la surprise de découvrir dans une valise qu'il croyait être la sienne quarante paquets de 250 grammes de résine de cannabis. En descendant du train, le voyageur a *pris* dans le porte-bagages *situé* à l'extrémité du wagon une valise qu'il croyait être celle de sa femme. Au moment de charger sa valise dans une voiture, il a

été *pris* de doute et il est *revenu* vers le casier à bagages qui était vide. Il s'est alors *adressé* au service de sécurité de la gare, qui a *ouvert* la valise et *découvert* non pas du linge, mais de la drogue. Selon la police, cette valise a sans doute été *déposée* dans le train à Paris par un trafiquant, qui a *demandé* à un complice d'aller la récupérer en gare de Grenoble, mais ce dernier s'est *trompé* de bagage.

AFP
Tribune de Genève,
jeudi 7 juin 2001

4.1 Lisez le fait divers ci-dessus. Les mots en italiques sont des participes passés. Identifiez:

   a   ceux qui font partie d'un passé composé (il y en a 8),
   b   celui qui sert d'adjectif,
   c   ceux qui font partie d'une construction à la voix passive (il y en a 2).

4.2 Référez-vous à l'article. Imaginez l'histoire racontée par le voyageur, et complétez-la en remplissant les blancs. Il s'agit de mettre les verbes à la première personne:

En descendant du train .... une valise que .... être celle de ma femme. Au moment de la charger dans la voiture, ... de doute, et .... vers le casier à bagages qui était vide. Alors .... au service de sécurité de la gare. L'agent de sécurité a ouvert la valise, et a découvert la drogue.

> la sienne: voir la table des pronoms possessifs, section grammaire, page 333.

> Don't forget! This exercise is also complicated by the fact that in the *passé composé* certain verbs are conjugated with *être*. See the grammar section, page 346.

Tu es sûre que c'est la tienne?

10 DÉPÊCHES

4.3 Sur le document 2, écoutez sept extraits de conversation. Pour chaque extrait, indiquez qui parle en cochant deux cases dans la grille ci-dessous:

	1	2	3	4	5	6	7
Le voyageur							
Sa femme							
L'agent du service de sécurité							
Le trafiquant							
Son complice							

4.4 Imaginez que vous êtes le complice du trafiquant. Vous rentrez chez vous, et vous racontez l'histoire à votre femme.

A l'arrivée du train… Il est furieux.

5 La presse et vous

5.1 Ecoutez le document 3. En même temps, repérez en bas les éléments qu'il faut pour compléter les phrases ci-dessous, et numérotez-les de 1 à 5:

1 Je lis le journal régional …
2 Je regarde les infos …
3 Chez nous, la radio est toujours allumée …
4 J'aime lire …
5 Je n'écoute presque jamais …

toutes les semaines.
de ce qui se passe.
Je n'ai pas toujours le temps,
sauf le sport.
Il y a les titres d'informations
C'est un hebdomadaire.
tous les jours
trois ou quatre fois par semaine.
toutes les heures.
le journal.
je regarde le journal,
pour être au courant
dans la cuisine.
mais normalement je le lis
Tout m'intéresse
Quelquefois
Ce qui m'intéresse surtout,
les infos.
et de jeux vidéo.
à la télé
c'est la section sport
mais c'est surtout pour
les revues de films

5.2 Et vous? Quelle situation ci-dessus correspond le mieux à la vôtre? Parlez de vos habitudes en ce qui concerne les médias et l'actualité.

5.3 Ce soir, écoutez ou lisez les informations. Pour cinq catégories ci-dessous (de la liste à gauche ou à droite, ou des deux), trouvez une nouvelle. Rédigez un petit article (50 à 100 mots) sur chacune de vos cinq nouvelles.

national	une mauvaise nouvelle
international	une bonne nouvelle
régional	une nouvelle qui vous intéresse
sport	une nouvelle qui vous inquiète
conflit	une nouvelle qui vous attriste
culture	une nouvelle qui vous réjouit
finance	une nouvelle bizarre
éducation	une nouvelle étonnante
société	
science	
santé	
politique	

www.lemonde.fr
www.liberation.fr
www. lefigaro.fr
www.ouest-france.com

To follow up

You will find website addresses of the main newspapers in French by consulting a search engine such as www.yahoo.fr. Follow stories of international interest in the French as well as the Irish press. In your diary, include news items.

Now test yourself at www.my-etest.com

11 VILLES

1 Mon village, ma ville

1.1 Sur le document 1, écoutez six personnes qui parlent de leur village ou de leur ville. Inscrivez les informations qu'elles donnent dans la grille.

	département, région, comté	nom du village, de la ville	nombre d'habitants	habitation de la personne qui parle	un autre détail
a	département: Haute-Savoie				
b		Restigné			
c			800 000		
d					point de départ pour les croisières
e				pavillon dans la banlieue	
f	région: Poitou-Charente				

1.2 Vérifiez vos réponses, surtout l'orthographe des noms, dans la transcription, page 302.

1.3 De la même façon, faites une petite description de votre village ou de votre ville.

1.4 Lisez les phrases ci-dessous. Avant d'écouter le document 2, notez A à côté des phrases qui semblent décrire Annecy, et M à côté de celles qui semblent décrire Marseille. Ensuite, écoutez le document 2 pour compléter ce travail.

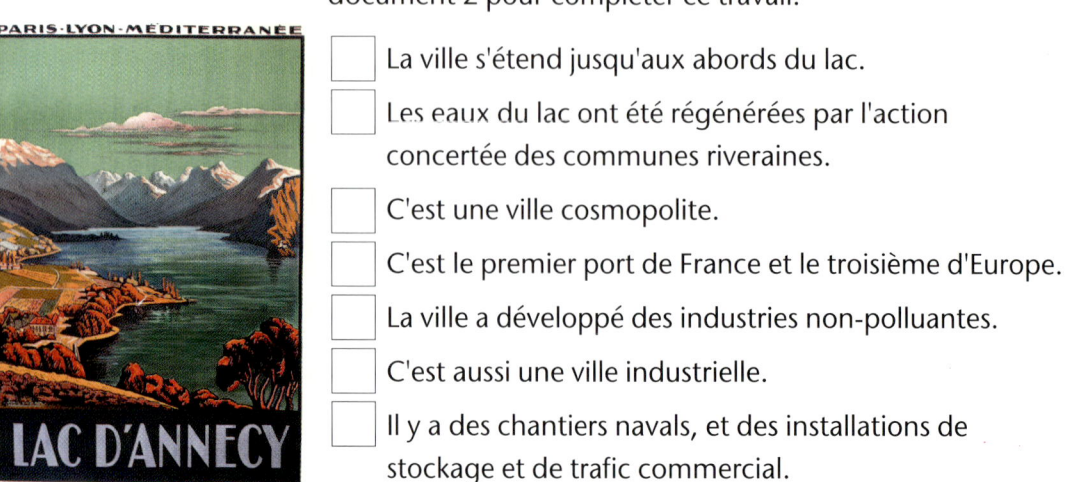

☐ La ville s'étend jusqu'aux abords du lac.
☐ Les eaux du lac ont été régénérées par l'action concertée des communes riveraines.
☐ C'est une ville cosmopolite.
☐ C'est le premier port de France et le troisième d'Europe.
☐ La ville a développé des industries non-polluantes.
☐ C'est aussi une ville industrielle.
☐ Il y a des chantiers navals, et des installations de stockage et de trafic commercial.

- [ ] C'est une ville touristique.
- [ ] Il y a des services de bateaux sur le lac.
- [ ] On y trouve des usines où on fait des produits chimiques et agro-alimentaires, et des produits oléagineux.
- [ ] On y fabrique des matériaux de construction.
- [ ] On peut y faire du nautisme, du canoë-kayak, des baignades.
- [ ] Il y a des savonneries.
- [ ] Dans la région on peut faire du ski en hiver et de très belles promenades en été.
- [ ] On peut y pratiquer tous les sports.
- [ ] Il y a de nombreux stades

1.5 De la même façon, faites un profil plus détaillé de votre ville, ou de la grande ville la plus près de chez vous.

C'est …   On y trouve …
Il y a …   On y fabrique …
On peut …

1.6 Lisez le dialogue ci-dessous, dans lequel Emmanuelle, originaire de La Puye, parle de son village. En même temps, écoutez-le (document 3).

11 VILLES

- Mon village est dans le Poitou. Il s'appelle La Puye, et il se trouve à 35 kilomètres de Poitiers. C'est un tout petit village, je crois qu'il y a six cents habitants, mais il y a une trentaine de jeunes donc tout le monde se connaît. Et puis, ce qui est bien c'est qu'on a deux étangs, le petit étang et le grand étang et … on peut aller se baigner, faire du pédalo, faire une balade autour de l'étang, aller manger une glace, et puis retrouver les jeunes au café après.

- Et le village il est comment?

- C'est petit, parce que la plupart des gens travaillent à Chauvigny ou à Poitiers. Il y a une épicerie, une boulangerie, et il y a trois cafés, il y a quand même un coiffeur, une boucherie, la poste bien sûr.

- Il y a une école aussi?

- Oui il y a même deux écoles, une école publique et une école privée. Mais c'est des écoles à classes uniques, de la maternelle au CM2. L'instituteur de l'école publique s'occupe aussi de faire une soirée cabaret, donc tous les ans tous les gens du village montent sur scène pour faire des sketches, des chansons.

- Alors il y a une salle des fêtes?

- Oui, la salle des fêtes est juste à côté de la mairie, en face de l'école publique. Ça sert pour tous les clubs, pour les soirées cabaret, pour les méchouis, pour les fêtes des écoles, pour les kermesses de l'école. Des fois on monte un podium dehors. La Puye c'est un petit village mais il y a un festival de musique tous les ans, et puis il y a aussi un marché de produits locaux.

- Toutes les semaines?

- Non, ça c'est une fois par an aussi. Il y a un champ qui s'appelle le Pré du paradis, derrière l'école, juste à côté de l'étang. Dans le Pré du paradis alors on a le marché de produits locaux.

- Le Pré du paradis, c'est joli comme nom! Et qu'est-ce qu'il y a comme produits locaux?

- Il y a beaucoup de nourriture, du foie gras, et il y a des gens qui vendent leur fromage de chèvre, des saucisses, et puis après il y a mon père qui est sculpteur, il a un stand avec ses sculptures, il y a des potiers, des gens qui travaillent le cuir, des gens qui fabriquent des bougies, des gens qui vendent du miel, de la confiture, des gens qui font des produits en bocaux, des fruits.

- Et c'est pendant l'été?
- Oui, c'est au mois de juin, et ça attire beaucoup de monde. C'est bien pour le village.
- J'aimerais bien aller voir une fois.
- Mais tu peux!

1.7 Relisez le dialogue ci-dessus. Cette fois, relevez

   a   les activités de loisirs
   b   les commerces
   c   les activités organisées
   d   les produits locaux
   e   les artisans locaux

dont Emmanuelle parle.

1.8 D'après la description de La Puye, est-ce que vous aimeriez y habiter? Expliquez pourquoi.

2 Un week-end à Poitiers

2.1.1 Emmanuelle a invité une de ses copines à passer un week-end à Poitiers. Elle propose de passer la journée de vendredi au Futuroscope. Ecoutez leur dialogue (document 4(a)), et répondez aux questions.

✓   Qu'est-ce que c'est que le Futuroscope?
✓   Donnez deux exemples de films en relief.
✓   Quels sont les deux spectacles qu'on peut voir le soir?
✓   Donnez deux exemples de films au cinéma dynamique.

11 VILLES

> Les verbes seront pour la plupart au *passé composé* ou à *l'imparfait*. Voir la section grammaire.

2.1.2 Imaginez que vous avez passé une journée au Futuroscope. Racontez ce que vous avez fait. Vous pouvez consulter la transcription sur la page 303.

2.2.1 Emmanuelle propose un programme pour samedi. Dans les phrases ci-dessous, mettez les verbes entre parenthèses au futur pour résumer ce programme:

> Pour la formation du futur, voir la section grammaire, page 349.

a La journée à Poitiers, ça (être) .... samedi.
b Le matin on (pouvoir) .... voir un peu le marché. *(Qu'est-ce qu'il y a?)*
c On (aller) .... dans les rues piétonnes. *(Qu'est-ce qu'il y a comme activités dans les rues?)*
d On (aller) .... prendre un pot en terrasse. *(A quel café? Sur quelle place?)*
e On (rencontrer) .... peut-être des copains à moi.
f On (pouvoir) .... faire un billard. *(Où? Quand?)*
g On (aller) .... manger une crêpe. *(Quand?)*
h On (retrouver) .... des amis.
i On (aller) .... en discothèque. *(La discothèque, c'est jusqu'à quelle heure?)*
j On (acheter) .... des croissants. *(Où?)*
k Il y (avoir) .... des croissants chauds. *(La boulangerie ouvre à quelle heure?)*
l On (faire) .... la grasse matinée.
m On (aller) .... chez mes parents. *(Où habitent-ils?)*

> To speak of future plans, you can also use the *futur proche*, with the present tense of *aller* + the infinitive of the required verb (see grammar section, page 343). Rephrase the verbs in the sentences above, using that construction, as in the example: (a) ça va être

2.2.2 Ensuite, écoutez le document 4(b) deux ou trois fois, et notez les réponses aux questions en italiques ci-dessus.

2.2.3 Vous avez invité un(e) ami(e) à passer une journée chez vous. Dites-lui ce que vous allez faire. Utilisez le *futur* ou le *futur proche*.

3 La municipalité

Le conseil municipal

Tous les six ans, les électeurs de la commune élisent les conseillers municipaux, âgés d'au moins 18 ans et électeurs de la commune. Après son élection, le conseil municipal se réunit et élit en son sein le maire et ses adjoints.

*Elle gère l'approvisionnement en **eau courante**, soit directement soit en confiant la concession à des compagnies privées ou à des structures intercommunales.*

*Elle construit et entretient la plupart des **salles de sport** et des **stades** et finance **clubs** et associations.*

*Elle peut entretenir et financer des établissements de santé et d'**aide sociale**.*

Routes (hors nationales et départementales), rues, trottoirs, chemins lui appartiennent et c'est elle qui doit les entretenir.

*Elle peut construire et financer théâtres, cinémas, **salles de spectacle**.*

*Elle gère l'**état civil** et enregistre naissances, **mariages** et décès.*

*Elle gère les **listes électorales** et organise tous les scrutins sous l'autorité du préfet du département.*

*Elle possède les **lieux de culte** construits avant 1906 (**loi 1906**) et doit les entretenir.*

*Elle gère et délivre les autorisations pour les **marchés** forains et toutes les manifestations sur la voie publique.*

*Elle peut intervenir sur le logement en rachetant (à bas prix) lors des transactions et en finançant des logements sociaux. Elle participe aux organismes **HLM**.*

*Elle perçoit l'essentiel de la **taxe d'habitation** et des taxes foncières.*

*Elle est chargée de construire et entretenir les **écoles maternelles** et primaires. Elle finance cantines, garderies, centres de loisirs et activités extra-scolaires.*

*Elle construit et gère la plupart des **crèches**.*

*Elle gère les **permis de construire**, les règlements d'urbanisme, le plan d'occupation des sols.*

*Taxis, **bus**, métros font partie de ses compétences. Elle les gère souvent avec les communes voisines et en confie la **concession** à des companies privées ou semi-publiques.*

*Elle construit et gère les **bibliothèques**, discothèques, médiathèques de prêt.*

*Elle peut créer des services de **police municipale**.*

*Elle gère et possède les **cimetières**.*

*Elle tente d'attirer et de retenir les entreprises par des allégements de **taxe professionnelle** (dont elle perçoit l'essentiel).*

*Elle a la charge de la **collecte** et du traitement des **déchets** qu'elle peut gérer directement seule ou avec d'autres communes ou confier à une compagnie privée.*

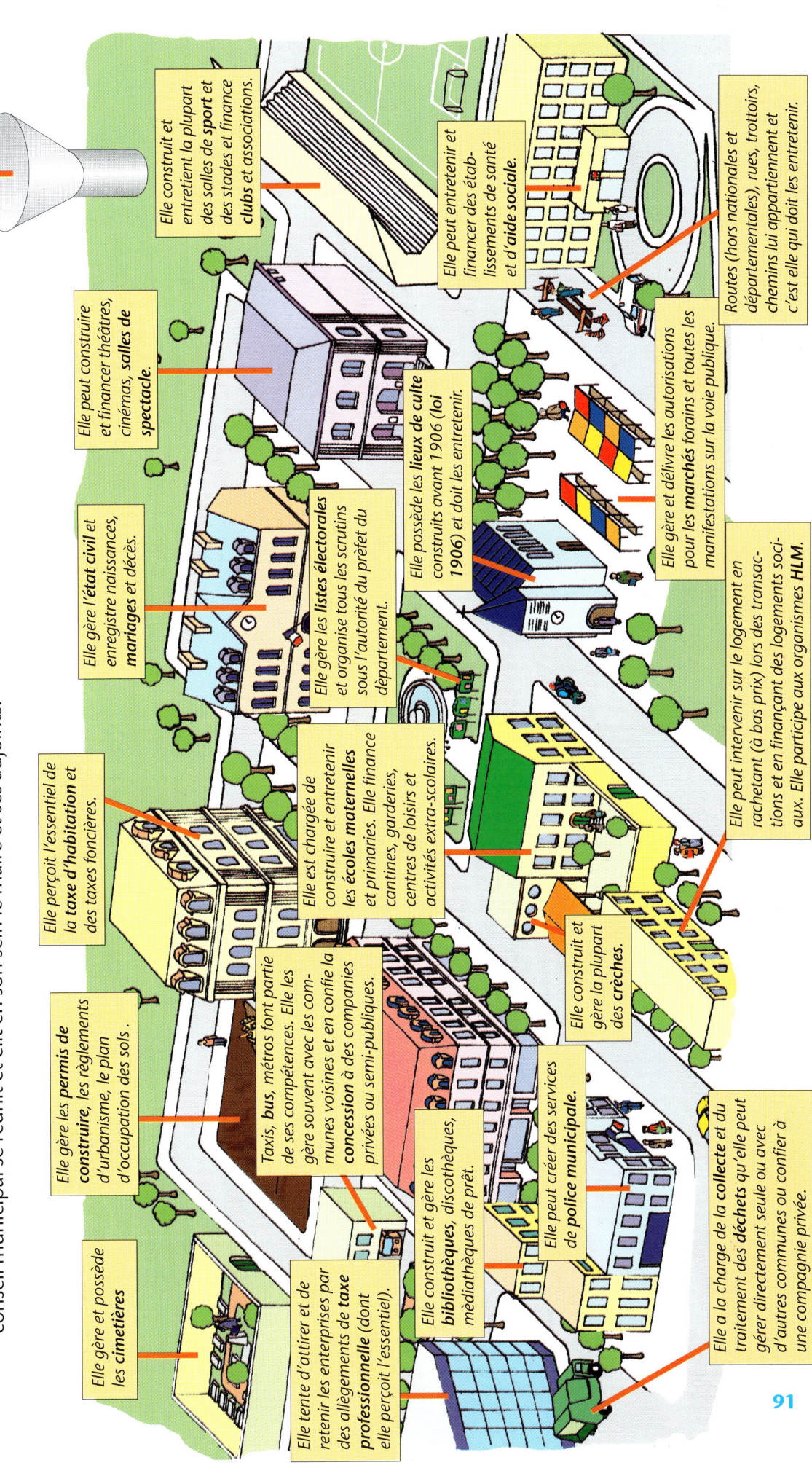

91

11 VILLES

> **Vocabulaire**
> Pour parler des fonctions de la municipalité, vous pouvez utiliser les verbes suivants: percevoir, gérer, enregistrer, construire, financer, entretenir, organiser, posséder, avoir la charge de, autoriser.

> In the explanations on the diagram, note how *pouvoir* is used to say what a town council *may* do.

Le tableau de la page 91 montre les fonctions de l'administration et la gestion des communes en France. La commune, c'est l'unité la plus petite de l'administration publique. Une commune peut avoir moins de 500 habitants.

3.1 Relevez et regroupez les différentes fonctions sous les rubriques ci-dessous.

a	éducation	i	logement
b	transport	j	santé
c	sports et loisirs	k	aide sociale
d	règlements d'urbanisme	l	eau
		m	état civil
e	taxes	n	garde des enfants
f	lieux de culte	o	déchets
g	entreprises	p	élections
h	commerce		

LEXIQUE

Etat civil: service administratif chargé de dresser les actes constatant des faits majeurs dans la vie des citoyens (adoption, décès, divorce, légitimation, mariage, naissance).

Taxe professionnelle: taxe versée à l'Etat par les entreprises en fonction de leur chiffre d'affaires et du nombre de leurs salariés.

Police municipale: les agents de police municipale exécutent les tâches relevant de la compétence du maire, que celui-ci leur confie en matière de prévention et de surveillance. Elle se distingue de la police administrative, judiciaire ou de la circulation qui dépend de l'Etat.

Concession: contrat par lequel la gestion d'un service public est confiée à une personne privée.

Loi de 1906: loi de la séparation de l'Eglise et de l'Etat.

3.2 Dans votre ville ou votre comté, est-ce que toutes les fonctions mentionnées ci-dessus sont assurées? Sont-elles assurées par la paroisse, par l'administration locale ou nationale, par des personnes privées? Faites le profil de l'administration de votre ville ou de votre commune.

4 www.vivalaville.com: Marseille

Mardi 15 Janvier 2002

Vivamarseille.com

Ciné | Sortie | Sports | arrondissements | Shopping | Emploi | Administrations | Associations
Enfants & famille | Etudiants | Transports | Bars | Restos | Hôtels | Ouvert la nuit | Urgences

ACTUALITES - Catastrophe
Deux symboles détruits : les USA sous le choc
Deux avions se sont encastrés dans les deux tours du World Trade Center. Un autre s'est écrasé sur le Pentagone. Un quatrième appareil s'est crashé en Pennsylanie. Face à cette vague d'attentats, les Etats-Unis sont sous le choc.
Lire l'article

En exclusivité à Marseille!
2001: L'ODYSSÉE DE L'ESPACE à l'Alhambra
Du 12 au 18 septembre 2001 à l'Alhambra, projection du célèbre space-opéra de Kubrick, 2001...Le tout en copie neuve et en V.O et pendant une semaine entière...Vous n'aurez plus de raisons de ne pas l'avoir vu!
Lire l'article

Ciné - Opération Espadon
Extravagant
Le scénario tiendrait sur un ticket de métro. Un abominable criminel rêve de détourner des monceaux de dollars qui se trouvent sur le compte en banque du gouvernement. Pour parvenir à ses fins, il engage un as du piratage informatique, rangé contraint et forcé des écrans, depuis qu'il s'est fait arrêter et mène une existence médiocre.
Lire l'article

ACTUALITES - Exclu mondiale - Les Juanitos
Apprenons le Cha Cha Cha...!
Pour les amateurs de BO de Tarantino et autres Roberto Rodriguez, les Juanitos, ce sont les cousins (germains !?) de Tito and the Tarantulas...Sortie nationale le 10 septembre sur le label Spirit Of Jungle, Vivalaville vous propose 2 titres en Exclusivité (et en intégralité!)...Un son Exotica!
Lire l'article

Kronik du Net
Toile de sons
Après les soucis judiciaires de Napster et le pacte des Majors Company de l'industrie du disque, il reste peu de places pour le téléchargement gratuit sur Internet...Estimé comme un gouffre financier, le téléchargement payant va quand même voir le jour...sur la toile!
Lire l'article

Sur le web
La rentrée dans un fauteuil
Cahiers, livres, cartable, trousse et autres crayon de couleur et stylos-plume sont désormais à quelques clics de chez vous. La facture sera un peu plus élevée : le prix du confort.
Lire l'article

toute l'actualité marseillaise !

Marseille / Toulon — **Nouvelle météo**

A lire aussi
Un consommateur sain dans un corps sain
Internet s'invente des monnaies virtuelles
Ces aquariums qui nous veulent du bien
Les albums des tout-petits
La communauté lunaire
Une population discrète et omniprésente
Marseille a son Auzzibar
Prenez soin de vos plantes
L'Euro : comment ça marche ?
Les 35 heures au net

Shopping
Cave, bar à vin et art de vivre
Les Jardins de Clémence
L'incontournable Chocolatière du panier
L'Entrepôt
Bijoux-déco
Une nouvelle marque de Streetwear à Marseille

Dossiers de la rédac
Marseille, une ville de musée
La planète Napster
Skate ou roller ? Choisissez votre moyen d'arpenter Marseille
Les pays anglo-saxons
Changer de job : pistes et conseils de vivamarseille.com
Emploi des + 50 ans
Une prime pour se chauffer au soleil !
L'Internet rapide et illimité booste la vague
Pollution à Marseille
Bio à Marseille
Les Femmes à l'honneur
PRI : un centre-ville en or pour les investisseurs
Les bonnes recettes de maître Tarallo

vivamarseille.com est un site du réseau vivalaville.

---

11 VILLES

4.1 Vous allez travailler en groupes et dessiner une page d'accueil pour le site de votre ville.

D'abord, lisez tous les éléments de la page d'accueil à la page 93:

- a les titres des liens en haut de la page,
- b les titres d'actualités et le chapeau des articles qu'on peut lire,
- c la section *A lire aussi*,
- d la section *Shopping*,
- e la section *Dossiers de la rédaction*.

4.2 Décidez comment vous allez partager le travail entre membres du groupe, et réalisez une page d'accueil pour votre ville. Vous pouvez utiliser ou adapter le format du site ***vivamarseille***.

To follow up

In your *journal*, include updates on events and developments in your town and local area.

Now test yourself at www.my-etest.com

12 POUR DIRE QU'ON AIME

1 Aimer comment?

1.1 Classez les adverbes ci-dessous selon leur sens plus (+) ou moins (-) positif en les inscrivant sous la question *Comment?* dans la grille. Vous pouvez vérifier vos réponses en écoutant le document 1.

énormément - pas vraiment - bien - pas du tout - assez - absolument pas - pas beaucoup - pas tellement - beaucoup - pas trop.

		Comment?	Qui? Quoi?
1 + + + +	J'aime		
2 + + +	J'aime		
3 + +	J'aime		
4 +	J'aime		
5 - -	Je n'aime		
6 - -	Je n'aime		
7 - -	Je n'aime		
8 - -	Je n'aime		
9 - - -	Je n'aime		
10 - - - -	Je n'aime		

1.2 Qu'est-ce qu'ils aiment? Ecoutez le document 2 et complétez les phrases dans la grille en inscrivant ce que vous entendez.

1.3 Dites si vous êtes d'accord ou pas d'accord avec les sentiments exprimés dans le document 2.

> *Le, la, les* lorsqu'on exprime un avis par rapport à quelqu'un ou quelque chose en particulier.
>
> *Ça* lorsqu'on exprime ses goûts, ou un jugement général.

Vous êtes d'accord?

Moi aussi, je l'aime.
Moi aussi, je les aime.
Moi aussi, j'aime ça.

Moi non plus, je ne l'aime pas.
Moi non plus, je ne les aime pas.
Moi non plus, je n'aime pas ça.

Vous n'êtes pas d'accord?

Moi je l'aime.
Moi je les aime.
Moi, j'aime ça.

Moi je ne l'aime pas.
Moi je ne les aime pas.
Moi je n'aime pas ça.

Je n'aime pas beaucoup regarder la télé.

Moi j'aime ça.

12 POUR DIRE QU'ON AIME

1.4 Quand on aime d'amour, on dit simplement *aimer*, sans qualificatif.

Je t'aime, je l'aime
Tu m'aimes, tu l'aimes
Il/Elle m'aime, t'aime, l'aime
Ils s'aiment

2 Le cœur

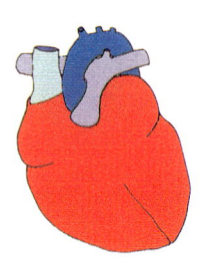

Le cœur, c'est bien sûr un organe musculaire creux contenu dans la poitrine, l'agent principal de la circulation du sang.

Au sens figuratif, le cœur est le siège des sentiments, des émotions, de l'affection, de l'amour, de l'amitié, de la bonté, des pensées intimes.

2.1 Reliez chaque expression à gauche avec son équivalent à droite:

Ça me fait mal au cœur.	That cheered me up.
avoir le cœur brisé/fendu	to have a kind heart
donner son cœur à quelqu'un	to be broken-hearted
avoir bon cœur	to lose your heart to someone
avoir un cœur d'or	It sickens me (literally and figuratively).
avoir un cœur de pierre	to have a heart of stone
parler à cœur ouvert	to have a heart of gold
du fond de mon cœur	I haven't the heart
Le cœur me manque.	to take things to heart
Son cœur n'y est pas.	to be heavy-hearted
Ça m'a redonné du cœur.	from the bottom of my heart
de tout mon cœur	to be light-hearted
prendre les choses à cœur	His heart isn't in it.
avoir le cœur léger	with all my heart
avoir le cœur gros	to speak openly

2.2 Complétez chacune des phrases suivantes avec une des expressions ci-dessus (il faudra probablement l'adapter).

a   Son amie l'a quitté. Il _____
b   Il travaille mais _____
c   Je lui ai parlé _____
d   Elle a reçu une bonne nouvelle, et elle _____
e   _____ de voir comment il fait.

3 Des émotions fortes …

The extract you are going to read comes near the end of Daniel Pennac's novel La Fée carabine. *Julie is Ben's girlfriend. She has been the victim of a violent attack which left her with a broken leg, among other injuries, and in a coma. During the time she was unconscious, Pastor, a detective investigating the crime, sat by her bedside and talked to her on several occasions. Her first words when she came round were to Pastor, and Ben was jealous. Then …*

3.1   D'abord, écoutez l'extrait sur le document 3. Il y a trois personnes qui parlent: Ben, et ses deux sœurs Thérèse et Clara. A côté de chaque tiret (-), notez *T* (Thérèse), *C* (Clara) ou *B* (Ben) pour indiquer qui parle à chaque fois.

1   - *Ils sont partis, Benjamin.*
     Thérèse m'annonce la nouvelle le plus froidement du monde. Thérèse, ma petite sœur clinique, me fend le cœur en deux, d'un joli coup de bistouri.
   - *Ils sont partis il y a une heure.*
     Clara et moi restons sur le pas de la porte.
   - *Ils ont laissé une lettre.*
     (Au poil. Une lettre où ils vont m'annoncer qu'ils sont partis. Au poil …) Clara me murmure à l'oreille:
   - *Tu ne vas pas me dire que tu ne t'y attendais pas, Ben?*
     (Oh! Que si, je m'y attendais! Mais d'où tiens-tu, ma Clarinette, que les malheurs prévus sont plus supportables que les autres?).
   - *Allez, entre, on est en plein courant d'air!*

12 — POUR DIRE QU'ON AIME

2   La lettre est là, en effet, sur la table de la salle à manger. Combien de lettres, dans combien de films, sur combien de commodes, de guéridons, de cheminées, j'ai pu voir dans ma vie? Chaque fois, je me disais: Cliché! Bouh, le mauvais cliché!
Aujourd'hui, le cliché m'attend, bien rectangulaire, bien blanc, sur la table de la salle à manger. Et je revois Pastor agenouillé au chevet de Julie … C'est honteux de profiter d'une endormie! Tout ce qu'il a dû lui déverser comme fausses promesses dans le conduit de l'oreille pendant qu'elle était sans défense … dégueulasse!
- *Mon cœur saigne, Thérèse, t'aurais pas un sparadrap, quelque chose?*
(Je n'aurai jamais le courage d'ouvrir cette lettre …)
Clara doit le sentir, car elle s'approche de la table, prend l'enveloppe, l'ouvre (ils ne l'ont même pas collée), déplie, parcourt, laisse rêveusement tomber son bras, et voilà que de la petite neige de pacotille dégringole au ralenti dans son regard de jeune fille.

3   - *Il l'a emmenée à Venise, au Danielli!*
- *Elle a enlevé son plâtre, pour l'occasion?*
C'est tout ce que je trouve à dire pour cimenter la brèche. […] Mais si j'en juge par le double regard que me lancent les frangines, ça ne doit pas être très clair. Visiblement, elles pigent pas. Puis, tout à coup, Clara comprend. Elle éclate de rire:
- *Mais ce n'est pas avec Julie que Pastor est parti, c'est avec maman!*
- *Pardon? Répète-moi ça, pour voir?*
- *Tu as cru qu'il était parti avec Julie?*
C'est Thérèse qui vient de poser cette question. Elle ne rigole pas du tout. Elle enchaîne:
- *Et c'est comme ça que tu réagis? Un homme s'en va avec la femme de ta vie et tu restes planté dans une porte ouverte sans bouger le petit doigt!*
(Merde, l'engueulade!)
- *Et c'est toute la confiance que tu as dans Julie? Mais quel genre d'amoureux tu es, Ben? Et quel genre de mec?*
Thérèse continue de dévider son chapelet de questions assassines, mais je suis déjà dans l'escalier, grimpant

quatre à quatre vers ma Julie. […] Oui ma Thérèse, je suis un amoureux dubitatif, j'ai le palpitant qui doute. Et pourquoi on m'aimerait? Pourquoi moi plutôt qu'un autre? Tu peux répondre à ça, Thérèse? Chaque fois, c'est un miracle quand je constate que c'est moi!

Daniel Pennac, *La Fée carabine,* **Editions Gallimard, 1987**
chapelet: rosary beads
dévider son chapelet (familier): dire tout ce que l'on a sur le cœur

Vocabulaire

In the text above, underline the slang expressions in the left-hand column below. Try and guess their meaning according to the context, and match each with its correct definition on the right.

au poil	sœurs
dégueulasse	comprennent
frangines	le cœur
pigent	très bon, parfait
rigole	homme
engueulade	dégoûtant
mec	reproches
le palpitant	plaisante

3.2 Dans la première section, qui sont *ils*, dans la pensée de Ben?

3.3 Dans la première section, relevez les expressions qui indiquent la réaction de Ben à la nouvelle annoncée par Thérèse.

3.4 *Mon cœur saigne, Thérèse, t'aurais pas un sparadrap …* (section 2)

A votre avis, Ben dit cela parce qu'il s'en fiche du départ de Julie, ou pour faire semblant qu'il s'en fiche?

3.5 Dans la section 3, quelle est la question qui déclenche la découverte que ce n'est pas avec Julie que Pastor est parti?

3.6 Relevez l'expression qui indique que Ben ne reste pas écouter les *questions assassines* de Thérèse.

3.7 Dans le dernier paragraphe, relevez la réponse à la question *'Mais quel genre d'amoureux es-tu, Ben?'* Comment explique-t-il ses doutes?

3.8 Ben's two sisters, Thérèse and Clara, are very different from each other. How is this shown in the extract?

3.9 Ben, as the narrator, shares his reactions with the reader, but not with his sisters. What does he tell us of his thoughts at different stages of the extract?

3.10 Try one, or more, or all of the exercises below.

✓ *Imaginez la lettre de Pastor et de la mère de Ben, Thérèse et Clara.*

✓ *Votre copain ou votre copine vous a plaqué(e). Notez vos réactions dans votre journal intime.*

✓ *Prenez une des situations suivantes (ou une autre de votre invention):*
  (i) *A demande à B de transmettre un message très urgent à C. B oublie.*
  (ii) *A et B ont rendez-vous à l'arrêt de bus. B arrive avec quarante minutes de retard.*
  (iii) *Il y a des invités ce soir. A prépare un dessert délicieux et le met au frigo. B rentre dans l'après-midi avec une bande de copains, ouvre le frigo, découvre le dessert. Ils le mangent.*
  Pour la situation que vous avez choisie, imaginez le chapelet d'exclamations et de questions assassines de A. (Laissez-vous inspirer par les questions de Thérèse dans le texte.)

4   Une leçon de poésie

The text below is from the novel Au Bonheur des ogres, *by Daniel Pennac. The characters are the same as in the extract above. Ben and Clara are out for a walk (une balade) in the Père-Lachaise cemetry in Paris. Clara is preparing for her oral French exam, and she recites a sonnet by the 16th century poet Louise Labé. Ben helps her to understand what it's about.*

Vocabulaire: un sonnet - un vers - une strophe - un poème - la poésie - un poète

4.1   Ecoutez lire l'extrait à haute voix (document 4), et lisez-le en même temps.

1   -   *Je vis je meurs je me brûle et me noie*
J'ai chaud extrême en endurant froidure
La vie m'est et trop molle et trop dure
J'ai grands ennuis entremêlés de joie

   -   Clara, quand tu récites, marque donc les temps. En poésie, les silences jouent le même rôle qu'en musique. Ils sont une respiration, mais ils sont aussi l'ombre des mots, ou leur rayonnement, c'est selon. Sans parler des silences annonciateurs. Il y a toutes sortes de silences, Clara. [...]

2   Nous continuons notre balade dans un Père-Lachaise ensoleillé. Je pense à Clara, qui va passer son bac demain et qui ne semble pas avoir compris grand-chose à ce sonnet de Louise Labé.
   -   Louise Labé, ma chérie, revenons à Louise Labé, récite la deuxième strophe, et tâche de respecter les silences, l'examinateur t'en sera reconnaissant.
   -   *Tout à un coup je ris et je larmoie,*
Et en plaisir maint grief tourment j'endure;
Mon bien s'en va, et jamais il ne dure:
Tout en un coup je sèche et je verdoie.

   -   D'après toi, de quoi parle-t-elle, Clara? Qu'est-ce que c'est que ce tremblement de tous les nerfs, ce séisme, ces courts-circuits?
   -   On dirait qu'elle est inquiète, inquiète et en même temps très sûre d'elle-même.

12 POUR DIRE QU'ON AIME

- Inquiétude et certitude, oui, tu y es presque, récite le vers suivant, rien que le suivant.
- *Ainsi Amour inconstamment me mêne.*
- L'Amour, ma Clarinette, c'est l'Amour qui nous met dans cet état. Regarde ta sœur, par exemple.

Ici, elle s'arrête pile au milieu de l'allée, et me photographie.
- C'est toi que je regarde!

3   Puis:
- Qui était-elle au juste, Louise? Je veux dire par rapport aux autres de son époque, les Ronsard, les du Bellay?
- Elle était l'être le plus accompli de la Renaissance, la poésie la plus subtile […] Elle maniait l'épée et se déguisait en homme pour participer à des tournois. Elle est même montée à l'assaut des murailles, au siège de Perpignan. Après quoi, elle taillait sa plume d'oie le plus fin possible pour écrire ça, qui enfonce toute la poésie de son temps.
- Il y a des portraits d'elle? Elle était belle?
- On l'appelait la Belle Cordière.

Ainsi se poursuit notre promenade, Clara photographiant, moi disséquant pour elle le sonnet sublime, elle me jetant des regards éblouis …

Au Bonheur des ogres, **Daniel Pennac, Editions Gallimard, 1985**

> See note on the imperative, grammar section pages 342 and 344.

4.2 In section one, what's wrong with the way Clara is reciting the poem? How does Ben tell her to recite it? Why?

4.3 The first four lines of the sonnet contain five pairs of opposite feelings. Pick them out.

4.4 Pick out the words in section two that say Clara doesn't seem to understand much about Louise Labé's sonnet.

4.5 To help her, Ben gives her instructions and asks her questions. In section two, pick out (a) four verbs in the imperative and (b) two questions.

4.6 In the next four lines of the sonnet, there are three more pairs of opposite feelings. What are they?

4.7 In a word, what is the answer to Ben's two questions? Who does he ask Clara to think of as an example? What do you think she means when she says *'C'est toi que je regarde!'*

4.8 D'après la section 3, Louise Labé vivait à quelle époque? Elle était contemporaine de quels poètes? Quel était son surnom?

4.9 Ben admire beaucoup Louise Labé. Relevez les expressions qu'il utilise pour parler de:

    a   ses accomplissements
    b   sa subtilité
    c   ses exploits
    d   la finesse de son écriture
    e   sa supériorité aux poètes de son temps
    f   sa beauté.

4.10 Sur le document 4, écoutez lire l'extrait encore une fois.

5 Biographie

5.1 Sur le document 5, écoutez les détails biographiques de Louise Labé, et inscrivez-les dans la grille.

l'année de sa naissance:
son lieu de naissance:
le métier de son père:
le métier de son mari:
son surnom:
les dons qu'elle possédait:
l'année de sa mort:

> Put the verbs which refer to events in the *passé composé*, and those which describe her accomplishments in the *imparfait*. (See the grammar section, page 342.)

5.2 A partir des données ci-dessus, rédigez un petit paragraphe biographique sur Louise Labé.

12 POUR DIRE QU'ON AIME

6 Le superlatif

> See note on the superlative, grammar section, page 335.

Quand on veut dire que quelqu'un ou quelque chose se distingue de tous les autres par sa supériorité (ou son infériorité), on utilise le superlatif.

6.1 A côté de chaque adjectif dans la liste ci-dessous, marquez + s'il a un sens positif, - s'il a un sens négatif, et **n** s'il a un sens neutre:

adorable	égoïste	réservé
agressif	fatigant	sensible
attachant	généreux	sérieux
bavard	gentil	sincère
beau	heureux	sociable
brillant	honnête	sot
capricieux	ingrat	sournois
charmant	insouciant	sympathique
collant	jaloux	timide
compréhensif	malin	triste
cruel	méfiant	
drôle	ravissant	

6.2 Utilisez la formule ci-dessous, et les adjectifs qu'il vous faut, pour parler d'une personne que vous aimez, que vous appréciez, que vous respectez, que vous n'appréciez pas …

	l'être			
	la personne			
	le garçon	le plus		
C'est	la fille	la plus	………………	que je connaisse.
	l'homme			
	la femme			

Now test yourself at www.my-etest.com

104

1 Trois faits divers

Complétez les faits divers ci-dessous en inscrivant les mots en italiques dans les espaces appropriés.

1 Balade sous les étoiles

questions - juin - la - nocturne - ses - étoiles

Avis aux astronomes en herbe. Naturaid organise une sortie .... sur le massif du Semnoz le 9 .... prochain. Cette initiation a pour but de faire découvrir le fonctionnement de l'espace, des planètes et des .... de lire le ciel et .... constellations. Au travers de jeux, de ....-réponses, et d'observations à la lunette astronomique, les participants pourront prendre conscience de la beauté du spectacle mais aussi de .... dimension de l'homme dans l'univers. Inscriptions auprès de Naturaid au (0033) 450 69 84 14.
C.G.

2 Marché des potiers-céramistes

samedi - une - sculpteurs - à - sera - de

L'association 'd'Argiles' qui regroupe .... quarantaine des meilleurs potiers, ... et céramistes de Rhône-Alpes et .... Bourgogne animera un grand marché, ... et dimanche, de 9 heures .... 19 heures, sur la place des Trois Fontaines de Divonne. Une animation modelage .... proposée aux enfants.
C.G.

3 Excursion à la mine de sel de Bex

travers - ouverte - guidée - Inscriptions - mètres - fabuleux

L'Office de tourisme de Divonne organise, samedi après-midi, une visite .... de la mine de sel de Bex. Grâce à un parcours en train minier à .... les galeries et un chemin piétonnier de 800 ...., les participants pourront découvrir un site .... dans les entrailles

2 EN PLUS

105

> You can easily make up exercises like this yourselves from newspaper articles, or any texts.

de la terre. Un spectacle audiovisuel leur permettra également de découvrir toutes les étapes de la saline ……………….. en 1864 et toujours en fonctionnement. ……………….. au (0033) 450 20 01 22.

C.G.
Tribune de Genève

2 Mantes la Jolie

L'autoroute a tranché
A ma droite les pavillons
A ma gauche les grands ensembles
A l'horizon
TOTAL a planté sa bannière.

Yoland Simon, *Territoires du temps*, Encrage, © Y. Simon

3 Son quartier dans la peau

Abdelaziz, 26 ans
Coup de feu. Malek s'effondre. Famille et amis se retrouvent autour de la tombe. La scène se passe sur l'estrade de la salle des fêtes du quartier de La Source, à Orléans. Sortie de l'imaginaire d'une bande de jeunes, la pièce *C'est la vie* dit beaucoup de choses des tensions qui agitent les rues et les allées bordant les immeubles et les tours du quartier.

LA SOURCE, SON OASIS, SON DEFI AUSSI

Retour en 1998. Entre jeunes de La Source et police éclatent des échauffourées. Mais face à la flambée de violence, certains font de la résistance. Abdelaziz, initiateur de l'atelier théâtre, est de ceux-là. La Source est son oasis à lui, son défi aussi. Il porte à bout de bras des projets pour animer son quartier. A 26 ans, il a déjà dix ans de vie associative derrière lui. Il y a trois ans, pris d'une envie de grand large, il a voyagé, avant de prendre un billet retour. 'L'appel du quartier a été plus fort.' Résultat, il fonde avec des copains sa première association, Action. Et réalise un court métrage et des reportages sur le quartier. Ensuite, Abdelaziz crée Médiation, pour rapprocher les générations et partager les cultures représentées à La Source par une bonne soixantaine de nationalités.

A.R.
Phosphore, janvier 2001

1. Coup de feu. Malik s'effondre.
   Cet incident
   a   se termine par la mort de Malik.
   b   provoque des tensions dans les rues.
   c   fait partie d'une pièce de théâtre.
   d   se passe dans un immeuble du quartier. (paragraphe 1)
2. La pièce *C'est la vie* évoque les difficultés vécues dans le quartier de La Source. Quelles difficultés? (paragraphe 1)
3. Abdelaziz est un de ceux qui font de la résistance. Dans le paragraphe 2, relevez la phrase qui indique à quoi il fait de la résistance.
4. Relevez la phrase qui indique pourquoi Abdelaziz est revenu de son voyage.
5. Quels sont les buts de l'association Médiation?
   a
   b
6. Throughout the article there are references to difficulties in the area where Abdelaziz lives. What are they? In what ways has he tried to address these difficulties?

4 Cyber-village en Cerdagne

Nathalie, 24 ans – Carlos, 22 ans – Philippe, 24 ans
Le massif du Canigou est franchi depuis longtemps, mais Estavar n'est pas encore en vue. A presque 150 kilomètres de Perpignan, sur la route qui mène en Andorre, il faut enchaîner virages et lacets avant d'apercevoir, enfin, au flanc de la montagne, les premiers toits d'ardoises, inondés de soleil, qui annoncent le village. Estavar, petite commune de basse Cerdagne, 442 habitants.

Côté activités, mieux vaut être amateur de pleine nature. La première boîte de nuit est de l'autre côté de la frontière, en Espagne. Les sorties ciné? Mieux vaut ne pas en parler. Pourtant, ici, le tiers de la population a moins de 25 ans. Du coup, les jeunes se prennent en main. 'On n'a pas attendu d'être étudiant pour avoir des activités!' lance Nathalie. 'Au départ, c'était une histoire de potes, on était tous à moitié frangins ou cousins, et on s'est dit: 'On va créer une commission jeunesse pour des activités qui regroupent les jeunes et les vieux', explique Carlos.

Pleine de bonne volonté, l'équipe transforme le goûter du troisième âge en karaoké à l'occasion de la fête de Sant Julia (le patron du village) et remet au goût du jour les jeux intervillages. 'Il n'y avait rien à gagner, mais on buvait un coup ensemble.'

Après avoir organisé de bonnes soirées, Nathalie, Carlos, Philippe et les autres imaginent une vraie révolution pour leur village: Internet. 'Au début, on avait envie d'organiser autre chose qu'un événement ponctuel. On voulait aménager un lieu un peu particulier. On se disait que ça serait vachement bien mais on n'avait aucune idée de la façon de financer notre projet', dit Nathalie. Finalement, avec un soutien total de la municipalité et un dossier 'béton' pour trouver une bourse, l'espace multimédia a ouvert ses portes. Face à l'église.

B.G.
Phosphore, janvier 2001

1   Relevez dans le premier paragraphe l'expression qui indique que la route qui mène au village d'Estavar est une petite route de montagne.

2   A Estavar:
    a   il y a toutes sortes d'activités pour les jeunes,
    b   il y a un ciné et une boîte de nuit,
    c   il y a très peu de jeunes,
    d   il n'y a pas d'activités de loisirs organisées pour les jeunes.
        (paragraphe 2)
3   Quel était le but de la commission des jeunes créée par les jeunes à Estavar? (paragraphe 2)
4   Nommez deux événements que les jeunes ont organisés. (paragraphe 3)
5a Quel est le *lieu un peu particulier* que les jeunes ont réussi à aménager?
5b Comment le projet a-t-il été financé?
6   The young people who undertook the project described in the article were energetic and committed. Support this statement by referring to the article.
7   Listen to document 2, answer the following questions:
    a   Correct the two mistakes in this statement:
        There are three computers, two printers, two webcams, a scanner and a CD burner in the centre.
    b   Give the name and age of the person who always goes to the sessions on Tuesdays and Wednesdays.
    c   What is his main interest?
    d   Why is he a bit wary of the internet?

5   Poèmes de Jacques Prévert

Si j'avais une sœur
je t'aimerais mieux que ma sœur
Si j'avais tout l'or du monde
je le jetterais à tes pieds
Si j'avais un harem
tu serais ma favorite.

Pour toi mon amour
Je suis allé au marché aux oiseaux
Et j'ai acheté des oiseaux
Pour toi
mon amour
Je suis allé au marché aux fleurs
Et j'ai acheté des fleurs
Pour toi
mon amour
Je suis allé au marché à la ferraille
Et j'ai acheté des chaînes
De lourdes chaînes
Pour toi
mon amour
Et puis je suis allé au marché aux esclaves
Et je t'ai cherchée
Mais je ne t'ai pas trouvée
mon amour.

Paroles © Gallimard, 1972.

Les poèmes, vous l'avez vu, sont d'une extrême simplicité qui les rend très accessibles.
Si simple qu'on pourrait en tenter d'autres sur le même modèle.

Si j'avais …je …

Je suis allé …et j'ai …

Allez-y.

6 L'orientation en 3ᵉ

The passage below is about the choices available to school students in France at the end of 3ᵉ (the equivalent of 4th year here), and the process by which they are helped to make their choices in one school in particular. Read it and answer the questions.

Les grands rendez-vous de l'orientation en 3ᵉ.

Choix provisoire
Le choix provisoire de l'orientation intervient en mars et le définitif en juin. Après la 3ᵉ, quatre voies se présentent à vous: la voie générale, la voie technologique pour préparer un bac technologique ou un brevet de technicien, la voie professionnelle pour obtenir un BEP (brevet d'études professionnelles) ou un CAP (certificat d'aptitude professionnelle) et enfin l'apprentissage.

Si le choix de la voie prise après la 3ᵉ n'intervient qu'en juin, la décision doit être le fruit d'une réflexion annuelle.
Seuls 47% des élèves sont satisfaits de leur orientation à la sortie du collège et près de 15% d'entre eux doivent être réorientés.

C'est pour remédier à ces situations que les chefs d'établissement organisent tout au long de l'année une série de rendez-vous destinés à la fois aux élèves et aux parents. *'Il est de notre devoir de réduire l'écart entre les vœux des familles et la réalité des résultats scolaires'*, explique Gérard Jourdan, principal du collège Jules-Vallès, de Portet-sur-Garonne (31). Ainsi, dans ce collège comme dans les autres, une réunion d'information est proposée aux parents dès la fin du mois d'octobre afin de leur présenter les diverses possibilités qui s'offrent à leurs enfants (voir le paragraphe en italiques ci-dessus). Une réunion d'information qui attire les foules: 75% des parents s'y rendent selon le principal. L'expérience est ensuite renouvelée au mois d'avril. Autre passage obligé en début d'année: les stages d'une semaine en entreprise, début novembre. Un premier contact avec le monde du travail très utile. Il permet de faire le point sur une éventuelle vocation. En route, tout au long de l'année, le COP (conseiller d'orientation psychologique) est à votre disposition pour faire le point sur vos souhaits et vos capacités.

Les Clés de l'Actualité. Votre école-votre avenir No 31. Novembre 2000

2 EN PLUS

1. Quelles sont les voies qui se présentent aux élèves en sortant du collège? Consultez le paragraphe en italiques, et inscrivez vos réponses dans la grille.

Voie	Diplôme
1	baccalauréat
2	
3	
4	

2. Citez la phrase qui indique que, jusqu'à présent, l'orientation en 3e n'a pas été très efficace.
3. Citez la phrase qui indique que le collège Jules-Vallès n'est pas le seul à remédier à la situation.
4. Etablissez l'horaire du processus d'orientation en inscrivant ce qui se passe à chaque étape dans le tableau ci-dessous.

	Evénement/Service	But (purpose)
octobre		
novembre		
mars		
avril		
juin		
le long de l'année		

5. Dans le document, à quoi se réfèrent les pronoms soulignés (a) *y*? (b) *il*?
6. Outline the steps by which students are helped to make course and subject choices at the end of their time in *collège*?

7 Les yeux baissés

Document 3 is an extract from the novel *Les yeux baissés*, by Tahar ben Jelloun. The narrator is a girl talking about her first day at school at the age of 11. Before you listen to it, read the questions below and say the keywords in them. Then as you listen, jot down the answers to the questions.

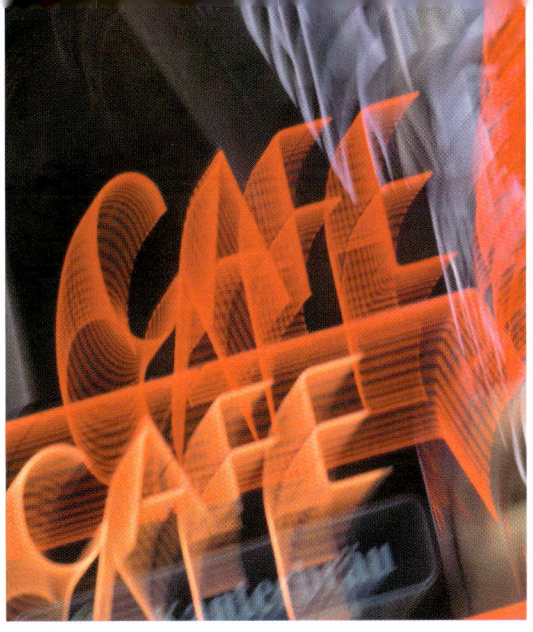

1 What did the girl's classmates have in common?
2 The girl started school late because she had come from far away. Right through the extract, listen for clues as to where she was from.
3 On her first day at school, she felt (a) welcomed, (b) proud, (c) surprised and (d) amused. What made her feel each of these things?
4 When the class started learning numbers, what did she try to tell her teacher? How did he react?
5 The first day, what did she take home for her mother?
6 On her third day she felt sad. What did she do?
7 At the end of her first month, she says, she was reading everything: 'J'avais une boulimie de lecture.' On Sundays, what did she ask her father to do? Why?

8 La dernière classe

Récit d'un petit alsacien

1 Ce matin-là, j'étais très en retard pour aller à l'école, et j'avais grand-peur d'être grondé, d'autant que M.Hamel nous avait dit qu'il nous interrogerait sur les participes, et que je n'en savais pas le premier mot. Un moment l'idée me *vint* de manquer la classe et de prendre ma course à travers champs.
    Le temps était si chaud, si clair!
    On entendait les merles siffler à la lisière du bois, et dans le pré Rippert, derrière la scierie, les Prussiens qui faisaient l'exercice. Tout cela me tentait bien plus que la règle des participes; mais j'*eus* la force de résister, et je *courus* bien vite vers l'école. […]

2   D'ordinaire, au commencement de la classe, il se faisait un grand tapage qu'on entendait jusque dans la rue, les pupitres ouverts, fermés, les leçons qu'on répétait très haut tous ensemble en se bouchant les oreilles pour mieux apprendre, et la grosse règle du maître qui tapait sur les tables:

'Un peu de silence!'

Je comptais sur tout ce train pour gagner mon banc sans être vu; mais justement, ce jour-là, tout était tranquille, comme un matin de dimanche. Par la fenêtre ouverte, je voyais mes camarades déjà rangés à leur place et M.Hamel, qui passait et repassait avec la terrible règle en fer sous le bras. Il *fallut* ouvrir la porte et entrer au milieu de ce grand calme. Vous pensez, si j'étais rouge et si j'avais peur!

Eh bien, non. M.Hamel me *regarda* sans colère et me *dit* très doucement:

'Va vite à ta place, mon petit Franz; nous allions commencer sans toi.'

J'*enjambai* le banc et je m'*assis* tout de suite à mon pupitre. […]Toute la classe avait quelque chose d'extraordinaire et de solennel. Mais ce qui me *surprit* le plus, ce *fut* de voir au fond de la salle, sur les bancs qui restaient vides d'habitude, des gens du village assis et silencieux comme nous, le vieux Hauser avec son tricorne, l'ancien maire, l'ancien facteur, et puis d'autres personnes encore. Tout ce monde-là paraissait triste; et Hauser avait apporté un vieil abécédaire mangé aux bords qu'il tenait grand ouvert sur ses genoux, avec ses grosses lunettes posées en travers des pages.

3   Pendant que je m'étonnais de tout cela, M.Hamel était monté dans sa chaire, et de la même voix douce et grave dont il m'avait reçu, il nous *dit*:

'Mes enfants, c'est la dernière fois que je vous fais la classe. L'ordre est venu de Berlin de ne plus enseigner que l'allemand dans les écoles de l'Alsace et de Lorraine … Le nouveau maître arrive demain. Aujourd'hui, c'est votre dernière leçon de français. Je vous prie d'être bien attentifs.'

Ces paroles me *bouleversèrent*. Ma dernière leçon de français! …

Et moi qui savais à peine écrire! Je n'apprendrais donc jamais! Il faudrait donc en rester là! Comme je m'en voulais maintenant du temps perdu, des classes manquées à courir les nids ou à faire des glissades sur la Saar! Mes livres que tout à l'heure je trouvais si ennuyeux, si lourds à porter, ma grammaire, mon histoire sainte me semblaient à présent de vieux amis qui me feraient beaucoup de peine à quitter. C'est comme M.Hamel. L'idée qu'il allait partir, que je ne le verrais plus, me faisait oublier les punitions, les coups de règle.

Pauvre homme!

C'est en l'honneur de cette dernière classe qu'il avait mis ses beaux habits du dimanche, et maintenant je comprenais pourquoi ces vieux du village étaient venus s'asseoir au bout de la salle. Cela semblait dire qu'ils regrettaient de ne pas y être venus plus souvent, à cette école. C'était aussi comme une façon de remercier notre maître de ses quarante ans de bons services.

4   M.Hamel *eut* le courage de nous faire la classe jusqu'au bout. Après l'écriture, nous *eûmes* la leçon d'histoire; ensuite les petits *chantèrent* tous ensemble le BA BE BI BO BU. Là-bas, au fond de la salle, le vieux Hauser avait mis ses lunettes, et, tenant son abécédaire à deux mains, il épelait les lettres avec eux. On voyait qu'il s'appliquait lui aussi; sa voix tremblait d'émotion, et c'était si drôle de l'entendre, que nous avions tous envie de rire et de pleurer. Ah! Je m'en souviendrai de cette dernière classe.

Tout à coup, l'horloge de l'église *sonna* midi, puis l'*Angelus*. Au même moment, les trompettes des Prussiens qui revenaient de l'exercice *éclatèrent* sous nos fenêtres. M.Hamel se *leva*, tout pâle, dans sa chaire. Jamais il ne m'avait paru si grand.

'Mes amis, *dit*-il, mes, je … je …'

Mais quelque chose l'étouffait. Il ne pouvait pas achever sa phrase.

Alors il se *tourna* vers le tableau, *prit* un morceau de craie et en appuyant de toutes ses forces, il *écrivit* aussi gros qu'il *put*:

'VIVE LA FRANCE!'

Puis il *resta* là, la tête appuyée au mur, et sans parler, avec sa main, il nous faisait signe:

'C'est fini … allez-vous-en.'

(abrégé) Alphonse Daudet, *Contes du Lundi*. Librairie Gallimard, 1952

> Les verbes en italiques dans le texte sont au *passé simple*. Voir la section grammaire, page 342, pour l'utilisation du passé simple, et la page 345 pour sa formation.

2 EN PLUS

1. Trouvez dans la première section deux raisons pour lesquelles le narrateur a pensé à ne pas aller à l'école.

2a. Relevez dans la section 2 deux exemples de bruits qu'on entendait normalement dans la salle de classe le matin.

2b. Relevez deux détails qui montrent que le matin du récit il n'y avait pas de bruit dans la salle de classe. (section 2)

3a. Relevez la phrase qui indique qu'il n'y avait pas que les élèves habituels à l'école ce jour-là. (section 2)

3b. Trouvez deux adjectifs qui décrivent l'atmosphère dans la salle de classe. (section 2)

4. Relevez dans la section 3 la phrase qui explique pourquoi M. Hamel fait sa dernière leçon de français.

5a. Qu'est-ce qui a donné envie à tout le monde de rire et de pleurer? (section 4)

5b. Comment se manifeste l'émotion ressentie par M. Hamel à la fin du cours?

6. The story, as well as highlighting a landmark in the history of France and in particular of Alsace and Lorraine, illustrates what schools were like at the time in which it is set (1870-71). Pick out details which tell us about the furnishings of the schoolroom, the way in which lessons were conducted, the books used by children.

7. In the course of the story, the boy Franz feels a range of emotions. Illustrate the point with reference to the text.

8. Faites le récit d'un événement inoubliable dans votre vie.

9 Quiche Lorraine

Thermostat: 5 à 7
Préparation: 20 minutes
Cuisson: 40 minutes

200 gr de pâte brisée
125 gr de lard fumé
1/2 litre de crème fraîche
4 œufs
sel

Faire une pâte brisée. Foncer une tourtière à fond non mobile. Piquer la pâte de petits morceaux de lard coupés en dés et verser dessus la préparation suivante : battre les œufs entiers comme pour une omelette, ajouter la crème, assaisonner. Mettre à four moyen et faire cuire 40 minutes.

Pâte brisée

| 250 gr de farine |
| 125 gr de beurre |
| 2 centilitres d'huile |
| 1 pincée de sel |
| eau |

Mettre la farine sur la planche à pâtisserie. Y faire un puits et y mettre l'huile, le sel et le beurre en petits morceaux. Travailler légèrement du bout des doigts pour incorporer le beurre à la farine. Mouiller avec l'eau en tournant avec une mouvette. Pétrir la pâte avec la paume de la main. L'opération doit être très rapidement menée; la pâte est d'autant meilleure. On peut laisser reposer la pâte une journée, roulée en boule et recouverte d'un bol.

Etendre la pâte au rouleau en une abaisse ayant un demi centimètre d'épaisseur et la placer dans une tourtière ronde ayant de 25 à 35 centimètres de diamètre. On peut également foncer des petits moules (ronds ou en barquettes).

10 Dans l'espace

On dirait que kékchose se passe
En fait il ne se passe rien
Un autobus écrase un chien
Des badauds se délassent
Il va pleuvoir
Tiens tiens

Raymond Queneau, *L'instant fatal*, © Ed. Gallimard

13 LA MARTINIQUE: PORTRAIT D'UN DOM

1 La France en bref

Les informations ci-dessous sont tirées du site officiel www.diplomatie.fr.

Superficie: 550 000 km²

Pays le plus étendu d'Europe occidentale, disposant d'une vaste zone maritime.

Relief

Plaines: 2/3 de la superficie totale.

Principaux massifs montagneux: les Alpes (dont le point culminant, le Mont-Blanc est le plus haut sommet d'Europe occidentale - 4 807 mètres), les Pyrénées, le Jura, les Ardennes, le Massif Central et les Vosges.

Rivages côtiers: Ouverte sur 4 espaces maritimes (la mer du Nord, la Manche, l'océan Atlantique et la mer Méditerranée), la France dispose de 5 500 km de rivages côtiers.

Population

60,4 millions d'habitants (2000)

Densité: 107 hab/km²

La France compte 52 aires urbaines de plus de 150 000 habitants qui regroupent 30 millions d'habitants; les cinq premières sont:

Aires urbaines	Population en 1999
1. Paris	10,6 millions
2. Lyon	1,6 million
3. Marseille-Aix-en-Provence	1,4 million
4. Lille	1,1 million
5. Toulouse	0,9 million

Organisation administrative

La République française comprend la métropole, divisée en 22 régions et 96 départements, ainsi que 4 départements d'outre-mer (DOM): Guadeloupe, Martinique, Guyane, La Réunion.

S'y ajoutent 4 territoires d'outre-mer (TOM): Polynésie française, Nouvelle-Calédonie, Wallis et Futuna, les Terres australes et antarctiques françaises) et les collectivités territoriales à statut particulier: Mayotte et Saint-Pierre-et-Miquelon.

1.1 Sur le document 1, écoutez dix affirmations qui contiennent chacune une erreur. Pendant votre écoute, référez-vous au texte ci-dessus, et notez les erreurs.

2 La Martinique: carte d'identité

Situation: La Martinique fait partie des Antilles, archipel situé entre l'Amérique du Nord et du Sud. Elle est baignée par l'océan Atlantique à l'est et la mer des Caraïbes à l'ouest. Elle est à 7 000 km de la France, 4 000 km de New York et 800 km de la côte du Venezuela.

Terres voisines: au nord, la Dominique puis la Guadeloupe, au sud, Sainte-Lucie, Saint-Vincent et les Grenadines.

Climat: tropical.

Superficie: 1 080 km².

Dimensions: 64 km du nord au sud, 31 km de l'est à l'ouest.

Point culminant: la montagne Pelée, 1 397 mètres.

Population: 360 000 habitants, dont 97% d'origine noire, 1% de Blancs créoles*, 1% d'Asiatiques et 1% de Blancs métropolitains*.

Langue officielle: le français.

Autre langue utilisée: le créole.

Statut: département français d'outre-mer depuis le 19 mars 1946.

Chef-lieu: Fort-de-France, 100 080 habitants.

Economie: dépendance économique sur la France.

13 — LA MARTINIQUE: PORTRAIT D'UN DOM

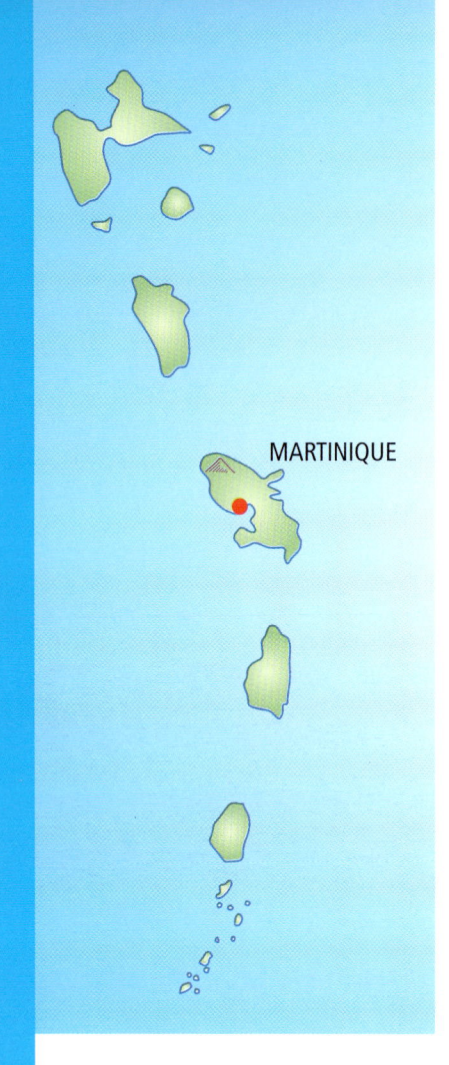

Principales ressources: agriculture (banane, ananas, canne à sucre, élevage bovin et porcin), production de rhum, tourisme.

La Martinique, guides Hachette visa, 1992

* Les Blancs créoles sont les descendants des premiers colons. On les appelle *békés*. Les Métropolitains sont des gens qui viennent de la France métropole.

2.1 A l'aide des détails donnés dans l'encadré ci-dessus, marquez les éléments suivants sur la carte:

l'océan Atlantique
la mer des Caraïbes
Dominique
Guadeloupe
Sainte-Lucie
Saint-Vincent
les Grenadines
la montagne Pelée
Fort-de-France

2.2 Remplissez les blancs:

Au cœur de l'archipel des Antilles, entre l'océan Atlantique et la ……………., la Martinique avec ses ………… de long et …………. de large pour une ……………… de 1 080 km² est un ……………… français. Son ………………, Fort-de-France, a une population de 360 000 ……………… Ses principales ressources sont l'……………, la …………………… et le ……………

3   La Martinique: quelques repères chronologiques

Date

....   **Arrivée** des Arawaks venus du Venezuela à la Martinique.
....   **Invasion** de la Martinique par les Caraïbes; anéantissement des Arawaks.
....   **Découverte** de la Martinique par Christophe Colomb.
....   **Débarquement** et installation des Français à la Guadeloupe et la Martinique.
                Apparition d'une langue mixte, le franco-caraïbe ou baragouin.
....   **Importation** massive d'esclaves africains noirs pour travailler dans les plantations de canne à sucre.
                Evolution de la langue créole.
....   **Décret** d'abolition de l'esclavage dans les colonies françaises.
....   **Arrivée** des premiers travailleurs indiens (Koulis) et chinois à la Martinique. Ils remplacent les esclaves libérés qui refusent de travailler dans les champs de canne.
....   **Immigration** de commerçants syriens.
....   **Eruption** de la montagne Pelée qui détruit la ville de Saint-Pierre. Plus de 30 000 morts.
....   **Sortie** officielle du système colonial et création de départements d'outre-mer. La Martinique, ainsi que la Guadeloupe et la Guyane, sont désormais départements français.

3.1   Ecoutez le document 2 sur la cassette, et inscrivez les dates qui correspondent aux points de repères historiques ci-dessus.

3.2   A l'aide d'un dictionnaire s'il le faut, trouvez le verbe qui correspond à chaque nom ci-dessous:

arrivée
invasion
anéantissement
découverte
débarquement

13 LA MARTINIQUE: PORTRAIT D'UN DOM

installation	s'
apparition	
importation	
évolution	
décret	
immigration	
éruption	entrer en éruption
sortie	
création	

3.3 Complétez les phrases ci-dessous à l'aide des verbes appropriés de la liste que vous avez faite. Mettez les verbes au présent.

a   Les Arawaks …………… aux îles antillaises.
b   Les Caraïbes …………… la Martinique; ils …………… les Arawaks.
c   Christophe Colomb …………… la Martinique.
d   Des Français ………… et ………… à la Guadeloupe et à la Martinique.
e   Une langue franco-caraïbe ……………
f   Les planteurs …………… des milliers d'esclaves africains noirs pour travailler dans les champs de canne.
g   La langue créole ……………
h   On …………… l'abolition de l'esclavage dans les colonies françaises.
i   Les premiers travailleurs indiens et chinois …………… à la Martinique.
j   La montagne Pelée …………… en éruption.
k   La Martinique …………… du système colonial. La France …………… des départements d'outre-mer: la Martinique, la Guadeloupe, la Guyane.

4 Les Martiniquais

4.1 Le poème ci-dessous est en créole, avec la version française à droite. Le créole, c'est la langue qui est née des contacts entre les Français, les Caraïbes et les Africains aux Antilles. Lisez le poème en version française (à droite). Relevez le vers qui parle
a   de la situation géographique de la Martinique.
b   de son climat.

Et mi zenfan péyi'la	Et voici les enfants du pays
Mi yo	Les voici
Mi yo doubout an péyi-la	Les voici érigés au pays
An plein mitan lanmé	Au cœur même de la mer
An plein mitan soley	Au cœur même du soleil
yo la	Ils sont là
po nwé	peaux noires
po jonn	peaux jaunes
po rouj	peaux rouges
po chapé	peaux échappées*
po blan	peaux blanches
Nou byen fouté pa mal!	Quelle importance!
Nou sav sé zenfan péyi-la	Ce sont, nous le savons, les fils de ce pays
Sé swè a-yo ki ka roz- péyi-la …	Leur sueur nourrit la terre de ce pays …

* enfants d'une mère indienne et d'un Blanc ou un Noir

(Hector Poullet, Twa, twa, Toupatou, dans *Pawol an Bouch,* Editions Désormeaux, Fort-de-France, 1982.)

4.2 Référez-vous aux sections 2 (carte d'identité) et 3 (repères chronologiques), et dites qui sont:

- *a* les peaux noires
- *b* les peaux jaunes
- *c* les peaux rouges
- *d* les peaux blanches

dont on parle dans le poème.

5 Les photos

Utilisez ce que vous avez appris sur la Martinique pour écrire des légendes pour les photos de l'unité.

Now test yourself at www.my-etest.com

13 LA MARTINIQUE: PORTRAIT D'UN DOM

14 RETOUR SUR IMAGE: L'ENFANT SYMBOLE DU VIETNAM

Introduction

The extracts in this unit are from one chapter in a book written by Annick Cojean, a journalist with the newspaper *Le Monde*. Her project was to trace the people pictured in some of the most celebrated and moving photographs of the second half of the twentieth century. She found those people and spoke with them (only one of them had since died), and in her book, *Retour sur images*, she shares with her readers what she learned in conversation with them. She lets us hear their commentary on events which are now history: events which they experienced as individuals, and which shaped their own and many other lives. She explains her project in the preface to her book:

Au départ, donc, des photos. De celles qu'on n'oublie pas. Qui étonnent, tant et tant, et que l'on peut scruter inépuisablement. Des photos qui témoignent d'un événement et font figure de repère en figeant un instant qui nous a ébranlés. Des photos qui, par leur mystère intrinsèque ou le talent d'un artiste, illustrent, isolent des émotions, des sentiments, moins accessibles, moins discernables dans la vie de tous les jours. Des photos qui touchent, cognent, poursuivent et permettent aussi, par le défi du raccourci, d'expliquer l'homme à l'homme. A condition de les faire parler. C'était là toute l'idée.

1   L'image

'Du feu. Du feu partout. Du feu en moi surtout. Il me consume, je ne comprends pas, j'ai si chaud, si chaud. On dirait que ma peau brûle, qu'elle se détache, qu'elle part en lambeaux, comme mes vêtements calcinés, qui sont tombés d'eux-mêmes. Je me frotte le bras gauche, ça colle, c'est pire. Ma main droite est difforme. Je vais être affreuse! Je ne serai plus jamais normale. Je ne vois que de la fumée. Il faut que je sorte du feu! Je cours, je cours le plus vite possible. Mes pieds ne sont pas brûlés. J'ai de la chance. Plus vite. Il faut réussir à fuir. Je crois que je dépasse le feu. La fumée s'éclaircit. Je distingue des silhouettes. Je ne suis plus toute seule. Il y a des bruits, des cris, des pleurs. Je cours encore plus vite. Tout le monde court d'ailleurs: les soldats, mon petit frère Phuoc à droite, mes deux cousins à gauche. Et puis Pam, mon grand frère, qui m'a vue, qui s'affole, qui crie: "Aidez ma sœur! Aidez ma sœur!" Il a compris que je brûle. Et moi, je hurle "Nong qua!" (trop chaud!). Le choc, l'urgence m'ont fait presque oublier la douleur. *Elle* survient pourtant, *effroyable*. Alors on va me verser un peu d'eau sur le corps, et ce geste sera fatal. Personne n'a encore la moindre idée de ce qu'est le napalm.'

Kim Phuc

1.1 D'abord, décrivez ce que vous voyez sur la photo: les personnages, ce qu'ils font, ce qu'on voit à l'arrière-plan.

1.2 Lisez le texte qui accompagne la photo (c'est bien la petite fille qui parle, 25 ans plus tard), et trouvez les réponses aux questions suivantes:

- ✓ *Pourquoi est-elle nue?*
- ✓ *Pourquoi court-elle?*
- ✓ *Pourquoi tient-elle les bras écartés?*
- ✓ *Pourquoi ne ressent-elle presque pas de douleur?*
- ✓ *On voit sur la photo des membres de la famille de Kim. Lesquels?*

> Rappel
> pour: in order to
> parce que: because

1.3 Dans le texte, soulignez toutes les expressions négatives:
ne … pas, ne … plus jamais, ne … que, ne … plus, personne ne …

Quelle est la phrase (contenant une expression négative) qui exprime:

- a les craintes de Kim Phuc pour l'avenir
- b l'épaisseur de la fumée
- c qu'une partie de son corps est sauve
- d sa sortie de l'épaisseur de la fumée
- e l'ignorance de l'effet du napalm

14

RETOUR SUR IMAGE: L'ENFANT SYMBOLE DU VIETNAM

---

napalm [napalm] n.m. Essence solidifiée dont on se sert pour fabriquer des bombes incendiaires. *Les bombes au napalm projettent, en explosant, des gouttes enflammées sur une très grande surface.* • De *Na*, symbole chimique du sodium, et *palm*, abbréviation de *palmitate*, sel ou ester d'un acide gras (l'acide palmitique).

Dictionnaire usuel du français, Hachette

1.4 A quoi se réfèrent le pronom et l'adjectif en italiques dans le texte ci-dessus?

2 Vingt-cinq ans plus tard: une rencontre au Canada

1 Elle vit! … Avec de l'asthme, du diabète, des migraines, de multiples allergies. Avec des cicatrices qui lui gondolent la peau et s'enflamment parfois, souvent, quand le temps est capricieux, quand il fait trop chaud, trop froid, trop humide. Sa peau brûlée a perdu tout système de défense et ne respire jamais. 'Mais quelle chance a mon visage! Pas une marque! Merci mon Dieu!'

Elle vit! Et même elle a donné la vie. Un petit garçon de trois ans à la peau lisse et douce ne cesse de se lover contre elle, et cherche à l'embrasser, perplexe parfois, inquiet, devant les crevasses de sa peau. 'Mon corps était si dévasté, je ne pensais pas être désirable. Et voilà que l'homme le plus gentil, le plus compréhensif du monde - il s'appelle Toan - a eu envie de m'épouser. Et voilà que j'ai créé une famille! Tant de chance, vraiment!'

Elle vit, oui, et lire son nom - Kim Phuc - au-dessus d'une boîte aux lettres, avant de la rencontrer ici, dans ce petit appartement de deux pièces, au cœur d'un quartier chinois de Toronto, vingt-cinq ans après le fameux cliché, a quelque chose d'irréel. Comment dire? L'impression d'approcher une icône et de la voir glisser de son cadre, exposée soudain au grand souffle de la vie. […]

2 Assise sur le canapé, les pieds nus, la pose décontractée, la photo devant elle, la petite Vietnamienne, devenue une jeune femme de trente-quatre ans qui s'exprime en anglais, entame alors son incroyable récit. C'est un film, semble-t-il, qui défile dans sa tête, comme un cours d'eau limpide dont elle sait chaque mouvement, chaque courant, chaque récif. Sa voix est un murmure, et son rythme suit le fleuve. 'C'était un après-midi étouffant du mois de juin 1972, en pleine guerre, en plein tourment. Depuis trois jours, le village subissait d'intenses bombardements d'avions sud-vietnamiens, et la population s'était réfugiée dans la pagode, endroit sacré par excellence, qu'aucun soldat, fut-il américain, ne devait jamais viser. Soudain, à l'heure du déjeuner, la situation a semblé empirer, le feu

s'étendre. Quelqu'un a surpris un signal de couleur lancé du ciel vers la pagode pour désigner une *mire. Il a hurlé: 'Sortons! Nous sommes morts si nous restons ici!' Et la fuite s'est organisée: les enfants en premier, qui devaient courir vite; et puis les gens âgés, avec la nourriture; les adultes avec les bébés …'

Kim Phuc a détalé. Elle a remarqué l'avion qui volait lentement, et compté quatre bombes juste au-dessus de sa tête. On aurait dit des œufs qui flottaient dans l'air chaud. Il n'y eut guère de bruit. Juste une immense flamme orange. Kim était plongée dans le feu du napalm. Encore quelques minutes de course, et elle perdrait connaissance, anéantie par la douleur, brûlée jusque dans ses os. Mais son destin aura entre-temps croisé la route de Nick Ut, ce photographe de l'agence AP dont le cliché, publié dès le lendemain, rapportera à son auteur le fameux prix Pullitzer et transformera Kim en symbole. Symbole de la barbarie des guerriers.

point de mire: target

2.1 Dans la première partie de l'extrait ci-dessus, soulignez le mot *chance* qui paraît deux fois.

2.2 Dans les deux premiers paragraphes (*Elle vit! … vraiment!*) relevez tous les éléments qu'on peut inscrire sous les rubriques ci-dessous:

tant de souffrance   **tant de chance**

2.3 From your reading of section one, what emotions did Annick Cojean feel on meeting Kim?

2.4 En consultant tout l'extrait, relevez les détails (âge, famille, domicile, etc.) qui se rapportent:
(a) à sa vie au Vietnam avant le bombardement et
(b) à sa vie au Canada.

Résumez ce que vous trouvez dans deux paragraphes:
(c) En 1972, avant le bombardement, Kim était une petite fille …
(d) En 1997, Kim est une femme …

2.5 Qui est Nick Ut?

2.6 In the introduction, Annick Cojean is quoted as saying that her aim was to make photos speak, *de les faire parler*. Do you think she has succeeded in doing this?

3 De Trang Bang à Toronto

3.1 Comment se fait-il qu'en 1997 Kim se trouve installée au Canada? Les phrases ci-dessous résument son histoire. Devinez l'ordre correct des événements, et numérotez les phrases de 1 à 7. Vous pouvez ensuite vérifier vos réponses en écoutant le document 1.

☐ Après le bombardement, Kim est transportée d'urgence à l'hôpital de Saïgon.

☐ Elle est envoyée étudier à Cuba.

☐ Ils demandent l'asile politique au Canada.

☐ Elle veut devenir médecin et s'accroche à ses études.

☐ Elle y passe longtemps entre la vie et la mort.

☐ Elle se marie avec Toan.

☐ Elle repart vers son village.

3.2 Après avoir vérifié vos réponses, lisez les éléments ci-dessous. Pour développer le résumé que vous avez fait, reliez chaque élément à une des phrases dans 3.1. Faites attention de les placer correctement. Vous pouvez changer la ponctuation là où il le faut.

a Leurs amis organisent la fête de mariage, même la lune de miel à Moscou.

b Trop grièvement atteinte pour être soignée sur place,

c Pendant quatorze mois, 17 greffes et opérations diverses remodèlent son corps.

d Pendant sept ans, Kim restera sur son île.

e A Gander, sur la route de retour vers Cuba, l'avion fait une escale de ravitaillement en carburant. Ils quittent le groupe de passagers, et ils demandent l'asile politique au Canada.

f où l'attendent ses parents et ses huit frères et sœurs.

3.3 Après avoir composé votre résumé amplifié, vérifiez vos réponses en écoutant le document 2.

4   Rencontre inattendue à Washington

La photo de Nick Ut n'est exposée nulle part dans le petit appartement de Kim. Sa vue lui est infiniment douloureuse. Mais comment l'oublier? On ne se soustrait pas au destin de symbole. La course de Kim sous le feu du napalm touche à l'universel.

L'an passé, Kim fut invitée à Washington à la cérémonie commémorative de la guerre du Vietnam. Et devant un parterre de plusieurs milliers de vétérans médusés elle a pris timidement la parole pour évoquer l'espoir. Et le pardon. 'Si je pouvais me trouver face à face avec le pilote de l'avion qui a lancé la bombe, je lui dirais: on ne peut pas changer l'histoire, mais au moins peut-on essayer de faire de notre mieux dans le présent et le futur pour promouvoir la paix.' Et puis elle a disparu durant la plus longue et la plus respectueuse des standing ovations.

Au milieu de l'assistance, John Plummer était foudroyé. C'est à lui qu'elle venait de s'adresser. Lui qui avait eu la responsabilité de coordonner le bombardement de Trang Bang, le 8 juin 1972. Lui qui, devenu pasteur, après mille errances, portait toujours sur lui la photo de la petite fille, découverte dès le 9 au matin et lestée de remords. Il se rua vers un policier, le suppliant de remettre à la jeune femme un message. Déjà, elle quittait le mémorial, soucieuse d'éviter la foule. Elle s'engouffrait dans un escalier, elle allait disparaître. Le billet lui parvint juste à temps: 'Kim, je suis cet homme.' Alors elle s'arrêta, se retourna. Il attendait, tremblant au haut des marches. Elle ouvrit ses bras.

Retour sur images, Annick Cojean. © Editions Grasset Fasquelle. Le Monde, 1997

4.1   Lisez l'extrait ci-dessus.

4.2   L'histoire dont vous venez de lire des extraits est pleine d'émotions fortes. Reliez les éléments à gauche et à droite pour parler des exemples.

Kim parle de **l'affolement**	qu'il faut avoir pour le présent et le futur.
Elle parle de **la douleur**	qu'il a ressenti à la vue de la photo.
Elle parle du **tourment**	de son frère quand il a vu sa sœur brûlée.

L'auteur parle de **la barbarie**	pour le courage de Kim.
Kim parle de **l'espoir**	au pilote qui a lancé la bombe.
Kim offre **le pardon**	des guerriers.
Les vétérans montrent **leur respect**	effroyable de ses brûlures.
John Plummer parle du **remords**	de la guerre.

4.3 Imaginez que vous êtes John Plummer. Racontez, à la première personne (*je*) les moments de votre vie qui sont évoqués dans le dernier extrait:

   a   votre rôle dans le bombardement de Trang Bang
   b   votre découverte de la photo le lendemain, et l'émotion que vous avez ressentie
   c   votre décision de devenir pasteur
   d   la cérémonie au cours de laquelle vous avez entendu parler Kim, et votre réaction à ses paroles
   e   le message que vous avez écrit
   f   la rencontre dans l'escalier.

Now test yourself at www.my-etest.com

1 Vocabulaire

1.1 Dans chaque encadré ci-dessous, inscrivez la rubrique qui convient:

ciel - mer - température - pluie - air - visibilité - vent - soleil

1 ....
rafale *nf*
tempête *nf*
nœud *nm*
faible *adj*
modéré *adj*
fort *adj*
Beaufort

2 ....
orage *nm*
crachin *nm*
averse *nf*
bruine *nf*
grêle *nf*
précipitation *nf*

3 ....
éclaircies *nf*
insolation *nf*
index UV *nm*
météo solaire *nf*

4 ....
calme *adj*
agitée *adj*
houle *nf*
marée *nf*

5 ....
haute *adj*
basse *adj*
thermomètre *nm*
degrés *nm*
minimal *adj*
maximal *adj*
normale saisonnière *adj*

6 ....
flux *nm*
dépression *nf*
anticyclone *nm*
hPa *nm*
pression *nf*

7 ....
couvert *adj*
nuageux *adj*
gris *adj*

8 ....
brume *nf*
brouillard *nm*

15 ENTRE LA PLUIE ET LE BEAU TEMPS

131

15 ENTRE LA PLUIE ET LE BEAU TEMPS

1.2 Parmi les mots ci-dessus, trouvez ceux qui correspondent aux définitions suivantes:

- ✓ ....: pluie de petits glaçons de forme arrondie
- ✓ ....: petite pluie fine et drue
- ✓ ....: coup de vent soudain et violent mais qui dure peu
- ✓ ....: mouvement de la mer formant des lames longues et élevées qui ne déferlent pas
- ✓ ....: centre de hautes pressions atmosphériques (par opposition à dépression)
- ✓ ....: exposition à l'action des rayons solaires
- ✓ ....: nuage formé au voisinage du sol par des gouttelettes microscopiques dûes à un refroidissement de l'air humide
- ✓ ....: unité de mesure de la pression atmosphérique

1.3 A l'aide d'un dictionnaire unilingue, cherchez les définitions d'autres mots dans les encadrés ci-dessus, et faites des exercices pour vos camarades de classe.

2 La météo

2.1 Etudiez bien la carte. Ensuite, indiquez en inscrivant *V* ou *F* dans les cases si les affirmations ci-dessous sont vraies ou fausses.

- ☐ A Vannes, il faudra se protéger contre le soleil.
- ☐ Lundi prochain, il fera moins chaud.
- ☐ Le soleil se lève à Brest à 7h33.
- ☐ La pleine lune, c'est le 15 juillet.
- ☐ La température minimale à Lannion sera 15°.
- ☐ Entre samedi et dimanche, le temps ne changera pas.
- ☐ Il fera plus chaud à Nantes qu'à Quimper.
- ☐ Le vent sera du nord.
- ☐ Il y aura des nuages sur toute la Bretagne.
- ☐ Il ne pleuvra pas sur la Bretagne.

2.2 Corrigez les affirmations qui sont fausses.

2.3 Suivant le même modèle, faites des phrases basées sur les informations de la carte, et demandez à votre partenaire de dire si elles sont vraies ou fausses.

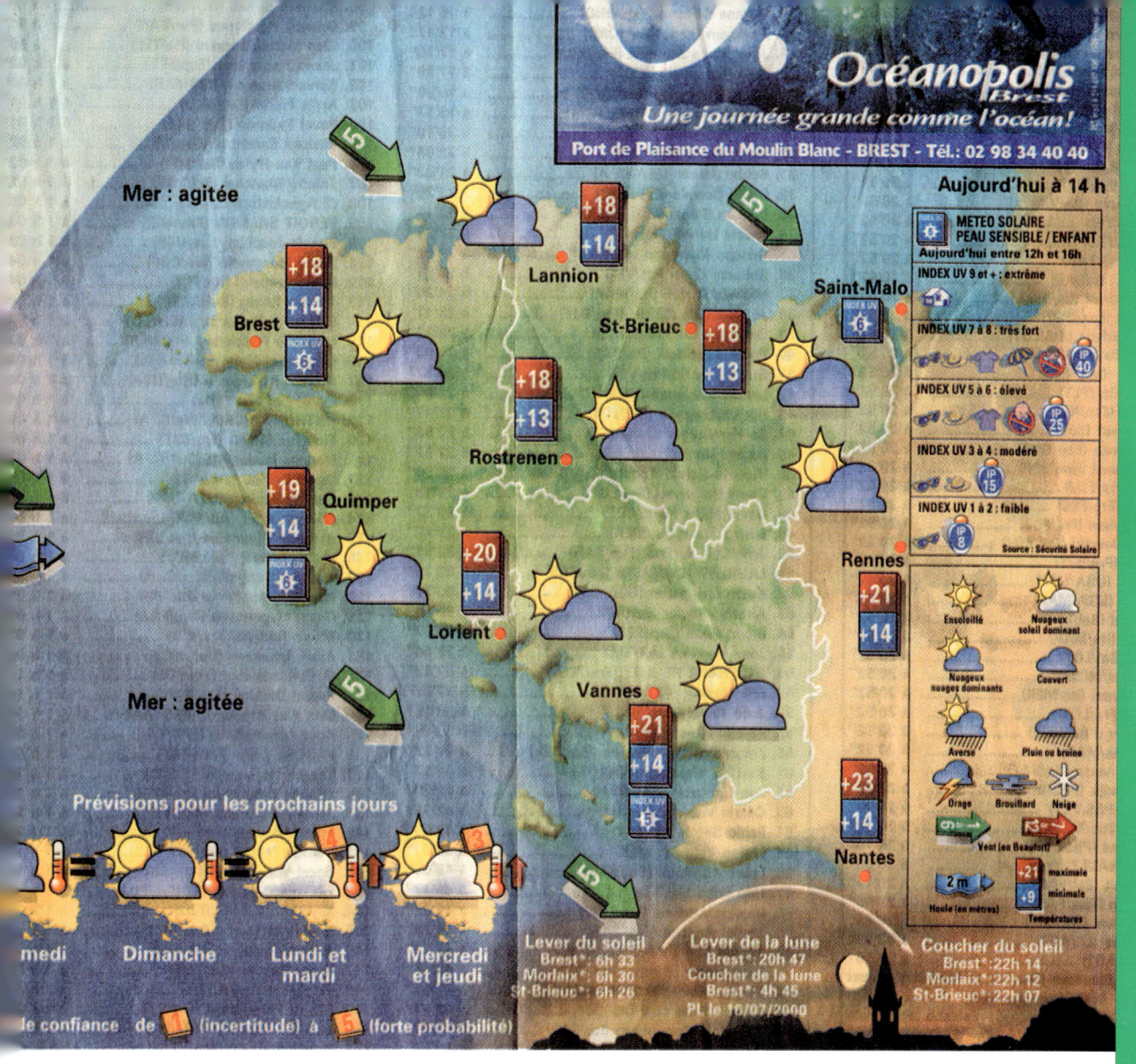

Le Télégramme 14.7.00

2.4 Le texte suivant est extrait d'un bulletin météorologique.

Complétez-le en inscrivant les mots suivants dans les espaces appropriés.

agitée - nuageux - visibilité - minimales - anticyclone - maximales - vent - pluies - précipitations - fort

PREVISIONS POUR LE VENDREDI 14 JUILLET
Au petit matin, le ciel est couvert avec crachins ou petites .... Il deviendra très .... dans l'après-midi avec quelques éclaircies. Le vent, modéré à assez ...., souffle de nord-ouest. Les températures minimales vont de 12° dans l'intérieur à 14° sur les côtes nord et ouest, 15° près de l'Atlantique. Les .... sont comprises entre 17° au nord et 21° sur le pays vannetais.

133

15 ENTRE LA PLUIE ET LE BEAU TEMPS

POUR LA MARINE
.... de nord-ouest 4 à 5 Beaufort. Localement et passagèrement 6 Beaufort. Mer ...., houle d'ouest-nord-ouest de l'ordre de 2 mètres. .... parfois réduite 1 à 3 milles en début de journée, s'améliorant à 4 à 8 milles.

POUR L'AGRICULTURE
.... : 1 à 3 mm. Températures .... : 12° à 15°. Maximales: 17° à 21°. Normales saisonnières à Brest: maxi 20°, mini 12,7°.

SITUATION GENERALE LE JEUDI 14 JUILLET A 14H ET EVOLUTION
Persistance du flux de nord-ouest entre la dépression 990 hPa centrée au nord de l'Ecosse et se décalant lentement vers le nord-est et l'.................... 1.030 hPa quasi-stationnaire au large du Portugal.

3 Pour parler du temps

Il fait
chaud
froid
frisquet
frais
beau
mauvais

Il fait un temps
ensoleillé
orageux
pluvieux
couvert
nuageux
variable
sec
brumeux

Il y a
de la pluie
du soleil
du vent
de la neige
des éclaircies
des éclairs
du verglas
une canicule
de la grêle
des averses
de l'orage
de la tempête
du brouillard
de la brume
du tonnerre

bruiner
geler
grêler
neiger
pleuvoir

Il fait
soleil

134

3.1 Les verbes ci-dessous sont ceux qu'on utilise le plus souvent pour parler du temps. Complétez le tableau en inscrivant la forme correcte des temps qui manquent.

Infinitif	Imparfait	Passé composé	Présent	Futur
*faire	il faisait			
*avoir	il y avait			
*être	(il) était			
bruiner	il bruinait			
geler	il gelait			
grêler	il grêlait			
neiger	il neigeait			
*pleuvoir	il pleuvait			

* verbes irréguliers

3.2 Utilisez les expressions dans 3.1 ci-dessus pour parler:

  a du temps qu'il faisait quand vous êtes parti pour l'école ce matin,
  b du temps qu'il a fait hier,
  c du temps qu'il fait maintenant,
  d du temps qu'il fera demain, selon la météo.

3.3 Ecoutez le document 1. Pour chaque phrase que vous entendez, dites de quel temps il s'agit en cochant la bonne case.

	Imparfait	Passé composé	Présent	Futur
1				
2				
3				
4				
5				
6				
7				
8				
9				
10				

15 ENTRE LA PLUIE ET LE BEAU TEMPS

15 ENTRE LA PLUIE ET LE BEAU TEMPS

3.4 Utilisez le tableau ci-dessous pour faire le plus grand nombre de phrases possible. N'oubliez pas d'accorder l'adjectif avec le nom qu'il qualifie.

		fort
		faible
le ciel		couvert
la mer	est	calme
le(s) vent(s)	sont	agité
la température		modéré
		bleu
		gris
		haut

3.5 Imaginez que vous avez fait une traversée de mer

 a dans des conditions idéales ou
 b dans des conditions météorologiques très pénibles.

Décrivez le temps qu'il faisait pendant le voyage :

Le ciel était …

4 L'incroyable pique-nique

Pour fêter le nouveau millénaire, un pique-nique a été organisé le 14 juillet 2000 dans les communes de France qui touchent à la Méridienne.
Il a été surnommé *l'incroyable pique-nique.*

4.1.1 Listen to document 2(a) and answer questions 1 to 4 below.

1. What length is the meridian line which runs through France from north to south?
2. How many *communes* touch it?
3. What details of the weather forecast are given for:
   (a) the afternoon
   (b) the morning of July 14?
4. What are people advised to wear?

Le pique-nique de la Méridienne verte

4.1.2 Listen to document 2(b) and answer these questions:

5. What colour and what length is the table cloth being supplied for the picnic?
6. How many picnic spots are being set up?
7. What do people have to bring themselves for the picnic?

4.2 Le document 3 raconte comment la fête s'est déroulée dans certains endroits. Ecoutez-le, et inscrivez les détails dans la grille.

Lieu	No. de personnes	Temps	Autres détails
Dunkerque (Nord)			
Ile-Saint-Denis			
Hay-les-Roses (Val-de-Marne)			
Sainte-Geneviève-des-Bois (Essonne)			
Sully-sur-Loire (Loiret)			
Treignat (Allier)			
Chauchet (Creuse)			
Ussel (Corrèze)			
le Cantal			

4.3 Travaillez à deux. Lisez la transcription du document 3. Choisissez un des endroits mentionnés. Imaginez que vous avez assisté à l'incroyable pique-nique, et racontez votre journée.

Now test yourself at www.my-etest.com

15 ENTRE LA PLUIE ET LE BEAU TEMPS

16 L'EAU

1 La planète bleue

1.1 Remettez en ordre les mots brouillés pour compléter la longue phrase ci-dessous:

axue — smre — cénsao — vuelsef — larigces — clas — virisère — iar — slos

Les trois-quarts de la surface du globe sont recouverts d'eau. Les grands réservoirs d'eau, ce sont
les o................,
les g................,
les e................ souterraines,
les l................ et les m................ intérieures,
les f................ et les r................,
l'humidité des s................ et de l'................

1.2 Vérifiez vos réponses en écoutant le document 1, et remplissez les blancs dans les phrases suivantes:

Le volume total de toutes les eaux sous forme de liquide, de solide (glace) et de vapeur est évalué à .... millions de kilomètres cubes. Cette quantité est constituée à .... pour cent d'eau salée.

1.3 Notre planète, pourquoi l'appelle-t-on *la planète bleue*?

> Eau: H_2O
> L'eau est un corps chimique composé dont l'unité de base est une molécule formée de trois atomes: un atome d'oxygène et deux atomes d'hydrogène liés entre eux. La molécule d'eau est symbolisée par la formule H_2O. L'eau existe sur Terre sous trois états: liquide, solide (glace) et vapeur.

2 La consommation domestique

2.1 Travaillez à deux. Proposez entre cinq et dix façons d'utiliser l'eau à la maison et dans le jardin.

L'eau? D'abord, on la boit. Ensuite on l'utilise dans la cuisine pour…

Et dans la salle de bains pour… et dans le jardin pour…

2.2 Ecoutez la cassette (document 2) où A et B font le même exercice. Notez:

- *a* ce qu'ils ont dit que vous n'avez pas dit, et
- *b* ce que vous avez dit qu'ils n'ont pas dit.

3 L'approvisionnement d'eau

3.1 Dans le document 3(a) et (b), écoutez A et B qui répondent aux questions dans le tableau ci-dessous. Notez leurs réponses.

	A	B
1 D'où vient l'eau que vous utilisez chez vous? D'une source, d'un puits, d'un réservoir municipal?		
2 Comment les eaux usées sont-elles traitées? Dans une station d'épuration, dans une fosse septique?		
3 Est-ce que vous payez l'eau? Quel est le tarif?		
4 Est-ce qu'il y a quelquefois des pénuries d'eau dans votre région en temps de sécheresse?		
5 Est-ce qu'il y a quelquefois des inondations chez vous ou dans votre région?		

3.2 A l'aide des questions ci-dessus et des réponses données sur la cassette, parlez de la situation chez vous en ce qui concerne l'approvisionnement d'eau.

16 L'EAU

> **Eau du robinet: tarifs à la hausse**
> Partout dans le monde, le prix de l'eau grimpe. L'époque où elle valait trois fois rien est bel et bien révolue. Des milliards sont dépensés pour la traiter, la stocker, la transporter parfois sur des centaines de kilomètres pour approvisionner des agglomérations urbaines gigantesques. Résultat: les factures s'alourdissent.

4 L'eau: notre bien le plus précieux

4.1 Les phrases-clés des cinq paragraphes de l'article ci-dessous ont été enlevées. Elles sont en italiques, mais pas dans l'ordre correct, en haut de l'article. Remettez-les à leur place en inscrivant la lettre correcte dans l'espace prévu.

   a   *Les menaces de pénuries risquent de provoquer demain des tensions dans certaines régions du monde.*

   b   *c'est une richesse inégalement répartie.*

   c   *Dans les pays qui connaissent déjà des pénuries, notamment au Moyen-Orient, en Afrique, en Asie, les problèmes risquent de s'aggraver.*

   d   *Avec l'air que nous respirons, l'eau est notre bien le plus précieux.*

   e   *l'eau devient aussi de plus en plus rare.*

1   … Elle est indispensable. Sans elle, aucune forme de vie humaine et animale ne pourrait en effet se développer sur Terre. Elle est présente sur l'ensemble de la planète - mers, fleuves, lacs, glaciers - ainsi que dans de gigantesques nappes souterraines. Mais à peine 2% du volume total est utilisable par l'homme pour sa consommation (usage domestique, eau potable, etc.).

2   De plus … alors que certaines régions regorgent d'eau douce, d'autres en manquent cruellement. A l'heure actuelle, un habitant de la Terre sur cinq n'a pas d'eau potable et un sur deux n'est pas relié à un système d'évacuation des eaux usées.

3   Mal répartie, menacée par la pollution ... Lors du Forum mondial de l'eau à La Haye (Pays-Bas) les experts ont tiré le signal d'alarme: les réserves mondiales diminuent dangereusement: en 2025, sur une Terre qui devrait compter huit milliards d'habitants, nous aurons à affronter des pénuries. Les réserves par habitant auront été divisées par deux en Europe et en Amérique du Nord, par quatre en Asie et par huit en Afrique!

4   ... La maîtrise et le contrôle des sources d'approvisionnement sont devenus une arme politique. Car il ne s'agit pas simplement de fournir aux populations de l'eau pour assurer leur survie, elle est aussi indispensable pour l'irrigation des cultures, pour faire tourner les centrales hydro-électriques.

5   ... Faute d'accord entre les Etats sur un partage équitable des ressources, des conflits ayant trait à l'eau ne sont pas à exclure au cours du XXIe siècle.

Les Clés de l'Actualité

4.2   Lisez les cinq phrases en italiques dans l'ordre correct. Elles font un résumé très court de l'article.

4.3   Repérez les noms ci-dessous dans le texte. A la droite ou à la gauche de chaque nom (comme dans le texte), écrivez l'adjectif ou les adjectifs qui l'accompagne(nt).

Paragraphe 1

	vie	
	nappes	
	volume	
	usage	
	eau	

Paragraphe 2

	régions	
	eau	
	heure	
	eaux	

16 L'EAU

Paragraphe 3

Forum
réserves

Paragraphe 4

arme
centrales

Paragraphe 5

partage

> Pour les adjectifs, consultez les pages 334 et 335 de la section grammaire.

What have you learned, by doing this exercise, about:

a the place of the adjective in French in relation to the noun it qualifies?

b the agreement of an adjective with the noun it qualifies?

c the differences between French and English in this area?

4.4 Look at the article, and pick out:

a words which look exactly the same as English words, and

b words whose meaning you may be able to guess because they look close to English words.

Try translating a paragraph of the article into English. (Groups in your class might take a paragraph each.) Read your translation. Does it sound natural, as if it had originally been written in English? Do any of the words which look like English ones seem awkward or out of place in your translation? Do changes have to be made to make your translation sound more natural while respecting the original meaning? Having done this exercise, what comments have you got to make about translating from French to English?

4.5 Relisez l'article paragraphe par paragraphe, et relevez les problèmes reliés à l'eau. Sous chacune des rubriques suivantes, rédigez une phrase simple pour parler du problème.

abondance, pénurie, répartition, pollution, diminution des réserves, contrôle, utilisation, partage.

5   La France riche en eau: et l'Irlande?

Bénéficiant d'un climat tempéré, régulièrement arrosée par la pluie, la France est privilégiée et fait partie des pays riches en eau. Ses ressources couvrent largement nos besoins. […]

En moyenne, l'Hexagone prélève près de 50 milliards de mètres cubes pour le refroidissement des centrales thermiques et nucléaires. Le reste se répartit entre l'agriculture (15%), l'industrie (10%), et les collectivités locales - communes, départements, régions - (15%).

L'abondance n'incite pas vraiment les Français à l'économie, il est tellement facile d'ouvrir le robinet … La consommation domestique avoisine les 3 milliards de mètres cubes par jour, soit en moyenne près de 200 litres par personne (l'équivalent de quatre bains).

Mais les comportements commencent à changer et la consommation tend à se stabiliser depuis quelques années. On s'est rendu compte que les ressources, mêmes importantes, n'étaient pas inépuisables. Les collectivités locales tentent de gérer de façon plus rationnelle ces réserves. De leur côté les entreprises ont mis au point des techniques qui permettent de l'économiser. Objectif: user de l'eau sans en abuser.

Les Clés de l'Actualité

5.1   Lisez l'article dans l'encadré, et relevez les éléments qui pourraient également se référer à l'Irlande.

5.2   Ensuite, relevez les éléments qui ne pourraient pas se référer à l'Irlande.

6   Vos commentaires

16 L'EAU

Rédigez un paragraphe pour accompagner chaque photo ci-dessus.

To follow up

Include in your *journal* news items relating to water: supply, pollution, scarcity, flooding, conflict over sharing of water resources, etc.

In other school subjects (Geography, Sciences) you are likely to address issues relating to water. As they come up, talk and write about them in French too, even if the language you use is simpler than what you would use in English.

Now test yourself at www.my-etest.com

17 PORTRAITS DE FAMILLE

1 Frédéric Bazille (1841-70): La réunion familiale

1.1 Repérez les éléments suivants sur le tableau:

a au centre du tableau, une jeune femme assise sur une chaise en fer, qui se retourne pour nous regarder,

b au premier plan à gauche, un couple assis sur un banc,

c un homme barbu et moustachu, debout près de l'arbre, qui tient une femme par le bras,

d une jeune femme à l'extrême droite, assise sur un mur bas,

e à l'arrière-plan et à droite, une vue sur un paysage ensoleillé,

f au premier plan, à gauche, une femme habillée d'une robe bleue et d'un châle noir, ses cheveux ramenés en arrière,

g au fond et à l'extrême gauche, un homme presque caché derrière son compagnon,

h un ciel bleu avec quelques nuages.

1.2 Travaillez à deux. A tour de rôle faites des descriptions comme ci-dessus pour votre partenaire, et demandez-lui de deviner ce dont vous parlez.

Vocabulaire
le peintre
la peinture
le tableau
la toile
au centre
à droite
à gauche
au fond
à l'arrière-plan
au premier plan
assis(e)
debout
penché vers
devant
derrière
à côté de
près de

145

17 PORTRAITS DE FAMILLE

1.3 Ils ont l'air comment? Regardez bien le visage des membres de la famille, et dites lesquels des mots ci-dessous conviennent pour les décrire:

Il/Elle a le regard …
Il/Elle a l'air …

> chaleureux
> fier
> réservé
> renfrogné
> sévère
> digne
> fixe
> concentré
> jovial

1.4 Listen to document 1(a), and answer these questions about the Bazille family, who are depicted in the painting.

Where is the painting set? Which members of the family are identified? Where are they in the painting? What do we learn about the family?

1.5 Listen to document 1(b). The expressions on the left below are used in it to convey a personal response to the painting. As you listen, note down in English what is said to complete each expression. Later, you can reconstruct the responses in French, with the help of the transcript if necessary.

- a C'est comme dans … It's like in …
- b On sent que … You feel that …
- c On dirait que … You'd think that …
- d C'est drôle … It's funny (strange) …
- e Nous avons l'impression que … We get the feeling that …
- f On sent que …
- g Je trouve que … I find that …
- h … fait partie du charme … is part of the attraction.
- i Ce qui me fascine le plus, c'est … What fascinates me most is …
- j Je me demande … I wonder …
- k Je crois que … I think …
- l J'aimerais bien … I'd really like …

1.6 Quand on regarde la jeune femme au centre du tableau, on sent que c'est elle qui nous regarde. Imaginez qu'elle vous décrit. Complétez la description ci-contre:

146

> Je vois devant de jeunes gens habillés d'une manière très bizarre. Il y a une jeune femme qui porte ... et un jeune homme habillé de ...

1.7 Imaginez, comme on l'a fait dans le document 1(b), que les personnages sur le tableau puissent quitter leur pose. Devinez ce qu'ils feraient, comme dans l'exemple ci-dessous. Les verbes seront au *conditionnel*.

*Si elle pouvait quitter sa pose, je crois que la femme assise derrière la table en fer **reprendrait** sa couture.*

> The conditional is used here to say what people would do. See the grammar section about the use of the conditional (page 342) and its formation (page 345).

2 Deux tableaux de Berthe Morisot (1841-95)

Eugène Manet et sa fille dans le jardin de Bougival (73 x 92 cm) musée Marmottan

Le berceau (56 x 46 cm) musée d'Orsay

17 PORTRAITS DE FAMILLE

17 PORTRAITS DE FAMILLE

2.1 A l'aide des expressions dans le cercle, décrivez les deux tableaux de Berthe Morisot (celle de sa sœur avec son bébé, et celle de son mari avec leur petite fille).

Ne vous limitez pas forcément au vocabulaire ci-dessous. Vous pouvez, bien sûr, donner plus de détails.

> petite fille   père
> jardin fleuri   été   assis
> banc   debout   à ses genoux
> joue   l'air rêveur   concentré sur
> la main posée sur   son jeu   beau
> jour   bébé   berceau   endormi
> jeune femme   contempler
> rideau en tulle   suspendu
> fenêtre

3 Lisez et imaginez

Dans le texte que vous allez bientôt lire, le narrateur parle d'une photo prise dans son enfance qu'il revoit trente ans plus tard.

3.1 Avant de lire le texte, associez chaque groupe d'expressions ci-dessous avec la catégorie qui convient:

le visage/la tête
la saison/l'heure
le physique
le fond/le décor
l'expression
la pose

- ses yeux
- cheveux longs, noirs, ramenés en arrière

- soleil
- feuillage
- herbe
- jardin
- couverture
- allée cimentée
- l'ombre des points d'une clôture
- mur

- un après-midi d'été

- à genoux
- ses doigts tendus
- les doigts minuscules accrochés à …
- lève les yeux vers …
- adossé au mur

- souriante
- regarde … avec tendresse

- jambes encore torses
- maigres
- mains minuscules

3.2 Soulignez les expressions ci-dessus dans le texte. Lisez le texte entier, tout en l'écoutant sur le document 2.

> C'est une photo minuscule, quatre sur quatre, un format oublié, aux bords dentelés. Une trace au crayon maigre dans le coin supérieur gauche, au verso: '1950'. On y voit une jeune femme aux cheveux longs, ramenés en arrière. Elle est à

genoux, souriante et ses yeux font une tache claire sur son visage. A ses doigts tendus s'accrochent les mains minuscules d'un enfant aux jambes encore torses. C'est un après-midi d'été et le soleil, par les trouées du feuillage, lave le gris de l'herbe. Un autre enfant (on m'assura qu'il s'agissait de moi) lève les yeux vers le photographe.

Un homme adossé au mur de brique fume une cigarette. Il est incroyablement maigre et son costume flotte autour de son corps, s'avachit aux épaules. Il est jeune lui aussi, vingt-cinq ans peut-être, et regarde la femme avec tendresse.

Un morceau de jardin est caché par une couverture que les enfants ont désertée. Un coin de tissu mord sur l'allée cimentée où l'ombre des points d'une clôture se mêle aux dessins géométriques tracés dans le ciment.

Je reconnus l'endroit dont me parlait cette photo à ces dessins et à la forme de cette ombre.

Une bicoque sans importance enfouie dans la boue des banlieues. Quartier du Globe.

Quartier du Globe, Autres lieux et autres nouvelles, Didier Daeninckx, Librio, 1993

3.3 Pour mieux imaginer la photo, répondez aux questions suivantes:

3.3.1 Qu'est-ce que la description dans le texte vous permet de voir des quatre personnages sur la photo? Répondez en complétant les phrases suivantes:

La femme est jeune. Elle a les cheveux ……………
Elle est à …………… Elle tient un petit enfant par ……………
L'homme est jeune aussi. Il est …………… Il est adossé ………
Il fume …………… Il regarde ……………
Le petit enfant ….,…………
L'autre enfant ……………

3.3.2 Quelle expression nous montre:

    a   que le petit enfant est encore un bébé?
    b   que l'homme est très maigre?

3.3.3 Comment le narrateur reconnaît-il l'endroit?

3.3.4 Dans la dernière phrase du texte, est-ce que *bicoque* est un terme péjoratif ou flatteur, à votre avis? Vérifiez votre réponse en consultant un dictionnaire.

3.4 D'après vous, la photo représente-t-elle un moment heureux dans la vie de la famille? Élaborez votre réponse (30 à 50 mots).

3.5 Try and reconstruct the photo from the description you have read. If you're not good at drawing, just mark where you think the different elements should be. Not all the elements are in position, but use what clues there are: the shadows, who is looking at whom, etc. If you can do this, it means you have read the text well.

4 Le musée d'Orsay

Vous avez vu plus haut que le tableau de Bazille et un des tableaux de Berthe Morisot se trouvent au musée d'Orsay à Paris. Orsay, c'est une ancienne gare transformée en musée pendant les années 1980. On y trouve l'art du dix-neuvième siècle, de 1848 à 1914.

4.1 Imaginez que vous téléphonez au musée pour demander:

- [ ] a si le musée est ouvert tous les jours
- [ ] b quelles sont les heures d'ouverture du musée
- [ ] c s'il y a un parc de stationnement près du musée
- [ ] d quelle est la station de métro la plus proche
- [ ] e qu'on vous envoie un dépliant sur les activités éducatives
- [ ] f combien coûte l'entrée pour les moins de dix-huit ans
- [ ] g une réservation pour une visite de groupe
- [ ] h s'il y a un tarif réduit pour les étudiants.

Pour chaque demande ci-dessus, indiquez en inscrivant *R* ou *S* dans les cases s'il s'agit d'une demande (a) de renseignement ou (b) de service.

4.2 Formulez les demandes ci-dessus à l'aide des expressions suivantes:

Je voudrais savoir …
Je voudrais faire …
J'aimerais savoir …
Pourriez-vous me dire …
Pourriez-vous m'envoyer …

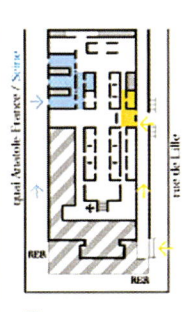

> *Voudrais, aimerais* and *pourriez* above are in the conditional. See page 342 (polite requests) in the grammar section.

accès et tarifs

éditorial | bâtiment | collections | programmes | publications-productions
nouveaux médias | mode d'emploi | boutique | boîte aux lettres

Accès et tarifs

Accès
entrée musée et expositions :
pour les visiteurs individuels côté Seine, quai Anatole France
pour les groupes terrasse Lille, rue de Lille

Transports
bus : 24, 63, 68, 69, 73, 83, 84, 94
métro : ligne 12, station Solférino
RER : ligne C, station Musée d'Orsay
taxis : rue de Solférino et quai Anatole-France
parcs de stationnement : Deligny, Louvre, Montalembert

▪ Individuels
▪ Groupes

Horaires d'ouverture
mardi, mercredi, vendredi et samedi de 10h à 18h
jeudi de 10h à 21h45
dimanche de 9h à 18h
ouverture dès 9h du 21 juin au 30 septembre
évacuation à partir de 17h30, 21h15 le jeudi

fermeture tous les lundis
et les 1er janvier, 1er mai et 25 décembre

Droit d'entrée
tarif unique musée et expositions
plein tarif : 45F (6,86 euros)
tarif réduit : 33F (5,03 euros)
tarif unique le dimanche :   (5,03 euros)

entrée gratuite jusqu'à 18 ans et pour les détenteurs de la Carte blanche du Musée d'Orsay, ainsi que pour les visiteurs handicapés, enseignants, chômeurs, etc., sur présentation d'un justificatif en cours de validité
gratuité pour tous le premier dimanche du mois

Carte Musées - Monuments
coupe-file valable 1, 3 ou 5 jours (consécutifs), pour visiter 70 musées et monuments de Paris et d'Ile - de - France.

Groupes
réservation obligatoire pour tous les groupes
par écrit (voir colonne de droite), par téléphone au 01 53 63 04 50, ou par fax au 01 42 22 71 61
- pour les groupes de jeunes
- pour les groupes d'adultes
accueil du mardi au samedi de 9h30 à 16h, jusqu'à 20 h le jeudi

Vestiaires
gratuits, pour les visiteurs individuels et pour les groupes, pour déposer manteaux, grands parapluies, sacs à dos, petits bagages, etc., à l'exception des bagages trop importants et des objets de valeur tels que appareils photos, argent, documents d'identité, manteaux de fourrure, etc.

Prêt de poussettes et fauteuils roulants
Prêt gratuit au vestiaire des individuels

Autres services
téléphones
boîte aux lettres
disponibles à l'intérieur du musée

Le musée se transforme

Adresse postale
Musée d'Orsay
62, rue de Lille
75343 Paris
cedex 07
France

Téléphone
01 40 49 48 14
Comptoir d'accueil des individuels:
01 40 49 48 48
Comptoir d'accueil des groupes:
01 40 49 49 94
Informations générales:
01 45 49 11 11

Minitel
36.15 ORSAY
(1,29 F la minute)

Web
http://www.musee-orsay.fr

Pour mieux se repérer dans le site

I M'O : mode d'emploi I accès et tarifs I carte blanche I société des amis I
I boutique I dépliants et brochures I accueil des handicapés I café et restaurant I

4.3 Lisez la documentation ci-dessus pour trouver les réponses aux demandes de renseignements que vous avez faites dans 4.2.

A deux, jouez les rôles de (a) vous-même, qui demandez un renseignement et (b) de l'employé du musée qui vous répond.

4.4 In document 3, listen to someone calling to make a booking for a guided tour (une visite avec conférencier).

- ✓ What type of group does the caller want to book for?
- ✓ What are the preferred dates?
- ✓ Why is he advised to consult the internet?
- ✓ What is the website address for the musée d'Orsay?
- ✓ What will the caller do tomorrow?

4.5 Consultez le site du musée d'Orsay, et trouvez vous-même les visites avec conférencier qui sont proposées. A deux, jouez la réservation d'une visite par téléphone.

To follow up

In your *journal*, include photos of your family. Use expressions you have learned in this unit to describe them. Talk about the people in the photos, the setting, the occasion, and anything of interest in them.

Vocabulaire:
grand-père, grand-mère
père, mère
oncle, tante
frère, sœur
beau-frère, belle-sœur
neveu, nièce
parrain, marraine

Now test yourself at www.my-etest.com

18 TROIS JOURS À PARIS

1 Pour s'orienter à Paris

1.1 Sur le plan de Paris, tracez le parcours de la *Seine, et repérez le boulevard périphérique.

* Quelle est la rive gauche? Et la rive droite?

1.2 A l'extérieur du boulevard périphérique, trouvez:

- a les routes à prendre pour aller à l'aéroport Charles de Gaulle
- b l'avenue de Longchamp
- c le Parc des Princes
- d la Grande Arche de la Défense
- e le marché aux Puces
- f la route de Versailles.

153

1.3 A l'intérieur du boulevard périphérique, repérez:

- *a* les six grandes gares SNCF (au terminus des lignes de chemin de fer)
- *b* l'arc de Triomphe
- *c* le palais du Louvre
- *d* le musée d'Orsay
- *e* le centre Georges Pompidou
- *f* la tour Eiffel
- *g* la Villette
- *h* la cathédrale de Notre-Dame
- *i* le Forum des Halles
- *j* la place de la Concorde
- *k* le palais omnisports Paris-Bercy.

2 Quelques monuments célèbres

2.1 Lisez le texte qui accompagne les photos. Sur chaque photo, repérez les éléments décrits dans le texte.

Arc de Triomphe

L'arc de Triomphe, la place Charles de Gaulle, les douze avenues qui en rayonnent composent le fabuleux site urbain de l'Etoile. Voulu par Napoléon dès 1806 comme symbole de la capitale de l'empire français, ce n'est qu'en 1836 qu'il fut achevé. L'arc vit le défilé de la victoire en 1919, l'inhumation du Soldat Inconnu en 1920, et le jaillissement de la flamme du souvenir en 1923.

La Grande Arche

A l'extrémité du parvis de la Défense, cet immense cube évidé abrite outre des bureaux plusieurs ministères. A 100 m au-dessus du parvis, le toit-terrasse d'un hectare est partiellement aménagé en belvédère d'où s'offre une vue extraordinaire sur la capitale. La cathédrale de Notre-Dame de Paris pourrait tenir avec sa flèche entre les parois de l'Arche.

18 TROIS JOURS À PARIS

Le palais du Louvre
Le palais des rois de France est le plus grand du monde, et il est surtout connu pour le musée qu'il abrite depuis deux siècles. Résultat du travail des souverains du pays entre le début du 13e et la fin du 19e siècle, le bâtiment impressionne par sa masse et résume à lui seul l'histoire de France depuis le Moyen Age. En 1984, le président Mitterrand adopte le projet Grand Louvre et Pyramide. Sous la cour Napoléon, un vaste espace d'information et de documentation est éclairé par une pyramide en verre qui marque l'entrée principale du musée.

Musée d'Orsay
A la fin du 19e siècle, la compagnie des chemins de fer d'Orléans fit construire cette gare. Mais les quais trop courts obligent à l'abandon de la gare, qui va devenir une gare-fantôme jusqu'à ce que la décision soit prise en 1977 d'en faire un musée du 19e siècle. Il est inauguré en 1986. Il présente toutes les formes d'expression artistique de 1848 à 1914.

Centre Georges Pompidou
Sur le plateau Beaubourg se dresse le centre Georges Pompidou, du nom du président de la République (1911–1974) qui avait eu l'initiative d'un centre culturel voué à la création artistique contemporaine. Les architectes ont réalisé un édifice d'une technique avant-garde. Un gigantesque parallélépipède déploie son ossature d'acier, ses parois de verre et ses couleurs franches. Le rejet à l'extérieur du bâtiment de tous les éléments porteurs, des escaliers, ascenseurs, escalators, galeries de circulation, des gaines de ventilation et de chauffage, des conduits d'eau et de gaz a permis de faire de chaque niveau un immense plateau de 7 500 m². Le centre abrite le musée national d'Art moderne.

18 TROIS JOURS À PARIS

Tour Eiffel
Le monument parisien le plus connu fut inauguré pendant l'Exposition Universelle de 1889. Son concepteur, Gustave Eiffel avait une rare hardiesse d'imagination: en dépit d'une charpente de 7 000 tonnes, d'une hauteur de 320,75 m, de 2 500 000 rivets … c'est un chef-d'œuvre de légèreté. On reste confondu quand on sait que la tour est plus légère que le cylindre d'air qui la circonscrit et que la pression qu'elle exerce au sol est celle d'un homme assis sur une chaise.

La Villette
La Villette est un espace qui regroupe sur 55 hectares la cité des Sciences et de l'Industrie, la cité de la Musique et le parc, avec la Grande Halle et le Zénith. La cité des Sciences et de l'Industrie, inaugurée en 1986, répond à un besoin croissant de compréhension de l'environnement scientifique et industriel. Le visiteur peut, à travers les mises en scène des industries et des sciences, s'amuser, découvrir et comprendre. La Géode, sphère de 36 m de diamètre posée sur un miroir d'eau, est une exceptionnelle salle de cinéma où se mêlent audace et perfection des formes.

Cathédrale Notre-Dame
Bien peu d'églises atteignent la perfection de Notre-Dame, le merveilleux équilibre de ses proportions, l'harmonie de sa façade, où se combinent pleins et vides, horizontales et verticales. C'est le plus bel édifice religieux de la capitale et un des sommets de l'art français. La construction commence en 1163; les travaux seront achevés vers 1300. La vue sur Paris que l'on a des tours de la cathédrale est superbe.

Forum des Halles

Les Halles centrales avaient été construites sous le Second Empire. En 1969, les installations, devenues vétustes et trop petites, ont été détruites et le marché transféré à Rungis. A l'Ouest s'étend maintenant un jardin composé de galeries végétales, de jeux pour enfants et d'un grand mail oblique. En sous-sol, un forum pour piétons, à 25 m de profondeur, bordé de boutiques est relié aux réseaux RATP. Au niveau jardin, au Nord et à l'Est du Forum, des constructions métalliques s'épanouissant en palmier, accueillent entre autres le Pavillon des Arts et la Maison de la Poésie.

Place de la Concorde

La place, octogonale, délimitée par un fossé qu'entourent des balustrades, mesure 84 000m^2; huit grands socles sont disposés aux angles pour recevoir des statues; des bâtiments jumeaux aux belles colonnades flanquent la rue Royale. Les travaux durent de 1755 à 1775. En 1792, la place prend le nom de place de la Révolution. Le 21 janvier 1793, la guillotine y est dressée pour l'exécution de Louis XVI. Le 'rasoir national' fait tomber plus de 1 340 têtes en deux ans. Le Directoire, pour oublier sa destination révolutionnaire, fera appeler la place place de la Concorde. L'Obélisque, qui vient du temple de Louksor, y est installé sous Louis-Philippe.

Michelin Paris, Vidéo Découvertes

2.2 Trouvez dans le texte:

a   l'endroit où on peut trouver le tombeau d'un ancien combattant.
b   un ancien palais des rois de France.
c   le nom d'un ancien président de la République qui a adopté le projet Grand Louvre et Pyramide.
d   une ancienne gare transformée en musée.
e   un ancien président de la République qui a donné son nom à un centre culturel voué à la création artistique contemporaine.
f   un ancien marché.
g   l'ancienne place de la Révolution.
h   une cathédrale ancienne.

> *Ancien:* former or old? In the grammar section, page 334, see the list of adjectives which change their meaning according to their position before of after a noun.

18 TROIS JOURS À PARIS

18 TROIS JOURS À PARIS

2.3 Quels sont les monuments aux formes suivantes? Trouvez-les dans le texte.

a   un cube évidé
b   une pyramide
c   un parallélépipède
d   un cylindre
e   une géode, une sphère
f   un octogone

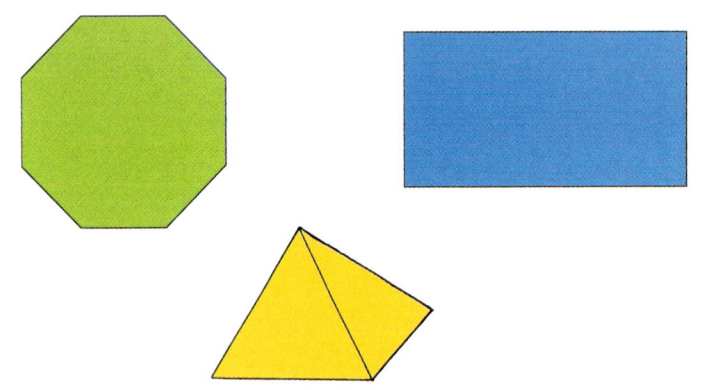

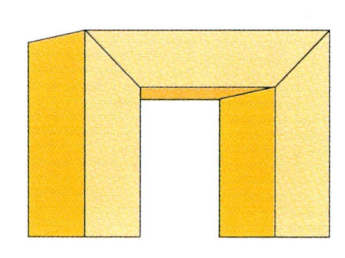

3   Une promenade dans Paris

3.1 Sur le document 1, écoutez quelqu'un qui propose un programme pour une journée à Paris. A la première écoute, suivez l'itinéraire sur le plan de Paris (on commence à l'arc de Triomphe). En même temps notez les étapes du circuit dont on parle. A la deuxième écoute, répondez aux questions suivantes.

- ✓ Du sommet de l'arc de Triomphe, qu'est-ce qu'on pourra voir?
- ✓ Pourquoi est-ce qu'on ne va pas entrer dans le musée du Louvre?
- ✓ Qu'est-ce qu'on va faire au Forum des Halles?
- ✓ Qu'est-ce qu'il y a à voir devant le centre Pompidou?
- ✓ Où est-ce qu'on va manger?
- ✓ Où est-ce qu'on va passer plusieurs heures?

3.2 Ecoutez le document 2, dans lequel cinq personnes parlent de ce qu'elles aiment faire à Paris. Notez d'abord les endroits dont elles parlent. A la deuxième écoute, notez ce qu'on peut voir et faire.

Finalement, indiquez à quel point chaque proposition vous intéresse en lui attribuant des étoiles:

**** *** ** *

l'endroit	ce qu'on peut faire et voir	les étoiles que vous attribuez

3.3 Si vous avez déjà visité Paris, parlez de ce qui vous a plu. Si vous connaissez des gens qui l'ont visité, demandez-leur ce qu'ils ont aimé.

4 Pour savoir ce qui se passe

4.1 Look at the contents page of Pariscope, the weekly guide to Paris.

What page would you look up if you wanted to find out about:

- *a* sporting events
- *b* swimming pools
- *c* circuses
- *d* restaurants open after midnight
- *e* new plays
- *f* operas
- *g* markets
- *h* world music concerts
- *i* exhibitions outside of Paris
- *j* auctions.

pariscope N° 1705

page 4 on en parle

page 6 théâtre
tête d'affiche : Lettres mortes
- nouvelles pièces 8
- nationaux 9
- autres salles 12
- hors-Paris 42
- liste des pièces 46
- cafés-théâtres 47
- chansonniers 52
- cabarets et dîners-spectacles 52

musique page 59
tête d'affiche : Alan Stivell
- concerts classiques 60
- musiques du monde 65
- opéras 66
- danse 67
- jazz-rock 68
- variétés 70

guide page 72
tête d'affiche : Rollerparc avenue
- **agendas** 74
  manèges, événements sportifs, salons et foires
- **sports et détente** 74
  bases de loisirs, billards, clubs sportifs, détente et loisirs, kartings, patinoires, piscines, randonnées, squash-tennis-golf
- **visites et promenades** 78
  parcs et jardins, zoos, monuments, marchés, croisières, promenades, parcs de loisirs, tourisme en autocar
- **conférences** 82
- **bonnes adresses** 199
  beauté-santé-forme, shopping, services, week-ends, clubs de loisirs, ventes aux enchères

page 85 cinéma
- coups de cœur, sommaire 85
- actus 86
- fiche technique 87

page 175 arts
tête d'affiche : Karel Appel
- expositions 176
- conférences dans les musées nationaux et de la Ville de Paris 177
- musées 185
- musées en Ile-de-France 192
- expositions hors-Paris 195

page 203 enfants
- spectacles 204
- théâtre classique, marionnettes 208
- cirques 209

page 210 gastronomie
restaurants
- par quartiers 213
- karaokés 214
- ouverts le dimanche 216
- ouverts après minuit 218
- memento 220
- par ordre alphabétique et par spécialités 234

page 236 traiteurs

page 239 paris la nuit
clubs et discothèques, bars, rencontres et loisirs, spectacles érotiques

page 248 radios fm

page 249 paris in english

www.pariscope.fr

18 TROIS JOURS À PARIS

159

18 TROIS JOURS À PARIS

> Il y a de nombreux sites Internet pour Paris. Le serveur officiel de la ville de Paris est www.paris-france.org. Là vous trouverez des liens à d'autres sites utiles. Les hébergements sont classés par arrondissement. Avant de consulter l'Internet, il est utile de savoir où vour aimeriez loger.

5 Trois jours à Paris

After all those preliminaries, you are now going to plan a three-day visit to Paris. Work in groups of three or four, and follow the guidelines given below. You can divide the tasks between you. Take ideas from the work you have already done above. Use the internet, or whatever means are at your disposal, to find out what you need in order to decide how you'll spend your time. Make your plan general or detailed, according to the time you wish to allocate to the project.

If you are planning a real visit to Paris, you may wish to do research on opening times, prices, public transport, restaurants, shows, cinema programmes, special events, and other practical information. If a school tour is planned, you might present your programme in printed form for members of the group. Enjoy the work!

5.1 D'abord, regardez le plan des arrondissements et des quartiers. Choisissez le quartier dans lequel vous aimeriez loger.

Les 27 quartiers

1. Trocadéro-Passy-Auteuil
2. Etoile-Champs-Elysées
3. Ternes-Villiers
4. Clichy-Montmartre-Pigalle
5. St-Lazare-Trinité
6. Gare de l'Est-Gare du Nord
7. République-Grands Boulevards
8. Concorde-Madeleine-Opéra
9. Halles-Louvre-Palais-Royal
10. Marais-Beaubourg
11. Bastille-Nation
11bis. Gare de Lyon-Bercy
12. Invalides-Champ-de-Mars
13. Montparnasse
14. St-Germain-des-Prés
15. Quartier Latin-St-Louis
16. Quais-Cité-Ile-St-Louis
17. Mouffelard-Gobelins
18. Vaugirard-Grenelle
19. Pte Champerret-Levallois
20. Pte Maillot-Neuilly
21. Pte St Claud-Boullogne
22. Pte de Versailles-Sévres
23. Denfert-Porte d'Orléans
24. Italie-Pte d'Ivry
25. Belleville-Pte de Bagnolet
26. Porte de la Villette-Pantin
27. Environs de Paris

Paris par quartiers.

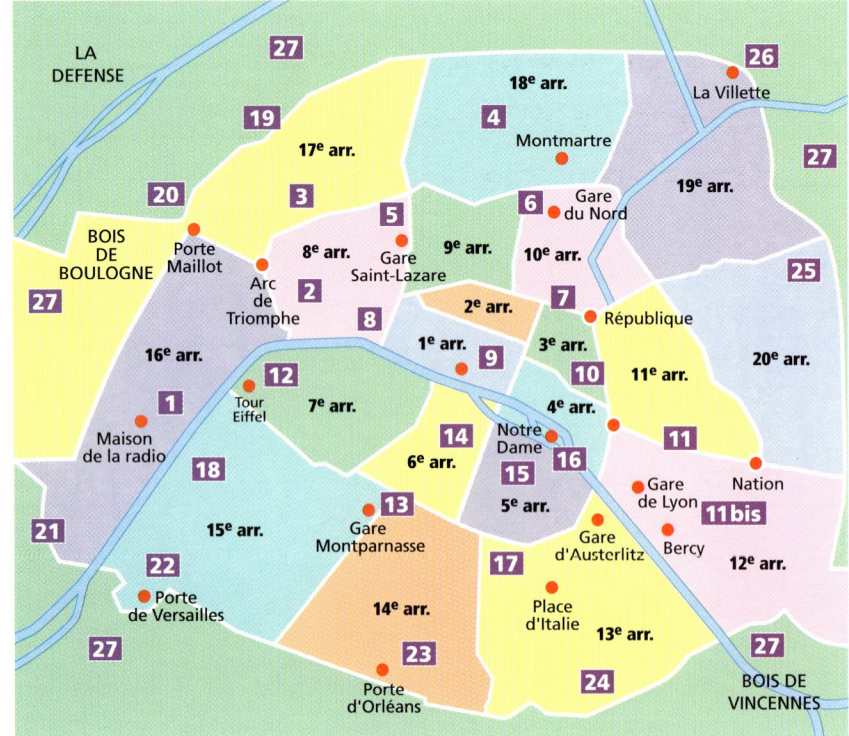

5.2 En consultant l'Internet, choisissez un hébergement (voir l'encadré) selon vos goûts et vos moyens financiers.

160

HEBERGEMENT

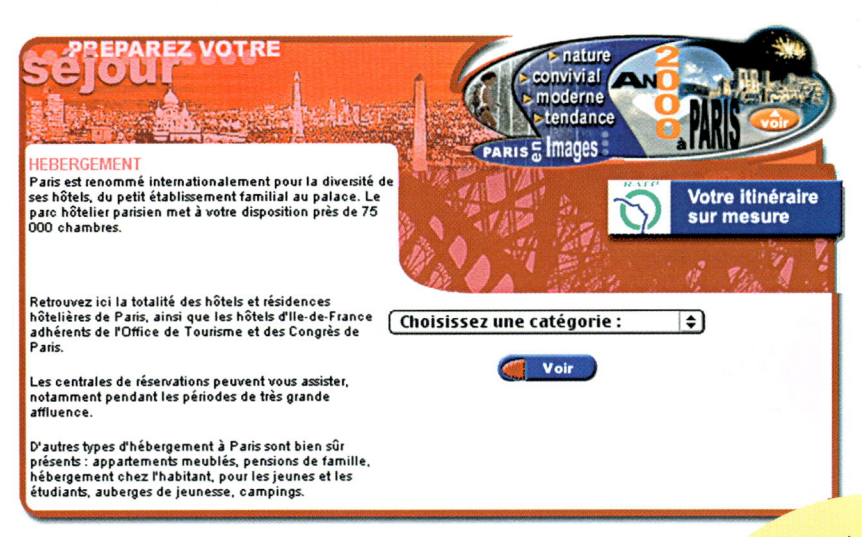

Paris est renommé internationalement pour la diversité de ses hôtels, du petit établissement familial au palace. Le parc hôtelier parisien met à votre disposition près de 75 000 chambres.

Retrouvez ici la totalité des hôtels et résidences hôtelières de Paris, ainsi que les hôtels d'Ile-de-France adhérents de l'Office de Tourisme et des Congrès de Paris.

Les centrales de réservations peuvent vous assister, notamment pendant les périodes de très grande affluence.

D'autres types d'hébergement à Paris sont bien sûr présents : appartements meublés, pensions de famille, hébergement chez l'habitant, pour les jeunes et les étudiants, auberges de jeunesse, campings.

> Underline the different types of accommodation mentioned.

> Si on ne loge pas au Ritz, moi j'y vais pas

5.3 Consultez le programme des événements, par exemple sur www.pariscope.fr, pour voir ce qu'il y a sous les rubriques qui vous intéressent.

5.4 Coordonnez votre programme, et présentez-le à l'oral devant votre classe.

6 Si on perd son passeport (mais il faut faire très attention à ne pas le perdre …)

6.1 Vous êtes à Paris en voyage scolaire. Vous avez perdu votre passeport. Imaginez les circonstances dans lesquelles ça s'est passé.

6.2 Ecoutez le document 3 pour savoir ce qu'il faut faire. Notez (a) le numéro de téléphone et (b) l'adresse de l'ambassade d'Irlande à Paris.

> J'ai paumé mon passeport

Now test yourself at www.my-etest.com

18 TROIS JOURS À PARIS

3 EN PLUS

1 L'amant de la Chine du nord

L'extrait ci-dessous est tiré du roman *L'amant de la Chine du nord* de Marguerite Duras (1991). Son expression cinématographique permet au lecteur de se faire des images très claires de ce qu'elle décrit. Le roman a été porté à l'écran, et le film s'intitule *L'amant*.

1   C'est une rue droite. Eclairée par des becs de gaz.
    Caillloutée, on dirait. Ancienne.
    Bordée d'arbres géants.
    Ancienne.

    De chaque côté de cette rue il y a des villas blanches à terrasses.
    Entourées de grilles et de parcs.

    C'est un poste de brousse au sud de l'Indochine française.
    C'est en 1930.
    C'est le quartier français.
    C'est une rue du quartier français.
    L'odeur de la nuit est celle du jasmin.
    Mêlée à celle fade et douce du fleuve.

    Devant nous quelqu'un marche […]
    C'est une très jeune fille, ou une enfant, peut-être. Ça a l'air de ça. Sa démarche est souple. Elle est pieds nus. Mince. Peut-être maigre. Les jambes … Oui … C'est ça … Une enfant. Déjà grande.
    Elle marche dans la direction du fleuve.

    Au bout de la rue, cette lumière jaune des lampes tempête, cette joie, ces appels, ces chants, ces rires, c'est en effet le fleuve. Le Mékong.
    C'est un village de jonques.
    C'est le commencement du Delta. De la fin du fleuve.

2 Près de la route, dans le parc qui la longe, cette musique qu'on entend est celle d'un bal. Elle arrive du parc de l'Administration générale. Un disque. Oublié sans doute, qui tourne dans le parc désert.

La fête du poste aurait donc été là, derrière la grille qui longe le parc. La musique du disque est celle d'une danse américaine à la mode depuis quelques mois.

La jeune fille oblique vers le parc, elle va voir le lieu de la fête derrière la grille. On la suit. On s'arrête face au parc. […]

La fête a dû finir tôt à cause de la chaleur. Reste ce disque oublié qui tourne dans un désert. […]

La jeune fille revient sur la route. Elle disparaît entre les arbres. Et puis la voici encore. Elle marche de nouveau vers le fleuve.

Elle est devant nous. On voit toujours mal son visage dans la lumière jaune de la rue. Il semble cependant que oui, qu'elle soit très jeune. Une enfant peut-être. De race blanche. […]

L'enfant sort de l'image. Elle quitte le champ de la caméra et celui de la fête.

La caméra balaie lentement ce qu'on vient de voir puis elle se retourne et repart dans la direction qu'a prise l'enfant. […]

C'est un portail.
C'est une cour d'école.
C'est la même nuit. La même enfant.
C'est une école. Le sol de la cour est en terre battue.
Il est nu et luisant, lissé par les pieds nus des enfants du poste.

C'est une école française. C'était écrit sur le portail: Ecole française de Filles de la Ville de Vinh-Long.

L'enfant ouvre le portail.
Le referme.
Traverse la cour vide.
Entre dans la maison de fonction.

On la perd de vue.
On reste dans la cour vide.

1   D'après les indices donnés dans la section 1, essayez de situer le lieu du récit sur la carte. Citez les expressions dans le texte qui vous permettent de le faire.

2   Dans la première section, deux quartiers sont évoqués, très différents l'un de l'autre. Relevez deux descriptions qui font ressortir le contraste entre ces deux quartiers.

3   La fille dans l'extrait est suivie par une caméra. Relevez la phrase qui montre que l'auteur se place derrière la caméra. (section 1)

4   Si l'extrait est plein de détails qui nous permettent de voir le lieu du récit dans notre imagination, relevez aussi:
    a   des parfums
    b   des sons.
    (sections 1 et 2)

5   Est-ce que vous sauriez dire l'âge de la fille? Relevez des phrases qui vous permettent de deviner.

6   In the passage, the girl is followed by a camera. As if you were beside the film maker, trace her route, from where we first see her to where she disappears from our sight.

2   Une Française née au Vietnam

Danièle Gallison was born in Vietnam, and spent her early childhood there. Listen to her account (document 1), and answer the questions below.

- ✓   When was Danièle born?
- ✓   After their years in Vietnam, where did her family move to? In what year?
- ✓   What was her father's job?
- ✓   Who were Lien and Amouilh?
- ✓   How did Amouilh's father help in the household?
- ✓   When Danièle's mother spoke in later years about that time in Vietnam, it was with a mixture of regret and nostalgia. What things preoccupied her and made her sad?

3   Indochine et Vietnam: une chronologie

A l'époque où la petite-fille de L'amant de la Chine du nord allait à l'école...

1   Vous avez lu deux textes qui se rapportent au Vietnam: le récit de Kim Phuc, dans l'unité *Retour sur image*, l'extrait du roman *L'amant de la Chine du nord*, et vous venez d'écouter le récit de Danièle Gallison.

Lisez la chronologie ci-dessous, et situez les trois documents sur le fond de ce qui se passait à l'époque où ils ont été vécus.

1860: La France commence à occuper l'Indochine.
1900: Elle domine la péninsule.
1920: Les premiers mouvements nationalistes voient le jour.
1929: Ho Chi Minh fonde le parti communiste d'Indochine.
1941: Il fonde le Viet Minh, ou la Ligue pour l'indépendance du Vietnam.
1945: Il lance une révolte, ses forces prennent contrôle, il déclare une république indépendante.
1954: La défaite de l'armée française à Dien Bien Phu marque la fin d'une lutte pour empêcher le retour des colons. Sous les accords de Genève, la France quitte le Vietnam, et les Viet Minh se retirent au nord du 17e parallèle. Le régime de Ngo Dinh Diem s'installe à Saïgon avec le soutien des Etats-Unis.
1960: Des opposants au régime de Saïgon montent une résistance. D'escalade en escalade, les Américains interviennent.
1969: Il y a 580 000 soldats américains au Vietnam, mais ils n'arrivent pas à défaire les forces communistes.
1975: La plupart des soldats américains ont été retirés. Saïgon (aujourd'hui Ho Chi Minh City) tombe. 70% des villages du Vietnam du Nord auront été détruits, 10 millions d'hectares de terres rendus inutilisables.
1976: Les deux parties du Vietnam sont réunies.

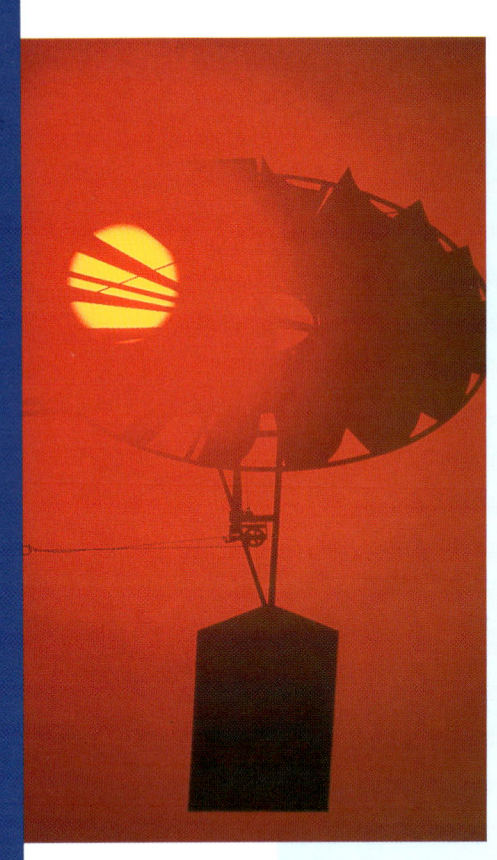

4 Energie

La France veut devenir clean

Plusieurs milliards sont investis dans la promotion des énergies renouvelables.

La France va-t-elle se convertir aux énergies propres pour produire son électricité? La consommation énergétique des Français est aujourd'hui à 75% nucléaire, à 15% renouvelable – soleil, vent, bois, et surtout barrages hydro-électriques – et, pour le reste, à bases d'énergies fossiles – pétrole, charbon et gaz.

Dans un bel élan collectif européen, notre pays veut porter la part du renouvelable à 22% d'ici à 2010. 'C'est un objectif très ambitieux car on ne peut plus construire de gros barrages en France, déclare Yves-Bruno Civel, de l'Observatoire des énergies renouvelables.

Un nucléaire intelligent?

On recourra donc aux petits barrages, à la biomasse (bois, etc.) et on devrait ériger assez d'éoliennes pour produire autant de courant sur un an que deux réacteurs nucléaires. Un programme sans précédent en France. Cependant, contrairement à ce que prétendent certains utopistes, les énergies renouvelables ne pourront pas, avant longtemps, offrir une alternative aux énergies fossiles ou au nucléaire, reconnaît Yves-Bruno Civel.

D'ailleurs, le nucléaire n'a pas dit son dernier mot. L'atome ne produit pas de gaz à effet de serre, rappellent ses défenseurs. C'est vrai, mais il crache de dangereux déchets radioactifs dont on ne sait que faire. 'Je ne peux pas hiérarchiser ces deux risques. C'est un débat idéologique', dit Benjamin Dessus, du CNRS, co-auteur d'une *Etude économique prospective de la filière électrique nucléaire*.

Il déplore le déséquilibre entre les précautions prises face au risque climatique et l'absence d'efforts face aux déchets nucléaires. 'Je ne réclame pas l'arrêt pur et simple du nucléaire, mais un nucléaire plus intelligent, pour que chaque kWh génère moins de déchets, en attendant de trouver une solution définitive', dit-il.

Des années de laisser-aller

La France n'aura pas besoin de remplacer son parc nucléaire avant dix ou quinze ans. Le pays dispose donc d'une marge de manœuvre précieuse pour les choix à venir. Une marge renforcée par un vaste plan d'économies d'énergie lancé cet hiver, après des années de laisser-aller dues à un pétrole bon marché et une nette surproduction électronucléaire. Pour peser sur ces choix, le bras de fer entre nucléocrates et écolos n'est pas terminé.

F.N.

Phosphore, janvier 2001

1 Quelles sont les trois catégories de consommation énergétique mentionnées dans le premier paragraphe?

2a Relevez la phrase qui indique que la France n'est pas le seul pays qui a pour objectif d'augmenter la part du renouvelable. (paragraphe 2)

2b Cet objectif sera difficile à atteindre. Pourquoi?

3 Selon Yves-Bruno Civel, les énergies renouvelables:
   a offrent
   b pourront offrir, à long terme
   c ne pourront jamais offrir
   une alternative aux énergies fossiles ou au nucléaire.

4a Relevez l'argument principal (a) pour et (b) contre le nucléaire.

4b Face au problème des déchets nucléaires, que propose Benjamin Dessus?

5 Quelle est la 'marge de manœuvre' dont la France dispose?

6 *Le bras de fer entre nucléocrates et écolos n'est pas terminé.* What are the challenges faced by the *écolo* (ecology) camp, according to the article?

5 Le temps aujourd'hui, région par région

1 Listen to document 2 and say whether the following statements are true or false:

   a In Brittany it will be very cloudy with heavy rain.
   b In Picardy and the Ile-de-France there will be freezing fog.
   c In the north-east and Burgundy, the morning will be sunny.
   d In Poitou-Charentes and the Limousin region, there will be no sunshine.

3 EN PLUS

　　　e　In Aquitaine and the Pyrenees there will be light snowfalls above 900 metres.
　　　f　In Auvergne and the Rhône-Alps region, it will rain in the morning.
　　　g　On the Mediterranean coast and in Corsica, the weather will be mostly fine.

2　Listen to document 2 again, and fill in the maximum temperatures beside the towns marked on the map.

6　Une journée à la Cité

1　Si vous allez à la Cité des Sciences, vous irez sans doute voir l'exposition permanente Explora. Dans la liste ci-dessous vous voyez les thèmes de quelques sections d'Explora.

Sur le document 3, écoutez huit descriptions. A chaque fois, indiquez de quelle section d'Explora on parle en inscrivant le bon chiffre (1 à 8) dans la bonne case.

☐ Les sons
☐ Jeux de lumière
☐ Espace
☐ Océan
☐ Les coulisses de l'eau
☐ La serre
☐ Mathématiques
☐ Etoiles et galaxies

2 Ecoutez le document 1 encore une fois, et pour chaque section ci-dessus, notez au moins une chose que vous pourriez explorer en la visitant.

7 Le temple de l'éclate démocratique

Usine à danse, le Métropolis attire des milliers de jeunes Franciliens. Ringard? Moins qu'on ne l'imagine. Mais très sage.
Pour y aller, il vous faut une voiture même si vous habitez à un kilomètre. Posé au milieu d'un enchevêtrement d'échangeurs et de bretelles, le Métropolis est inaccessible autrement que par la route. Le Métropolis? A un jet de poireau des hangars de Rungis et tout près de l'aéroport d'Orly, enjambant l'autoroute, c'est tout simplement la plus grande boîte de nuit de l'Ile-de-France. Et c'est bondé chaque fin de semaine.

Passé minuit, la file d'attente devant l'entrée s'étire interminablement. Le parking n'étant pas assez grand pour recevoir toutes les voitures, l'hôtel Campanile et la station service voisine font office de garage temporaire. Tout le monde patiente en ordre, juste un peu excité. Les néons immenses scandant le nom de la boîte en jaune et bleu se reflètent sur les images. No stress: ici, tout le monde pourra entrer, ou presque. Pas de guest list ou de carré VIP, comme dans les boîtes *branchées* parisiennes. Ce n'est pas la politique de la maison. Du reste, ne vous attendez pas à croiser quelque célébrité: il n'y en a pas. Le Métropolis, c'est le temple démocratique de l'éclate du week-end.

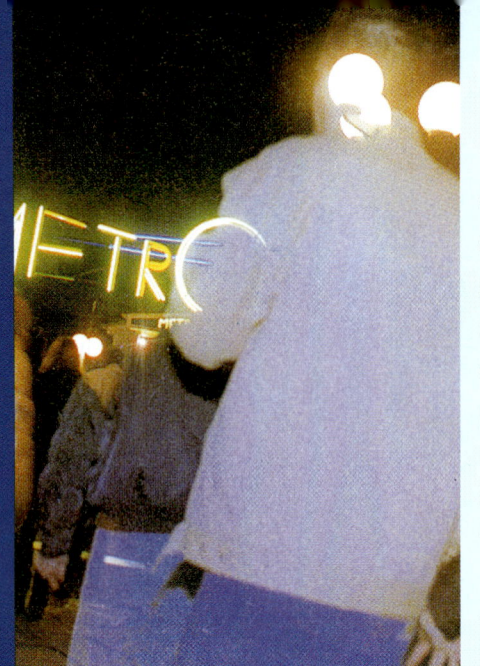

Jean-Luc, le patron en *costard* ultra-classe accueille lui-même les arrivants, entouré d'une demi-douzaine de *sbires* taillés comme des frigos américains. Pas question de *jouer au mariole* devant ces gros durs … Franchi la caisse et le vestiaire (martial mais efficace), vous pénétrez enfin dans le saint des saints, la grande salle du Métropolis. Et là, surprise. Le Métropolis n'est pas une boîte *ringarde* avec musique eighties et *bourrins* venus en 205 GTI assister à l'élection de Miss T-shirt mouillé sur fond de danse de canards. Malgré ses vingt-six ans d'existence, l'endroit a su s'adapter à son époque. La clientèle est majoritairement jeune, des Blancs, des Blacks et des Beurs entre 18 et 25 ans, habitant les alentours ou venant parfois de Paris.[…] La musique revisite tous les standards de la French touch. Trois bars, deux pistes, un toit ouvrant pour les chaudes soirées estivales, un lightshow sophistiqué. […] Des escaliers conduisent aux autres salles de ce Disneyland de la nuit: une salle pour le rap et le r'n'b, une pour la salsa, une troisième pour les 'succès immortels' … Dans cette dernière, fréquentée par une clientèle plus âgée, il est interdit d'entrer sans chemise et en baskets. *Pour durer, on doit respecter un certain nombre de règles et une tenue vestimentaire correcte en fait partie,* assure Jean-Luc. Du reste, au Métropolis, tout est clean. Jusqu'aux toilettes entretenues par une armée de dames pipi. A la sortie, des tests d'alcoolémie sont même proposés aux conducteurs qui auraient trop forcé sur le 'mètre tequila' (qui consiste à s'enfiler un mètre de verres de tequila), la spécialité de la maison. Alors, trop sage, le Métropolis?

Jérôme Dion
Rue du Pont-des-Halles, Pondorly, à Rungis (94): 01-46-86-86-66.
Le Nouvel Observateur, 10-16 mai, 2001.

S'éclater: s'amuser, se divertir sans retenue (familier)

1 On vous pose les trois questions suivantes. Qu'est-ce que vous répondez? (paragraphes 1 et 2)
C'est où exactement, le Métropolis? On peut y aller par le bus? Il y a un parking alors?

2 Relevez les expressions qui font ressortir la différence entre le Métropolis et les boîtes branchées de Paris. (paragraphe 2)

3 Faites correspondre les définitions ci-dessous aux mots d'argot en italiques dans le texte.
   a personne stupide
   b homme de main (péjoratif)
   c à la mode
   d faire le malin
   e costume
   f démodée

4 Relevez l'image que l'auteur se fait d'une boîte ringarde. (paragraphe 3)

5 Quelle tenue vestimentaire est de rigueur dans la salle 'succès immortels'?

6 If you were in Paris, would you go to the Métropolis? Refer to the article as you give your reasons.

7 Rédigez un article sur une boîte que vous connaissez en Irlande. (90 mots environ)

8 Chanson de la Seine

La Seine a de la chance
Elle n'a pas de soucis
Elle se la coule douce
Le jour comme la nuit
Et elle sort de sa source
Tout doucement sans bruit
Et sans se faire de mousse
Sans sortir de son lit
Elle s'en va vers la mer
En passant par Paris

La Seine a de la chance
Elle n'a pas de soucis
Et quand elle se promène
Tout le long de ses quais
Avec sa belle robe verte
Et ses lumières dorées
Notre Dame jalouse
Immobile et sévère
La regarde de travers

Mais la Seine s'en balance
Elle n'a pas de soucis
Elle se la coule douce
Le jour comme la nuit
Et s'en va vers le Havre
Et s'en va vers la mer
En passant comme un rêve
Au milieu des mystères
Des misères de Paris.

Jacques Prévert

9 Pour faire un échange en France

Vous voulez faire un échange avec un(e) jeune Français(e) cet été. L'agence à laquelle vous vous êtes adressé vous envoie cette fiche de demande. Remplissez-la:

Nom de famille: .... Prénom: ....

Nationalité: ....

Adresse: ....

No. de téléphone: ....

E-mail: ....

Date de naissance: ....

Profession des parents: ....

Situation de famille des parents: ....

Y aura-t-il un adulte à la maison pendant la journée? ....

Vous habitez:

☐ une maison   ☐ un appartement   ☐ en ville   ☐ à la campagne

No. de frères et de sœurs et leur âge: ....

Langues que vous étudiez à l'école: ....

Vos passe-temps préférés: ....

....

....

Votre caractère: ....

....

....

Les activités culturelles et sportives que votre partenaire pourra faire:

....

....

....

19 VITICULTURE

1 La carte viticole

173

19 VITICULTURE

Sur la carte de la France, numérotez (avec 1(a), 1(b), etc.) les régions qui correspondent aux descriptions suivantes:

1. On peut diviser le vignoble de Bordeaux de la façon suivante:
    - a le Médoc: rive gauche de la Gironde
    - b les Graves: rive gauche de la Garonne
    - c le Libournais: rive droite de la Garonne
    - d l'Entre-Deux-Mers: entre Garonne et Dordogne

2. La Bourgogne se divise en cinq régions:
    - a Chablis et Yonne: isolés au nord-ouest à proximité d'Auxerre
    - b La Côte d'Or: une bande étroite située entre Dijon et Chagny avec Beaune au centre
    - c La Côte chalonnaise: prolonge la Côte d'Or vers le sud
    - d Le Mâconnais: plus méridional
    - e Le Beaujolais: du sud de Mâcon aux monts du Lyonnais

3. Champagne: le vignoble s'étend principalement sur les départements de l'Aisne et de l'Aube, avec Reims au nord et Epernay au centre.

4. Alsace: c'est le vignoble le plus septentrional. Il s'étend au long de la plaine rhénane entre Strasbourg, Colmar et Mulhouse au pied des Vosges.

5. Jura-Savoie: le vignoble du Jura se répartit par îlots à l'est de la Bourgogne au pied du premier plateau jurassien.

6. Vallée de la Loire: le vignoble accompagne la Loire et ses affluents, de sa source à son embouchure.

7. Les Côtes du Rhône septentrionales: au nord et à l'est de Valence

8. Les Côtes du Rhône méridionales: au sud de Valence

9. Languedoc-Roussillon: c'est un vaste vignoble, le plus important du monde, ouvert largement sur le golfe du Lion.

10. Provence-Corse: le vignoble s'étend au-delà et à l'est du Rhône à proximité du littoral méditerranéen.

11. Le Sud-Ouest: il existe une mosaïque de vignobles entre Bordelais et Languedoc-Roussillon.

2 Vocabulaire

2.1 Faites correspondre les mots à gauche et les définitions à droite ci-dessous:

vigne (f)	terre plantée de vignes
vigneron (m), viticulteur (m)	boisson obtenue par fermentation du jus de raisin
vignoble (m)	relatif à la culture de la vigne, à la production du vin
vin (m)	culture de la vigne
vinicole, viticole	plante cultivée pour son fruit, le raisin
viticulture (f)	quelqu'un qui cultive la vigne pour la production du vin

Vous trouverez dans votre dictionnaire d'autres mots dans le même domaine qui commencent par *vin*

2.2 Lesquels des éléments suivants trouvez-vous sur le dessin? Indiquez-les.

pied (m) **de vigne**
plaie (f) **de la taille**
bourgeon (m)
fleur (f)
grappe (f)
raisin (m)
palissage (m)
sol (m)
feuille (f)
sarment (m)
racine (f)
souche (f)

19 VITICULTURE

19 VITICULTURE

3 Le calendrier viticole

3.1 Lisez le texte suivant. Ensuite inscrivez les étapes du cycle végétatif de la vigne (les mots en italiques) dans le tableau.

Le cycle végétatif

La vigne ne peut se développer que si elle connaît un repos l'hiver. Son cycle végétatif se renouvelle de façon identique dans tous les vignobles du monde. Dans l'hémisphère sud, les saisons sont inversées. Dans notre hémisphère - l'hémisphère nord - la vigne s'éveille au début du printemps. A mi-février la sève monte et s'échappe par les plaies de taille (on appelle ça les *pleurs*)

Après, en mars, c'est le *débourrement*, ou l'ouverture des bourgeons.

Deux mois après le débourrement, la *floraison* et la *fécondation* ont lieu simultanément.

Les baies (grappes) se forment: c'est la *nouaison*.

Au mois d'août, les baies commencent à changer de couleur: c'est la *véraison*.

La maturation s'étend du mois d'août au mois d'octobre: le raisin grossit, la couleur s'affine, les sucres augmentent et l'acidité diminue.

Pendant trois mois, à partir de la véraison, c'est l'*aoûtement*.

La plante constitue ses réserves pour le cycle suivant.

Les feuilles tombent à la mi-novembre: la *chute des feuilles* marque le début du *repos végétatif* qui durera jusqu'à la montée de la sève au printemps.

le cycle végétatif	les mois	les travaux de la vigne
	janvier	
	février	
	mars	
	avril	
	mai	
	juin	
	juillet	
	août	
	septembre	
	octobre	
	novembre	
	décembre	

3.2 Ci-dessous, lisez la liste des travaux de la vigne. Ecoutez le document 1, et notez les mois pendant lesquels ces travaux se font. Ensuite, inscrivez les travaux dans le calendrier ci-dessus, à l'endroit qui convient.

1. Faire les labours
2. Remettre en état le palissage
3. Faire les vendanges
4. Tailler la vigne
5. Planter de jeunes vignes
6. Mettre de l'engrais
7. Traiter la vigne

3.3 A partir de ce que vous avez inscrit dans le tableau à la page 176, faites des phrases pour décrire les travaux de la vigne au cours de l'année.

Exemple:
En janvier et février, on taille (les sarments de) la vigne.

3.4 Now describe some of these activities in another way, by using the nouns which correspond to the verbs above. Fill in the blanks:

En …	, c'est la …	des jeunes vignes.
En …	, c'est la …	en état du palissage.
En …	, c'est les …	contre les maladies.
En …	, c'est la …	des sarments.
En …	, c'est les vendanges.	
En …	, c'est les labours.	

Check your answers by looking at the transcript.

4 Les autres cultures, et leurs travaux

4.1 Pour chaque définition, trouvez dans l'encadré en dessous la culture qui lui correspond.

a le **travail** de la terre; exploitation du milieu naturel permettant la production des végétaux et des animaux nécessaires à l'homme: ………………

19 VITICULTURE

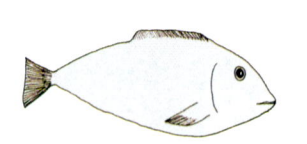

b   l'**élevage** des abeilles en vue de récolter le miel et la cire: ………

c   l'ensemble des activités qui ont pour objet l'**élevage**, le conditionnement, la transformation et la commercialisation des êtres vivants aquatiques (animaux et végétaux): ………………

d   la **culture** des arbres: ………………………

e   l'**élevage** des oiseaux et de la volaille: ……………………

f   l'art de cultiver des jardins: ………………………

g   l'**élevage** des huîtres: ………………………

h   l'**élevage** des poissons comestibles: ………………………

i   l'**élevage** des vers à soie; la production de la soie: ………

les cultures	les métiers
l'apiculture	………………………
la sériciculture	………………………
l'aviculture	………………………
l'horticulture	………………………
la pisciculture	………………………
l'ostréiculture	………………………
l'arboriculture/la sylviculture	………………………
l'aquaculture	………………………
l'agriculture	………………………

4.2 Dans votre dictionnaire, cherchez les noms de métiers qui correspondent aux différentes cultures ci-dessus, et inscrivez-les dans l'encadré.

4.3 Trouvez le verbe qui correspond à chaque nom en caractères gras dans les définitions **a** à **i** ci-dessus.

4.4 Faites la définition de chaque métier, comme dans l'exemple.

Exemple:
Un horticulteur, c'est quelqu'un qui cultive des jardins.
ou
Un horticulteur, c'est quelqu'un qui pratique l'horticulture.

4.5 Renseignez-vous, et sur le modèle du calendrier des travaux de la vigne dans la section 3, faites le calendrier d'une des autres cultures.

5 Jobs

Les petits boulots: travailleur agricole

Pour les costauds

Vendanges, cueillette des fraises ou des framboises, melons, maïs, tabac … Le choix est large et la plupart des jobs se trouvent de juin à septembre. C'est un des rares secteurs où les jeunes de moins de 16 ans peuvent gagner un peu d'argent de poche. Dans de nombreux cas, vous logerez sur place, en communauté, avec sur la table des produits de la ferme, mais le soleil est chaud et le sol est bas. Vous serez payé au *Smic, ou au rendement (attention arnaque!) et vous serez parfois logé et nourri.

Contacts:
- Les directions départementales ou régionales de l'Agriculture
- Les *ANPE des régions fortement agricoles:
  Montélimar pour les cerises, tel: 04 75 00 71 80
  Romans pour les pêches, tel: 04 75 02 08 06
  Riom pour le maïs, tel: 04 73 38 09 58
  Pierrelatte pour les fruits, tel: 04 75 04 31 32
- Pour les vendanges, s'adresser à Jeunesse et Reconstruction, 10 rue de Trévisse, 75009 Paris ou *volontariat.org*

Phosphore (www.phosphore.com)
* le S.M.I.C.: Salaire Minimum Interprofessionnel de Croissance
ANPE: Agence Nationale pour l'Emploi

5.1 Lisez attentivement l'article ci-dessus. Dans le document 2, vous entendrez huit questions. Chaque question est suivie d'une pause. Tout en consultant l'article, répondez aux questions pendant les pauses.

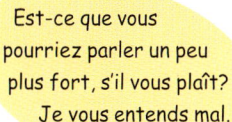

Est-ce que vous pourriez parler un peu plus fort, s'il vous plaît? Je vous entends mal.

5.2 A deux, jouez les questions-réponses (vous pouvez lire les questions dans la transcription). Incorporez les éléments suivants dans votre dialogue:

Je ne vous | entends / comprends | pas très bien.

Pourriez-vous | parler plus fort / parler plus lentement / répéter la question | s'il vous plaît?

VITICULTURE

19 VITICULTURE

5.3 Ci-dessous, il y a des extraits de la fiche d'inscription de Jeunesse et Reconstruction (disponible sur le site *volontariat.org*). Remplissez-les, en français.

FICHE D'INSCRIPTION   VOLUNTEER EXCHANGE FORM © JR2000

*Nom / Name	_____	*Prénom / First name	_____
*Addresse	_____	*né(e) le / Date of birth	_____
*Adresse	_____	*Sexe / Sex	_____
*Ville / City	_____	*Téléphone / Phone	_____
*Code Postal / Zip	_____	Portable / Mobil	_____
*Pays / Country	_____	*Disponible / available	
*E-mail	_____	*du / from _____ *au / to _____	
No de passeport	_____	*Nationalité / nationality	_____
*Profession / Occupation	_____	*né à / birthplace	_____
*Contact en cas d'urgence	_____	*Téléphone / Phone	_____

Langues parlées / languages spoken

maternelle / mother tongue _____

	bien / speak well	moyen / speak some	peu / understand
Anglais	☐	☐	☐
Allemand	☐	☐	☐
Espagnol	☐	☐	☐
Autre / other	☐	☐	☐

formation/connaissance / general skills _____

expérience chantiers et/ou volontariat / previous experience _____

besoins particuliers, problème de santé / remarks, needs _____

Comment vous avez connu J & R _____

Inscrivez par ordre de préférence les pays ou chantiers (obligatoirement 3 choix)
give the workcamp choices according to preference (3 minimum)

1. _____ nom _____
2. _____ nom _____
3. _____ nom _____

le plus important pour vous / more important :
- le projet / project
- le pays / country
- le travail / work

si ces 3 chantiers étaient complets; souhaitez-vous être inscrit(e) sur un autre projet? / book other camp if full? ☐

☐ Non / no   pays / country _____

type de travail à numéroter par ordre de préférence / type of work most preferred:

construction	☐	environnement	☐	nettoyage de rivière / river	☐
archéologie / archeology	☐	chantier à thème / theme camp	☐	avec enfants / children	☐
long term	☐	travaux agricole / agricultural	☐	remarques	☐

Inscription à <u>jumeler</u> avec celle de: _____

le non respect de votre souhait ne peut être une cause de <u>désistement</u> de votre part

5.4 A l'aide des notes ci-dessous, rédigez un paragraphe pour parler du travail de la vendange. A la place des mots en caractères gras, vous pouvez utiliser les verbes qui correspondent, à la forme qui convient.

> saison des vendanges: septembre/octobre (pas tous les ans aux mêmes dates)
> heures de **travail**: entre 8 et 9 heures par jour, 7 jours par semaine
> **durée** du séjour: de 8 à 10 jours, ou 15 jours les bonnes années
> **hébergement** et **nourriture**: en général chez le vigneron
> **rémunération**: au SMIC
> ambiance: en général bonne et conviviale

To follow up

If you know people who do any of the kinds of work mentioned in this unit, include descriptions of their work in your diary.

Now test yourself at www.my-etest.com

20 APRÈS L'ÉCOLE?

1 Travailler, mais dans quel domaine?

1.1 Lisez la liste ci-dessous. Si vous trouvez qu'elle a des domaines qui manquent, ajoutez-les à la liste.

Est-ce que vous savez déjà dans quel domaine vous aimeriez travailler plus tard? Nommez vos préférences de 1 à 3. Nommez aussi un domaine dans lequel vous n'aimeriez pas du tout travailler.

Les domaines du travail:
l'agriculture
l'hôtellerie
la restauration
le commerce
la politique
l'enseignement
la puériculture
le génie
le bâtiment
le vêtement
le cosmétique
les soins de beauté
la musique
les soins thérapeutiques
le transport
le droit
les sciences
l'économie
les lettres
la technologie
les services sociaux
la biotechnologie
les langues
l'artisanat
les beaux-arts
le tourisme
la médecine
l'administration
la gestion
la fonction publique
les médias
l'agro-alimentaire
l'environnement
les communications
le journalisme
la sylviculture
l'œnologie
le cinéma
le théâtre
l'informatique
et encore …!

Glossaire des sigles/abréviations que vous trouverez dans cette unité:

SVT	sciences de la vie et de la terre
BTS	brevet de technicien supérieur
DESS	diplôme d'études supérieures spécialisées
CDD	contrat à durée déterminée
VIH	virus immuno-déficitaire humain (HIV)
SIDA	syndrome immuno-déficitaire acquis (AIDS)
CV	curriculum vitae
H/F	hommes/femmes
BAFA	Brevet d'aptitude à la fonction d'animateur
RDV	rendez-vous

	domaine	métier(s) dans ce domaine qu'ils souhaitent pratiquer	projets	critères/ expériences qui ont influencé leur choix
Alain				
Thérèse				
Sylvain				
Pierre				
Valérie				

1.2 Sur le document 1, écoutez cinq jeunes qui parlent de leurs souhaits. Notez leurs réponses dans la grille.

1.3 Et vous? Comme les jeunes gens que vous venez d'écouter, parlez de vos souhaits et de vos projets, et de ce qui vous a influencé dans vos choix.

Vous pouvez utiliser les expressions suivantes (toutes seront suivies d'un verbe à l'infinitif):

Je (ne)vais (pas) …

J'aimerais …

Je voudrais …

J'espère …

Je n'ai pas encore décidé ce que je vais …

J'ai envie de …

Je vais peut-être …

2 Les métiers du multimédia

Des nouveaux métiers
Le multimédia génère des métiers dans le domaine d'Internet, des jeux vidéo, de la création et de l'exploitation de logiciels ou dans la 'net-économie'.

Les créatifs
Directeur artistique: il est responsable de la présentation artistique d'un site ou d'un CD-Rom et coordonne le travail des graphistes.

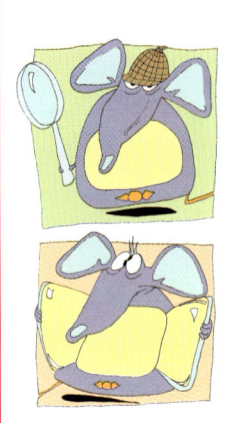

Graphiste 3D: il élabore l'architecture des décors ou des éléments évoluant dans un univers en trois dimensions, habille ses structures et les anime dans un CD-Rom de jeu ou pour une visite virtuelle sur Internet par exemple.

Infographiste: il crée des éléments graphiques pour des sites Web ou les logiciels, sous la direction du directeur artistique.

Ergonome: il participe au design des sites ou des logiciels pour en améliorer la convivialité et en faciliter l'utilisation. Il doit devancer les réactions des utilisateurs.

Les techniciens

Développeur: il maîtrise les langages informatiques (C++, ASP, etc.) pour construire et modifier des programmes de logiciels, bases de données, etc.

Architecte de réseau: il gère les serveurs informatiques des sites qui accueillent des milliers d'internautes.

Intégrateur HTML: il traduit les textes, les images et les sons en langage informatique pour les intégrer à un site Web.

Les gestionnaires

Directeur de production: pour un CD-Rom, c'est l'équivalent du producteur au cinéma qui recherche des partenaires financiers. Pour un site, il supervise les chefs de projets.

Chef de projet: il est l'homme orchestre de la création d'un site ou d'un CD-Rom, assure le planning et gère le budget. Il maîtrise généralement assez bien les outils informatiques.

Webmaster: il peut créer de petits sites, mais il est de plus en plus en charge de la maintenance, de la gestion et de l'entretien.

Les 'équipiers'

Testeur: il est chargé de débusquer les bugs et les erreurs de programmation des sites, des logiciels, les problèmes dans les jeux.

Net surfeur: il surfe sur le Net pour trouver de nouveaux sites pour les annuaires des portails ou des hébergeurs, ou pour approvisionner certains sites spécialisés.

Animateur Web: il doit animer par exemple un site de chat ou un forum de discussion ou toute autre communauté virtuelle.

Les Clés de l'Actualité, du 16 au 22 novembre 2000

2.1 Vous allez travailler dans le multimédia. Choisissez le métier ci-dessus qui vous conviendrait le plus.

2.2 Travaillez à deux ou en petits groupes. Choisissez un autre domaine. D'abord dressez une liste de métiers de ce domaine. Ensuite, faites le profil de chaque métier de votre liste. Il suffit d'une ou deux phrases pour décrire le travail, comme dans le document ci-dessus.

> Note the following expressions in the article *Les métiers du multimédia*:
> Il est responsable de …
> Il doit …
> Il est l'homme orchestre de …
> Il peut …
> Il est chargé de …

3 Les métiers de la biologie

3.1 Lisez le paragraphe ci-dessous:

> La biologie et les biologistes sont dans de nombreux secteurs d'activités: agriculture, santé, agro-alimentaire, chimie, environnement, énergie, cosmétique … Pour autant, les métiers de la biologie (et notamment ceux de la recherche) attirent beaucoup plus de candidats qu'il n'existe de débouchés. D'où les difficultés à trouver un emploi pour les diplômés. Certains deviendront informaticiens ou accepteront des emplois sous-qualifiés. Les autres devront être patients et multiplier les stages, les expériences, les contrats à durée déterminée. Et adapter leurs ambitions en choisissant des professions nécessitant une compétence en biologie. C'est le cas par exemple des profs de SVT (sciences de la vie et de la terre), des journalistes de revues spécialisées dans la bio ou des chargés de communication d'entreprises évoluant dans l'univers bio (pharmacie, agro-alimentaire, etc.)

20
APRÈS L'ÉCOLE?

20 APRÈS L'ÉCOLE?

3.2 En vous basant sur les informations données dans le paragraphe que vous venez de lire, complétez les réponses dans l'interview suivante.

- *Vous pensez faire des études de biologie?*
- Oui, c'est ça. J'espère avoir une place, soit à l'université, soit dans un institut de technologie, pour l'année prochaine.
- *Après vos études, vous aurez un grand nombre de possibilités. On trouve des biologistes dans beaucoup de secteurs.*
- Oui, il y a des possibilités dans …
- *Je crois quand même que malgré toutes ces possibilités, il n'est pas toujours facile pour un diplômé de trouver un emploi.*
- C'est vrai. C'est parce que …
- *Alors quelles sont les solutions pour ceux qui ne trouvent pas tout de suite un emploi dans un des secteurs dont vous avez parlé?*
- On peut …

> Rappel! On peut (du verbe *pouvoir*) est toujours suivi d'un verbe à l'infinitif.

3.3 Lisez le portrait de Laurent Vermet, et suivez les étapes de ses études dans le tableau ci-dessous.

DOCTORAT
recherche + 3 ans environ

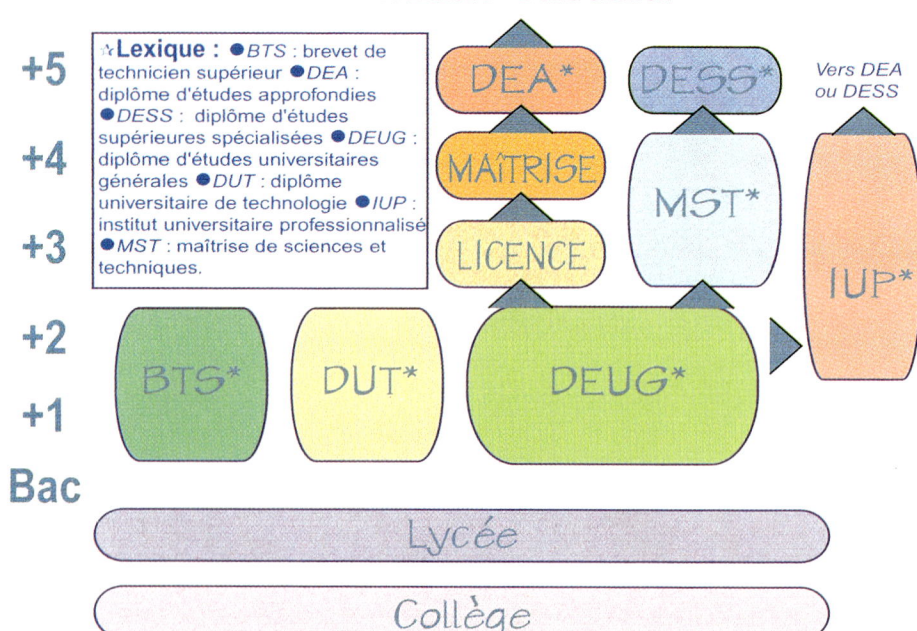

+5 DEA*   DESS*   Vers DEA ou DESS
+4 MAÎTRISE   MST*
+3 LICENCE
+2 BTS*   DUT*   DEUG*   IUP*
+1
Bac

Lycée

Collège

Lexique : ●*BTS* : brevet de technicien supérieur ●*DEA* : diplôme d'études approfondies ●*DESS* : diplôme d'études supérieures spécialisées ●*DEUG* : diplôme d'études universitaires générales ●*DUT* : diplôme universitaire de technologie ●*IUP* : institut universitaire professionnalisé ●*MST* : maîtrise de sciences et techniques.

Portrait: Laurent Vermet, 27 ans
Passionné par les sciences de la vie et ne souhaitant pas entreprendre de longues études, Laurent s'inscrit en BTS Analyses Biologiques. Et là c'est le coup de foudre pour l'immunologie (étude du système immunitaire). Cap sur la fac

où trois années plus tard il décroche un DESS en immunotechnologie. Après son service national dans un labo de l'armée et un CDD (contrat à durée déterminée) dans un autre labo, il est aujourd'hui ingénieur d'études dans un laboratoire spécialisé en immunologie. 'Je fais le même travail qu'un chercheur qui est en doctorat, explique Laurent. On m'a confié un sujet et je l'explore.' Et pas n'importe lequel puisque Laurent a rejoint une équipe qui planche sur un programme de recherches concernant un vaccin contre le VIH (SIDA). 'On est très loin du vaccin mais l'aspect théorique de ce type de recherches me plaît beaucoup. Et travailler sur un tel thème pourrait déboucher sur quelque chose de concret qui concerne des millions de personnes est passionnant.'

Textes: Antoine Masson
Les Clés de l'Actualité, novembre 2000

En vous basant sur les informations dans le paragraphe ci-dessus, dressez le CV de Laurent.

CURRICULUM VITAE

Nom ....

*Date de Naissance ....

**Formation ....

***Expérience ....

*Guess the date: assume he is now 27 years old. He left school, say, at 18. You know by looking at the diagram how long his studies took. His national service was for one year. (French people no longer have to do military or national service, as they did in the past.)

**Ses diplômes, en commençant par le plus récent.

***Ses trois emplois, en commençant par le plus récent. Mentionnez le programme sur lequel il travaille en ce moment.

3.4 Faites avancer la montre, et imaginez-vous dans dix ans (quand vous aurez à peu près le même âge que Laurent). Dressez votre CV.

4 Pour faire une demande d'emploi

Offres d'emploi

Loisirs-tourisme
Organisme international de séjours linguistiques recherche pour accompagner des groupes de jeunes:
Accompagnateurs-Convoyeurs
(H/F), minimum 20 ans, résidant à Paris ou très proche banlieue, parlant anglais et/ou allemand, excellente présentation, libre en juillet et/ou août, BAFA apprécié.
Envoyer CV, lettre et photo sous références CONV/LIB à: LEC (service convoyeurs) 89 avenue de Villiers, 75017 Paris.

Audiovisuel
Société de production de télévision recherche H/F:
Auteurs-Rédacteurs
de questions pour jeux télévisés.
Contacter Pauline au
01 53 68 44 22

Humanitaire
Greenpeace
Lutter ensemble pour la protection de notre environnement, vous y croyez vraiment. Greenpeace propose pour recruter de nouveaux adhérents sur des lieux publics à PARIS, NANTES et BORDEAUX,
Job étudiant
CDD à temps plein ou à temps partiel en juin, juillet et août sur une période d'un mois.
Rémunération fixe.
Etudes supérieures, très motivés, enthousiastes, positifs, dynamiques, goût du contact, du terrain et du travail en équipe, ténacité, expérience vente.
Appeler au 01 44 64 12 23

Libération, 11/5/01

Bâtiment
MAÇON-CARRELEUR
QUALIFIE en rénovation
Tél. 01 34 19 05 95

Plomberie/couverture
Entreprise Paris 6e
Recherche
PLOMBIER/CHAUFFAGISTE
expérience chantier 5 ans minimum.
Rémunération selon expérience.
Tél. Pour RDV
01 42 22 41 30

Restauration rapide
Sandwicherie recherche
Préparation, vente, mi-temps.
Libre samedi-dimanche
Se présenter 14H
'A coupe toujours'
13, bd St Denis 75002
Mo Strasbourg St Denis

Coursiers
COURSIER EQUIPE
125 cm^3 ou +
pour tournées régulières
FIXE + PRIME
Heure Fixe
Tél. 01 46 72 86 05

FranceSoir, 20/6/01

4.1 Lisez les offres d'emploi ci-dessus:

Dans le document 2, écoutez dix petits extraits de dialogue. Pour chaque extrait, dites à quelle annonce ci-dessus il se rapporte.

4.2 Travaillez à deux. Choisissez une des situations dans le document 2, et jouez le dialogue entier.

4.3 Vous allez postuler pour un poste d'accompagnateur/convoyeur. Complétez la lettre ci-dessous, que vous allez envoyer avec votre CV et votre photo.

Votre nom
Votre adresse

Le nom de votre ville,
la date

LEC (service convoyeurs)
89 avenue de Villiers
75017 Paris

Madame/Monsieur,

Suite à votre annonce parue dans Libération de ce jour, je vous écris pour poser ma candidature au poste de ……………………

Je … *(donner brièvement des détails personnels appropriés: âge, domicile, niveau d'anglais et/ou d'allemand).*

J'ai de l'expérience dans ce genre de travail *(en parler, en disant si vous êtes titulaire d'un BAFA).*

Je … *(parler des qualités qui vous qualifient pour le poste).*

Je serai disponible à partir du *(mentionner la date).*

Vous trouverez ci-joint mon …

Je vous prie d'agréer Madame/Monsieur, l'expression de mes sentiments distingués.

Votre signature

To follow up

In your *journal*, write about your part-time job, applications you make for college places next year, anything to do with training and jobs, your own or those of your family and friends.

Now test yourself at www.my-etest.com

20 APRÈS L'ÉCOLE?

21 CARNAC

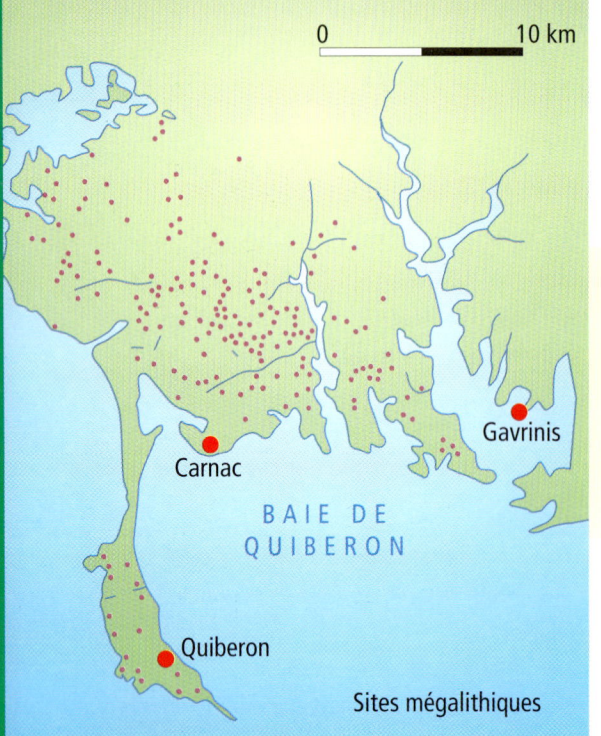

1 Les mégalithes

Disséminés sur tout le territoire breton mais plus particulièrement dans la région de Carnac, les mégalithes ont été édifiés entre le 5e et le 2e millénaire avant notre ère. Ils témoignent de la présence de populations sédentaires en Bretagne.

LES MEGALITHES

Les divers assemblages de pierres portent des noms formés à partir de mots bretons tels que *men* (pierre), *dol* (table) ou *hir* (long).

Les *menhirs* sont des pierres levées, isolées ou disposées en ligne. Les pierres levées disposées en cercle forment un *cromlech*.
Les *dolmens* sont des dalles de pierre soutenues par des pierres levées.
Une *allée couverte* est un alignement de dolmens, ou une double rangée de pierres dressées, recouvertes de dalles. Ces dalles sont parfois gravées.
Les *tumulus*, ce sont des dolmens ou des allées couvertes, recouverts de terre, qui faisaient office de chambre mortuaire.
Un *cairn*, c'est un tumulus en pierres sèches.

1.1 D'après l'explication des mots bretons, que veut dire (a) menhir? (b) dolmen?

1.2 Vocabulaire: des mots pour parler des monuments mégalithiques. A côté de chaque verbe ci-dessous, écrivez son participe passé.

infinitif	participe passé
lever	
isoler	
disposer	
soutenir	
aller	
couvrir	
ranger	
recouvrir	
graver	

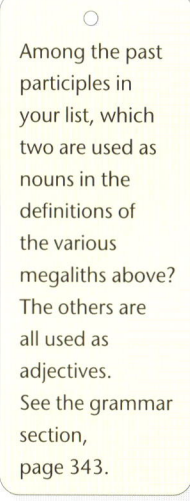

Among the past participles in your list, which two are used as nouns in the definitions of the various megaliths above? The others are all used as adjectives. See the grammar section, page 343.

1.3 A l'aide du texte, expliquez ce que c'est que:

- a un menhir
- b un cromlech
- c un dolmen
- d un tumulus.

1.4 Dans le document 1, on parle des sites qui se trouvent près de Carnac. Ecoutez, et inscrivez les détails qui manquent dans le tableau ci-dessous:

Location	Etendue	No. de menhirs	Disposition	Orientation
l'alignement de **Ménec**			11 lignes, débutant par un cromlech	
l'alignement de **Kerlescan**				vers le lever du soleil au moment de l'équinoxe
l'alignement de **Kermario**	1 187 mètres x 100 mètres			
le tumulus de **Kercado**		1		

21 CARNAC

191

21 CARNAC

Vous pouvez vérifier quelques-unes de vos réponses en lisant le texte ci-dessous:

Les menhirs

Les alignements de Carnac (plus de 3 000 pierres levées) ont de tout temps suscité la curiosité des simples voyageurs et des chercheurs. Pourquoi à l'époque du néolithique les hommes ont-ils édifié ces pierres? Les alignements sont-ils dûs au hasard? Ont-ils un sens?

On a remarqué que les rangées de menhirs étaient disposées selon un ordre bien précis. Chaque alignement se termine par un hémicycle, ou un cercle (crom'lech). En outre, chaque alignement est orienté vers un point précis: celui de Kercado est orienté vers le point où le soleil se lève au moment du solstice d'hiver. L'alignement de Kerlescan indique le point où le soleil apparaît au moment de l'équinoxe. Celui de Kermario enfin regarde le lever du soleil au solstice d'été. On a aussi remarqué que le menhir le plus grand d'Europe, Men-er-Hroec'h (pierre de la fée) pouvait être vu des huit monuments construits autour de la baie de Quiberon: il indiquait les mouvements de la lune. Il ne peut s'agir de coïncidences: *les alignements constitueraient une sorte d'immense calendrier à ciel ouvert.*

Les dolmens

Les dolmens sont moins mystérieux que les menhirs. En effet, *tous les savants pensent que c'étaient des monuments funéraires.* Certains dolmens sont très grands: un long couloir mène à plusieurs chambres funéraires. Ils abritaient des sépultures collectives. Des fouilles ont permis de retrouver de nombreux objets funéraires que l'on peut admirer dans les musées de la région.

En Bretagne, Régine Boutégège, Suzanne Longo. Cideb Editrice, 1998, Genova. ISBN 88-7754-335-3

> Consultez la section grammaire, page 342, pour l'utilisation du conditionnel.

1.5 Compare the two sentences below with those in italics in the text.

Les alignements constituent une sorte d'immense calendrier à ciel ouvert.
Les dolmens, c'étaient des monuments funéraires.

In the original text, the author expresses some reservation. How is this done, in each case?
What evidence do you find in the text to support the two statements? Underline the relevant sections.

1.6 Répondez aux trois questions posées dans le texte.

> Pour exprimer une opinion:
> A l'avis des experts …
> D'après les savants …
> Selon les experts …
> Les experts pensent que …
> Les experts croient que …
> On pense que …
> On croit que …
> Vraissemblablement…

2   Le *Carnac* de Guillevic

2.1 The extract below from a long poem by the Breton poet Guillevic, with its translation by the Irish poet John Montague. As you read the original poem, listen to it read aloud (document 2).

Vraissemblablement,	Probably
Sans toi, l'océan,	Without you, ocean,
Ils n'auraient rien fait à Carnac,	They would have done nothing at Carnac,
Ceux des menhirs.	The men of the menhirs.
*	*
Les menhirs sont en rang	The menhirs are ranked
Vers quelque chose	Towards something
Qui doit avoir eu lieu.	Which must have happened.
*	*
A Carnac, l'odeur de la terre	At Carnac, the smell of the earth
A quelque chose de pas reconnaissable.	Has something not recognisable.
C'est une odeur de terre	It is an odour of earth
Peut-être, mais passée	Perhaps, but transferred
A l'échelon de la géométrie.	To the level of geometry.
Où le vent, le soleil, le sel,	
L'iode, les ossements, l'eau douce des fontaines,	
Les coquillages morts, les herbes, le purin,	
Le saxifrage, la pierre chauffée, les détritus,	
Le linge encore mouillé, le goudron des barques,	
Les étables, la chaux des murs, les figuiers,	
Les vieux vêtements des gens, leurs paroles,	
Et toujours le vent, le soleil, le sel,	
L'humus un peu honteux, le goémon séché,	
Tous ensemble et séparément luttent	All together and separately struggle
Avec l'époque des menhirs	With the epoch of the menhirs
Pour être dimension.	To measure up.

Carnac, by Guillevic, translated by John Montague.
Bloodaxe contemporary French poets, 1999

21 CARNAC

2.2 Try your own translation of the lines which are missing from the English version: lines in which Guillevic lists the various elements which jostle to make their mark in present-day Carnac. Then compare your translation with John Montague's which is read aloud on the cassette.

3 Les mégalithes en Irlande

3.1 Using the language you have learned in this unit, write a short paragraph in French to accompany each of the photos on the page.

Newgrange, Co. Meath. Inside the mound is a burial chamber at the end of a long passage. It dates from about 3000 BC.

The first light of the winter solstice at Newgrange

21 CARNAC

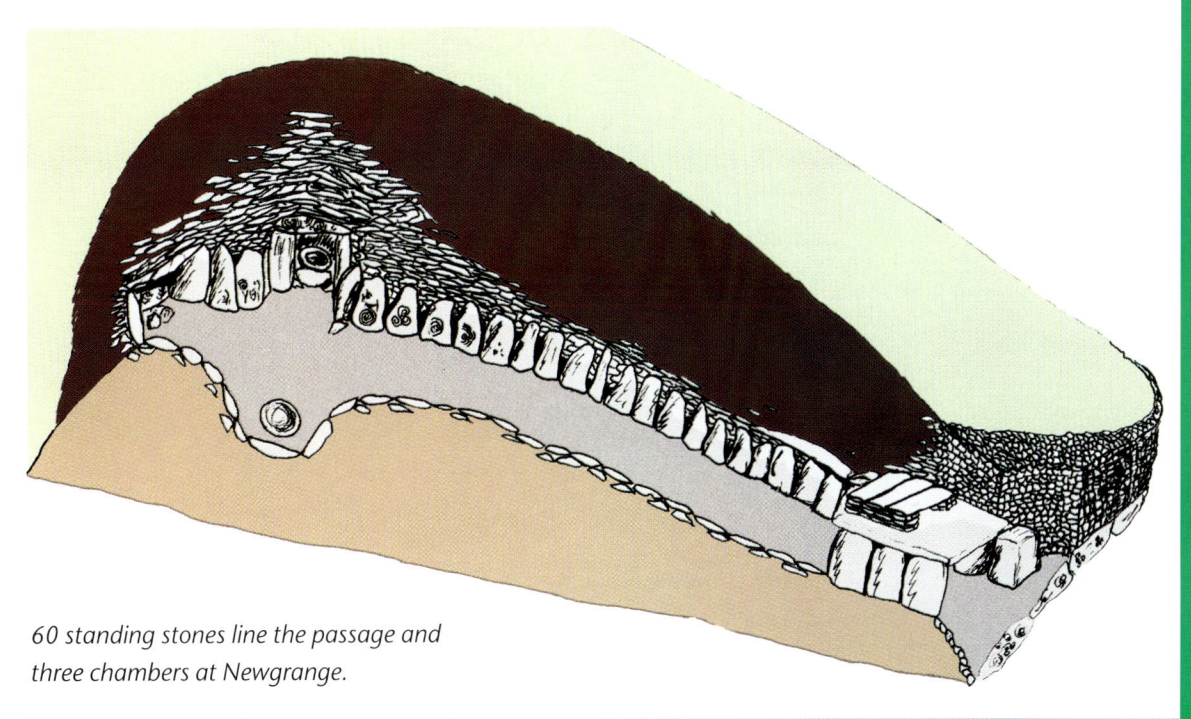

60 standing stones line the passage and three chambers at Newgrange.

The Kildooney More dolmen, Co. Donegal. Its capstone is more than 4 metres long.

To follow up

Describe any megalithic sites in your area, or any that you have visited.

Now test yourself at www.my-etest.com

22 FORÊTS

aubépine

bouleau

chêne

sycomore

1 La forêt: un système de vie

1.1 Associez chaque groupe de mots avec la rubrique qui convient:

arbres - éléments nutritifs - éléments qui dégagent du gaz carbonique en brûlant - eau

- sucs
- minéraux
- eau
- oxygène

- forêt
- bois
- feuille
- racine
- branche

- ruisseaux
- rivières
- hydrologique
- s'écouler
- réservoir

- bois
- pétrole
- essence

1.2 In the article below, find words and expressions which mean the same as the following:

- a land mass
- b areas covered by forest
- c ecological balance
- d climate changes
- e carbon dioxide
- f global warming
- g water and wind erosion
- h capacity to absorb
- i interdependence
- j symbiotically

1 ....

Il y a dix mille ans, les forêts recouvraient près de la moitié des terres émergées de notre planète. Aujourd'hui, il *en* reste moins du tiers (soit environ 4 milliards d'hectares) et les surfaces boisées rétrécissent tous les jours. En effet, la disparition ou la dégradation de nos forêts à travers le monde se poursuit au rythme de plus de 400 000 hectares par semaine.

2 ....

Les forêts sont indispensables à l'équilibre écologique de notre planète et jouent un rôle déterminant dans les cycles climatiques et hydrologiques. Les feuilles absorbent le gaz carbonique dégagé par la combustion du bois, du pétrole et de l'essence, qui contribuent aux changements climatiques.

La photosynthèse transforme ce gaz en sucs nutritifs stockés et utilisés par les arbres pendant leur croissance. C'est ainsi que les arbres, grâce à leur pouvoir d'absorption du gaz carbonique et à leur capacité de filtrer d'autres types de polluants, aident à purifier l'atmosphère et limitent le risque de réchauffement de la planète.

3 ....
Les arbres puisent de l'eau, de l'oxygène, des minéraux et d'autres éléments nutritifs grâce à leurs racines. *Celles-ci* fixent à leur tour le sol et empêchent son érosion par l'eau et les vents. En se développant, les racines ameublissent la terre et permettent à l'air d'*y* pénétrer. La terre accroît ainsi son pouvoir d'absorption, l'eau s'y infiltre comme dans une éponge et constitue un réservoir qui s'écoule petit à petit pour alimenter les ruisseaux et les rivières.

4 ....
Mais il faut plus que les arbres pour faire une forêt. La forêt, c'est aussi des millions de plantes, d'animaux et de micro-organismes, tous interdépendants. Les termites, en décomposant les feuilles et les branches mortes, libèrent des éléments nutritifs qui retournent à la terre et nourrissent les plantes. Certains champignons apportent des minéraux aux racines des arbres, *lesquelles* à leur tour alimentent les champignons en sucs. En se nourrissant des fruits de la forêt, les oiseaux et les chauves-souris dispersent des graines qui donneront naissance à de nouveaux arbres. Beaucoup de plantes vivent en symbiose: ainsi, le cupuaçu amazonien ne s'épanouit qu'à l'ombre des arbres qui l'entourent, tandis que les lianes grimpent vers la lumière en s'appuyant sur les plantes avoisinantes.

Ne gaspillons pas nos forêts. WWF, 1993. ISBN 2-88085-135-1

1.3 Faites une lecture rapide du texte, et attribuez chaque titre ci-dessous au paragraphe qui convient en l'inscrivant dans l'espace prévu.

   a   Les forêts contre le réchauffement de la planète
   b   L'interdépendance dans la forêt
   c   La disparition des surfaces boisées se poursuit
   d   Les forêts contre l'érosion.

1.4 Read the following statement about the effect of carbon dioxide emissions, and then, with the help of the article (paragraph 2), explain in French how trees help to reduce these effects.

Le gaz carbonique est dégagé par la combustion du bois, du pétrole et de l'essence. Ce gaz contribue au réchauffement de la planète, et aux changements climatiques.

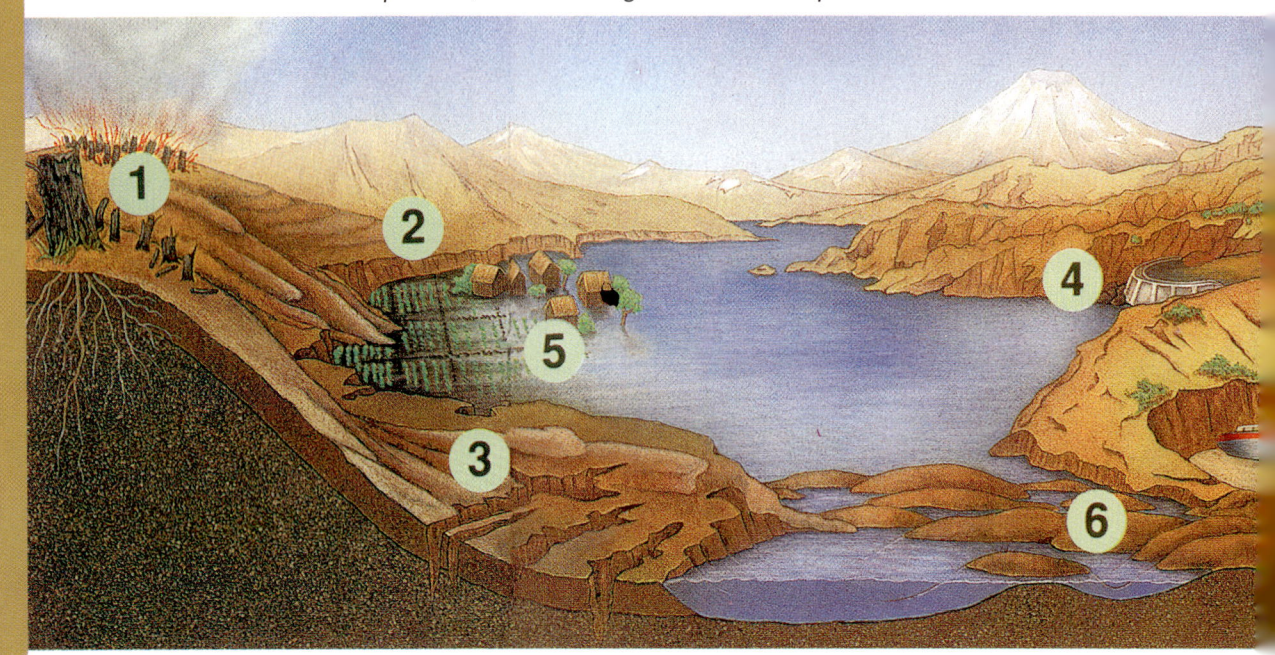

Le déboisement (1) dénude les versants, provoque des glissements de terrain et la perte des récoltes (2 & 3). Les sédiments engorgent les réservoirs et les lits fluviaux (4 & 5), réduisent la capacité des barrages et provoquent des inondations. Les alluvions s'accumulent dans les estuaires et forment de nouveaux îlots (6) qui nuisent aux activités de pêche côtière (7).

1.5 Look at the diagram and read the two statements below about the effects of deforestation. Then, again with the help of the article (paragraph 3), say in French how trees protect the environment from these effects.

a   Le déboisement dénude les versants, et provoque des glissements de terrain.
b   Le sol dénudé perd sa capacité d'absorption.

1.6 Dans le dernier paragraphe de l'article, relevez un exemple d'interdépendance

a   entre insectes et plantes
b   entre animaux et plantes
c   entre plantes et plantes.

1.7 Pour chaque pronom en italiques dans l'article, relevez le mot auquel il se réfère.

> Voir la section grammaire, pages 332 et 333.

2 Le participe présent pour expliquer comment

2.1 Repérez les mots dans le tableau dans l'article de la section 1, et indiquez en cochant la bonne case s'il s'agit d'un adjectif, un nom ou un participe présent.

> Voir la section grammaire, page 343.

	adjectif (il y en a 3)	nom (il y en a un)	participe présent (il y en a 4)
déterminant			
polluants			
développant			
interdépendants			
décomposant			
se nourrissant			
s'appuyant			
avoisinantes			

2.2 Pour chaque adjectif, trouvez dans l'article le nom qu'il qualifie et avec lequel il s'accorde.

2.3 In the article, study the sentences in which the present participles above are used. In a sentence with a phrase introduced by a present participle, does the subject come

   a   before the phrase?
   b   after the phrase?
   c   before or after the phrase?

22 FORÊTS

> La conjonction *ainsi* paraît trois fois dans l'article. Elle sert à exprimer la conséquence (voir la section grammaire, page 341). Soulignez-la à chaque fois qu'elle paraît.

2.4 Following the models you have looked at, link each pair of sentences below by using a present participle.

> Pour la formation du participe présent, voir la section grammaire page 344.

a Les arbres absorbent le gaz carbonique. Ils aident à purifier l'atmosphère.
b Les racines fixent le sol. Elles empêchent son érosion.
c Les racines ameublissent la terre. Elles permettent à l'air d'y pénétrer.
d L'eau s'infiltre dans la terre. Elle constitue un réservoir.
e L'eau s'écoule petit à petit. Elle alimente les ruisseaux et les rivières.

3 Les produits forestiers

1 Coq de bruyère écossais ou céphalophe du Congo: le gibier est apprécié dans le monde entier.
2 Les exportations de rotin rapportent aux pays tropicaux des millions de dollars par an.
3 Le latex sert à la fabrication des pneus, des tubes et des vêtements en caoutchouc, de l'élastique et des colles.
4 La tarte aux myrtilles est un des desserts préférés des nord-américains.
5 La valeur de la production mondiale annuelle de médicaments élaborés à partir de produits naturels atteint quelques 40 milliards de dollars US.
6. Le gingembre pousse à l'état sauvage dans la forêt humide d'Indonésie.

3.1 Ecoutez le document 1, et complétez les phrases en anglais ci-dessous en inscrivant les éléments qui manquent.

People who live in or near forests may depend heavily on them for	People who don't live near forests tend to think of them only as a source of	People forget that forests give us
1	1	1
2		2
3		3
4		4
		5
		6
		7

3.2 A partir des éléments que vous avez inscrits dans le tableau, dressez une liste en français de produits forestiers.

3.3 Complétez les trois phrases ci-dessous pour faire une traduction des éléments inscrits dans le tableau dans 3.1.

    a Les gens qui habitent …
    b Ceux qui …
    c On oublie que …

4 Les exigences du monde industrialisé

4.1 Avant de lire le texte ci-dessous, faites l'inventaire des objets en bois ou fabriqués à partir de bois qui se trouvent dans votre salle de classe. Lesquels de ces objets sont jetables?

4.2 Lisez les paragraphes 1 et 2 de l'article. Relevez les six objets mentionnés qui sont fabriqués à partir de bois.

1   **Les négociants en bois** se livrent à une concurrence effrénée pour satisfaire la demande insatiable de la société moderne en produits bon marché et jetables: mouchoirs en papier, couches pour bébés, étagères en aggloméré, bâtons de sucettes … En conséquence, nos forêts se dégradent à une vitesse telle qu'elles ne peuvent plus se régénérer.

    On ne se rend pas toujours compte à quel point le bois est utilisé dans les objets de tous les jours. Les étuis de nos appareils photos ou de nos calculatrices de poche peuvent contenir de la pâte fabriquée à partir de bois dur de Papouasie-Nouvelle-Guinée. Nos mouchoirs en papier sont parfois fabriqués à partir de bois provenant des forêts anciennes du Canada ou de la Russie.

    Nos sociétés de consommation gaspillent des quantités de bois énormes et sont responsables de la dégradation ou de la destruction tout à fait inutile de vastes zones forestières.

    Les pays industrialisés ont depuis longtemps l'habitude de payer bon marché leurs matières premières. Les entreprises forestières se font concurrence pour satisfaire la demande des **fabricants** aux prix les plus bas. Leur souci de produire le moins cher possible les conduit souvent à exploiter la forêt de façon très destructive. Elles sont parfois aidées par des fonds publics, qui leur permettent d'inonder le marché avec du bois à bas prix.

2   On pratique dans certaines régions une exploitation sélective de la forêt, où l'on abat les arbres ayant le plus de valeur en laissant les autres. Il est ainsi possible de laisser la forêt quasiment intacte, mais souvent la végétation environnante est abîmée ou détruite lors de l'abattage. La construction de routes d'accès aux chantiers entraîne en outre une dégradation importante sur de larges fronts, la forêt étant souvent défrichée de part et d'autre de la route en quelques semaines, pour être remplacée par des cultures et des habitations.

Ailleurs, la coupe rase des forêts anciennes entraîne la disparition complète de tous les arbres et de toutes les plantes, que l'on transforme en pâte à papier ou en aggloméré. On laisse parfois les forêts se régénérer naturellement, mais les forestiers les remplacent souvent par des plantations à essence unique, hostile à la majeure partie des espèces de flore et de faune qui peuplaient autrefois la forêt naturelle.

On choisit très souvent les essences à croissance rapide pour les plantations commerciales. Une plantation d'eucalyptus s'exploite au bout de neuf ans, par exemple, mais la rapidité de la croissance exige des quantités d'eau très importantes. Dans certaines régions du Portugal, les plantations d'eucalyptus assèchent les nappes phréatiques et provoquent la disparition des espèces locales.

Ne gaspillons pas nos forêts. WWWF, 1993.

4.3 Repérez les expressions en caractères gras ci-dessous dans l'article. Pour résumer les exigences du monde industrialisé, faites quatre phrases en reliant les éléments à droite et à gauche du tableau.

Les négociants en bois	ne paient pas cher les matières premières.
Nos sociétés de consommation	demandent du bois aux prix les plus bas.
Les pays industrialisés	font la compétition pour satisfaire la demande de produits pas chers.
Les fabricants de produits à base de bois	gaspillent d'énormes quantités de bois.

4.4 Lisez la deuxième section de l'article, et remplissez le tableau ci-dessous sur les méthodes d'exploitation et de plantation des forêts.

Méthode	Avantages	Risques
l'exploitation sélective		
la coupe rase des forêts		
les plantations à essence unique		
la plantation des essences à croissance rapide		

1 *2* *3*

1 Plus la demande s'accroît, plus on abat d'arbres et plus on détruit des forêts.
2 Les coupes rases ont détruit la quasi-totalité des forêts anciennes en Amérique du Nord.
3 De vastes étendues des Highlands écossais étaient autrefois constituées de forêts de conifères et de tourbières, où vivaient une abondance de papillons et d'orchidées. Aujourd'hui, on a tout remplacé par de stériles plantations d'épicéas de Sitka.

5 Acheter durable, acheter responsable

5.1 Ecoutez le document 2 sur la cassette, et à côté de chaque verbe à gauche, inscrivez le(s) nom(s) correspondant(s).

	Verbe	Nom(s) correspondant(s)
1	produire	
2	(se) dégrader	
3	utiliser	
4	consommer	
5	gaspiller	
6	polluer	

22 FORÊTS

5.2 Fill in the blanks in the following passage with the verb or the appropriate noun corresponding to the number given.

Le mode de (4) ………………. non-durable consiste à (5) ………………. les ressources naturelles et à (3) ………………. des modes de (1)………………. sans tenir suffisamment compte de leur effet sur l'environnement. Donc, les comportements du (4) ………………. et du (1)………………. favorisent une dégradation de l'environnement comme la (6) ………………. de l'air et de l'eau, la déforestation ou l'épuisement des ressources.

Les inégalités de l'organisation du commerce dans le monde font en sorte que les populations des pays riches (4) ………………. les ressources des pays pauvres.

Le mode de consommation durable est fondé sur les modes de (1) ………………. et de consommation pouvant durer sans (2) ………………. l'environnement humain ou naturel. C'est favoriser la consommation responsable, par le choix de produits sains, favorables à l'environnement et produits dans des conditions sociales respectueuses des droits de l'homme.

Mais la course à la (1) ………………. exclut un grand nombre d'hommes et de femmes: la production n'accorde pas d'importance au (5) ………………. des matières premières et les conditions de travail ont tendance à se détériorer.

Par nos choix de (4) ……………….., nous pouvons décider d'encourager un développement durable sur notre planète et le bien-être de tous ses habitants.

Acheter durable
www.cstm.qc.ca/in-terre-actif

5.3 Check your answers to 5.2 by listening to document 3.

5.4 Make an oral presentation on one or all of the following issues mentioned in the article above. In your presentation, draw examples from the texts you have read and the work you have done earlier in this unit.

   a   Le gaspillage des ressources naturelles
   b   Les modes de production qui ne tiennent pas compte de leur effet sur l'environnement

c   Les comportements du producteur qui favorisent une dégradation de l'environnement
d   Les inégalités de l'organisation du commerce dans le monde
e   Les modes de production et de consommation qui ne dégradent pas l'environnement naturel

Dans la forêt sans heures

*Dans la forêt sans heures
On abat un grand arbre.
Un vide vertical
Tremble en forme de fût
Près du tronc étendu.*

*Cherchez, cherchez oiseaux,
La place de vos nids
Dans ce haut souvenir
Tant qu'il murmure encore.*

Jules Supervielle, 1884-1960

Now test yourself at www.my-etest.com

23 COMMENT VAS-TU?

1 Tête-à-tête

1.1 Lisez les débuts de dialogues ci-dessous. Ensuite, écoutez le document 1. Vous entendrez la suite de chaque dialogue. Dites quelle suite correspond à quel dialogue. Notez un ou deux mots-clés qui vous ont permis de trouver la bonne réponse.

a Qu'est-ce qui ne va pas?
Je suis triste. Ma copine m'a plaqué.

b Ça va?
Ah oui, je suis contente! Ma sœur vient d'accoucher, et je vais voir le bébé.

c Ça va, Xavier? Tu as l'air en forme.
Oui, j'ai perdu 4 kilos, et je me sens beaucoup mieux.

d Des béquilles? Mais qu'est-ce qui s'est passé?
Je me suis cassé le tibia.

e Comment vas-tu?
J'ai affreusement mal aux dents.

f Ça va?
Oui, ça va, mais j'ai une de ces faims!

g Ça va?
Pas terrible. J'ai le cafard. Je ne sais pas ce que j'ai.

h Ça va?
J'ai la trouille. On a une épreuve de chimie cet après-midi, et j'ai pas travaillé.

206

i Tu boîtes! Qu'est-ce qui s'est passé?
J'ai une ampoule au talon. Ça fait mal.

j Ça va?
Oui, enfin non. Je suis fatigué, j'ai du mal à rester éveillé.

1.2 Dans le document 2, écoutez toute la suite du dialogue (c) ci-dessus.

Notez (a) les changements que Xavier a fait dans ses habitudes en ce qui concerne l'alimentation et les activités et (b) le bien qu'il a tiré de ces changements.

2   Pour dire comment on va

2.1 Le verbe *aller* est très souvent utilisé pour dire comment on se porte. Trouvez des exemples dans les dialogues de la section 1.

2.2 The verb *avoir* is used:

a to talk about symptoms and illnesses:

avoir mal	à la tête
	au ventre
	aux oreilles, etc.
	partout
avoir	de la fièvre
	des nausées
	une ampoule
	une entorse à la cheville
	le bras cassé
avoir	la grippe
	un rhume
	une toux
	une angine
	une intoxication alimentaire

23 COMMENT VAS-TU?

207

23 COMMENT VAS-TU?

    b   **to express difficulty:**

avoir du mal à   voir clair
                         respirer

    c   **with the following expressions:**

avoir   faim
               soif
               chaud
               froid
               peur
               honte
               la trouille (*ar.)
               le cafard (*ar.)
               l'air …

               *argot: slang

2.3   To say how someone feels or looks, use:

       être: *je suis content, je suis fatigué …*
       se sentir: *je me sens en forme …*
       avoir l'air: *tu as l'air fatigué …*

Les smileys		
Smiley	**Code**	**Signification**
☺	:-)	Je suis content
☹	:- (	Je suis triste
😶	;-)	Je plaisante
😙	:x	Je t'aime
😮	:O	Je suis surpris
😠	X-(	Je suis furieux

2.4   The verbs used to speak of injuries are reflexive (*des verbes pronominaux*).

       se casser   Elle s'est cassé le tibia.
       se couper   Il s'est coupé le doigt.
       se fouler   Je me suis foulé la cheville .

se blesser   Tu t'es *blessée au coude?
se brûler   Elle s'est *brûlée au bras en sortant le gâteau du four.

2.5 Dans les dialogues de la section 1, trouvez des exemples de toutes les catégories mentionnées dans la section 2.

> * To understand why the past participle here has an extra *e*, look at the grammar section, page 347. In the other three examples above, the direct object (*le tibia, le doigt, la cheville*) comes after the verb, and the past participle does therefore not agree with it.

3 Pour dire ce qu'il faut faire et pour donner des conseils

3.1 Dans l'article intitulé *Ronflement* de la section 4, soulignez tous les verbes qui se terminent en *-ez*. Ils sont à l'impératif. (One of the verbs is reflexive. Which one?)

The imperative is used here to instruct someone who snores how to overcome this annoying habit.

3.2 Dans l'article *Soyez à l'écoute de vos oreilles* de la section 4.3, soulignez les mots et les expressions suivants:

Soyez
doit
il faut
… sont à éviter
allez
sachez que
il est conseillé de

Quel est l'infinitif des trois verbes à l'impératif?
Lesquels des verbes/expressions que vous avez soulignés sont suivis d'un verbe à l'infinitif dans le texte?

> See the references to the imperative in the grammar section, pages 342 and 344.

3.3 The following verbs may be used, in the present or conditional, to give recommendations or advice:

pouvoir
tu peux, on peut, vous pouvez … (you/one can …)
tu pourrais, on pourrait, vous pourriez … (you/one could …)

devoir
tu dois, on doit, vous devez … (you/one should)
tu devrais, on devrait, vous devriez … (you/one should, but the

tone is softened by using the conditional rather than the present tense)

A ta place, je respecterais ...

conseiller
je te/vous conseille de … (I advise you to …)
je te/vous conseillerais de … (I would advise you to …)
Il est conseillé de … (It is advisable to …)

All of the expressions above are followed by a verb in the infinitive.
Il est conseillé de **respecter** les recommandations …
Tu devrais **te placer** loin des amplis.
Tu ne pourrais pas **baisser** le volume?

3.4 To practise giving advice, read the article *Les jeunes, victimes de leurs loisirs* (section 4.4) and, based on the information given, compose a list of recommendations to young people who spend too much time in front of a television or computer.

4 Dialogues

Il devrait ...

Il faudrait aussi qu'il essaie de ...

4.1 A deux, lisez le dialogue ci-dessous. Ensuite, consultez l'article en dessous, et inventez la suite de la conversation, dans laquelle A donne des conseils à B qui ne sait ni pourquoi on ronfle ni comment s'y prendre avec son frère.

A: *Tu as l'air fatigué.*
B: *C'est que je suis fatigué. Je ne dors pas la nuit.*
A: *Pourquoi?*
B: *Je partage une chambre avec mon grand frère, et il n'arrête pas de ronfler.*
A: *Tu lui as parlé?*

Ronflement
On estime que 60% des hommes et 40% des femmes ronflent, atteignant parfois 70dB, le bruit d'un camion. Plutôt que de prendre des coups de polochon mérités, soignez-vous. Perdez du ventre, supprimez l'alcool le soir, le tabac et les somnifères et tachez de ne pas dormir sur le dos. Ça ne suffit pas? Envisagez la rééducation de la langue ou la chirurgie. Selon la

cause de ce tapage nocturne, l'intervention porte sur le nez (rigidification nasale, septoplastie, chirurgie des cornets) ou sur le voile du palais. Dans ce cas, la muqueuse est chauffée (sans brûler) à 80°C par radiofréquence. L'intervention dure 30 minutes sous anesthésie locale et marche dans 85% des cas.

Ça m'intéresse, No. 239, janvier 2001

4.2 A deux, lisez le dialogue suivant. Ensuite, trouvez dans l'article en dessous une réponse à la question *Pourquoi tu dis ça?* et continuez la conversation.

La boulimie

La boulimie se caractérise par une absorption importante d'aliments. Elle est suivie en général de vomissements ou d'endormissements. Après, la personne peut ressentir des maux de ventre, un sentiment de malaise et de honte, une peur pathologique de grossir. Ce qui favorise la prise de laxatifs, de coupe-faim ou d'hyperactivités (beaucoup de sport par exemple). La personne est consciente du caractère anormal de son comportement. Les excès peuvent se reproduire plusieurs fois par semaine ou même se succéder dans la journée. Il devient alors indispensable que la personne consulte un spécialiste (psychologue, psychanalyste). Des spécialistes sont formés pour répondre à la demande d'aide. On les trouve dans les pages jaunes au registre psychologue, psychanalyste, ou psychiatre ou bien dans les Centres médico-psychologique et pédagogique (C.M.P.P.) pour les enfants et adolescents. A cet endroit la prise en charge est gratuite.

Les Clés de l'Actualité, No. 425, 25-31 janvier 2001 (adapté)

— Ça va?
— Oui, moi ça va, mais je m'inquiète pour ma sœur. Je me demande si elle est boulimique
— Pourquoi tu dis ça?

23 COMMENT VAS-TU?

Vocabulaire de l'ouïe
écouter
entendre
sonore
décibels
l'audition
auditif
son
bruit
baladeur
bourdonnement
sifflement
baffles
amplificateur

4.3.1 Trouvez dans la liste à gauche:

a   2 verbes
b   2 adjectifs
c   l'unité de mesure de l'intensité sonore
d   2 genres de bruit
e   3 sources de bruit

Ça va?

Ah bon? Depuis quand?

Comment? Je t'entends mal, j'ai un bourdonnement à l'oreille. C'est très désagréable.

4.3.2 Lisez le dialogue. Ensuite, lisez l'article *Soyez à l'écoute de vos oreilles*, et utilisez des informations données dans l'article pour continuer la conversation.

Soyez à l'écoute de vos oreilles
Assister à un concert, aller en boîte de nuit, écouter un baladeur … ne sont pas des pratiques sans risque.
L'ouïe est avec la vue un de nos cinq sens majeurs. Elle nous permet d'entendre, mais aussi de garder notre équilibre et de communiquer. Cet organe doit être ménagé car toute exposition à un niveau sonore important (ex: plus d'une heure à plus de 90 décibels) peut causer des lésions de l'oreille et donc des troubles de l'audition, à vie parfois. En effet, le système auditif se divise en trois parties: l'oreille externe qui capte les sons, l'oreille moyenne qui les amplifie et l'oreille interne qui les décode. Cette dernière, la plus vulnérable, est tapissée de cellules ciliées qui sont extrêmement fragiles, elles ne se renouvellent pas. Or elles peuvent être détruites sous l'effet d'entendre une exposition prolongée à un bruit élevé en décibels. Ainsi, si vous recevez régulièrement (via un baladeur par exemple) une dose de bruit excessif, vous usez progressivement vos oreilles. Les symptômes se manifestent alors sous la forme d'une perte d'audition, de bourdonnements, de sifflements ou de vertiges. Ces signes

d'alerte sont le plus souvent temporaires. Dans ce cas, il faut immédiatement s'éloigner de la source de bruit, se mettre au calme et se reposer. Par exemple après une sortie en club, une bonne nuit de sommeil doit vous permettre de retrouver la quasi-totalité de votre audition. Cependant l'oreille aura subi une légère perte, et les expositions à un niveau sonore similaire sont désormais à éviter. Si jamais au réveil les symptômes persistent, allez consulter un médecin sous 24 heures. Sachez que les lésions peuvent être irréversibles sous 48 heures et que sous huit jours les chances de récupération sont quasi nulles. Par prévention, il est conseillé lors des sorties de se placer loin des sources sonores (baffles, amplificateurs), de respecter des temps de pause à l'écart du bruit (10 minutes toutes les 45 minutes) et d'utiliser des protections auditives en cas d'exposition prolongée notamment des bouchons en plastique.

Carine Cepi, *Les Clés de l'Actualité* No. 426, 1-7 janvier 2001

4.4 Lisez le début de conversation entre deux mères de famille. Ensuite, lisez l'article en dessous, et continuez la conversation. Par la suite, les deux mères vont parler plus longuement de leurs inquiétudes, et se demander ce qu'elles peuvent faire pour que leurs enfants passent moins de temps devant la télé ou l'ordinateur.

Les jeunes, victimes de leurs loisirs

Alors que près d'un milliard d'habitants des pays en développement souffrent encore de sous-alimentation, la France compte de plus en plus d'enfants obèses (8% en moyenne et 15% à 12 ans) ou en surpoids. Principale responsable, selon l'Inserm: la télévision devant laquelle les petits (comme les grands) passent trop de temps immobiles. En grignotant ... Ces accros au petit écran, baptisés *couch potatoes* par les Anglo-Saxons, ont déjà un risque accru de maladies du cœur prématurées. Auquel il s'ajoute un risque de fractures osseuses lié à leur grande consommation de boissons

Tu sais, je m'inquiète beaucoup pour Kevin. Il passe des heures devant l'écran.

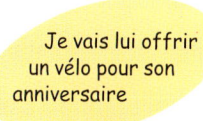

Céline c'est pareil.

Je vais lui offrir un vélo pour son anniversaire

23 COMMENT VAS-TU?

> Je vais l'envoyer travailler à la tourbière

> Je vais lui demander de repeindre la maison.

> Je vais l'abonner au club d'athlétisme.

> Je vais lui proposer des cours de danse.

gazeuses, un phénomène dont on ne s'explique pas la raison. Et leur esprit ne va guère mieux car, selon une étude menée par des psychologues américains, les jeux vidéo violents tels que *Doom*, *Wolfenstein 3D* ou *Mortal Kombat* accroissent le degré d'agressivité des adolescents. Explication: ces jeux interactifs incitent les jeunes joueurs à s'identifier à l'agresseur qui doit généralement tuer pour gagner. Et les enfants les plus agressifs sont les plus réceptifs à cet effet dévastateur. L'étude va plus loin: plus les étudiants ont consacré de temps à ces jeux dans leur adolescence, plus leurs résultats universitaires sont faibles!

Ça m'intéresse, No. 239, janvier 2001

4.5 Lisez le dialogue, et inventez la suite après avoir lu l'article en dessous. B va conseiller à A d'arrêter de fumer. A résiste aux conseils.

> Ça ne vas pas?

> Non, j'ai une toux depuis trois semaines. J'en ai marre.

> Et si tu t'arrêtais de fumer

> Ça n'a rien à voir. La toux, c'est une fin de rhume.

La lutte contre le tabagisme

En 2030, le tabac tuera dix millions de personnes

A 70 ans, 80% des non-fumeurs sont vivants, la moitié seulement des fumeurs le sont. Car s'il ne tue pas toujours, le tabac raccourcit la vie. Selon une étude menée sur 34 000 décès en 40 ans, 'une cigarette en plus, c'est 11 minutes de vie en moins.'

Les cigarettes légères sont tout aussi néfastes

Elles provoquent une inhalation plus profonde de substances cancérigènes dans des régions périphériques des poumons, d'où un plus grand nombre de cancers des petites bronches.

Les patches

En vente libre, ils ont fait passer la proportion de fumeurs ayant tenté d'arrêter de 25 à 31%. Mais 3 ou 4 essais sont nécessaires pour réussir, dit-on chez Niquitin. Un coup de pouce: 2 comprimés de vitamine C par jour (matin et midi) retardent l'envie de fumer de 30 min.

Ça m'intéresse, No. 239, janvier 2001

5 On vous consulte

5.1 In document 3, you'll hear ten questions put to you. They are based on information in the five articles you have read (two questions on each article). After each one, there is a pause for answering. Some questions require no more than a yes or no answer, some require more detail.

Answer the questions, if you can, at the first listening. If this is too difficult, look up the answers at the first listening so that you are ready to answer them at the second hearing.

6 Vocabulaire: les parties du corps

Go back over unit 23, and find all the words you can to label parts of the human body on the diagram. Then use your dictionaries to find other words to continue or complete the labelling.

To follow up

In your *journal*, include entries on topics to do with health and well-being.

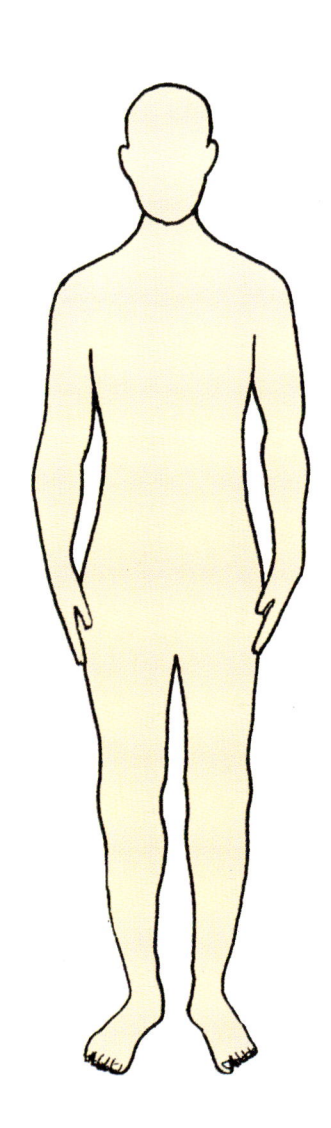

Now test yourself at www.my-etest.com

23 COMMENT VAS-TU?

24 AU RESTAURANT

1 Vous allez quelquefois au restaurant?

1.1 Sur le document 1, écoutez cinq personnes qui répondent à la question ci-dessus. Notez l'essentiel des réponses.

1.2 Parmi les cinq réponses, quelle situation ressemble le plus à la vôtre? Donnez votre propre réponse à la question.

2 Le menu

2.1 Vous avez réservé une table, et vous êtes au restaurant. Consultez le menu, et faites votre choix.

Comme entrée, je prends … et ensuite … Et toi?

Moi je prends d'abord …, et comme plat principal, …

Pour moi, ce sera … suivi de …

Menu

Entrées
Foie gras de canard
Salade Napoléon
Escargots de Bourgogne à la sauce à l'ail
Fromage de chèvre grillé en salade
Fruits de mer à la Parisienne
Salade au saumon tiède

Plats principaux
Filet de porc au cidre
Confit de canard à l'oignon caramélisé
Filet de bœuf aux champignons sauvages
Steak au poivre ou à l'ail
Rôti d'agneau au thym
Poulet suprême au jambon, farci de fromage
John Dory à la sauce tomate
Tagliatelles aux champignons

Desserts
Nougat aux amandes et pistaches dans un coulis de framboises et de miel
Mousse au chocolat blanc et noir à la sauce orangée
Poires caramélisées à la gelée d'orange et glace à la vanille
Crème brûlée

> Whatever you choose, say *le*, *la* or *les* in front of it. Check the genders of words if necessary in a dictionary.

2.2 Ecoutez le document 2, et notez la commande des quatre clients.

> Tu prends un dessert?
>
> Bien sûr! Moi je prends le nougat, et toi?

3 La préparation des plats

3.1 Ci-dessous, vous verrez les ingrédients d'une entrée, d'un plat principal et d'un dessert. Devinez les ingrédients de chaque plat, et inscrivez-les sous le titre qui vous semble bon.

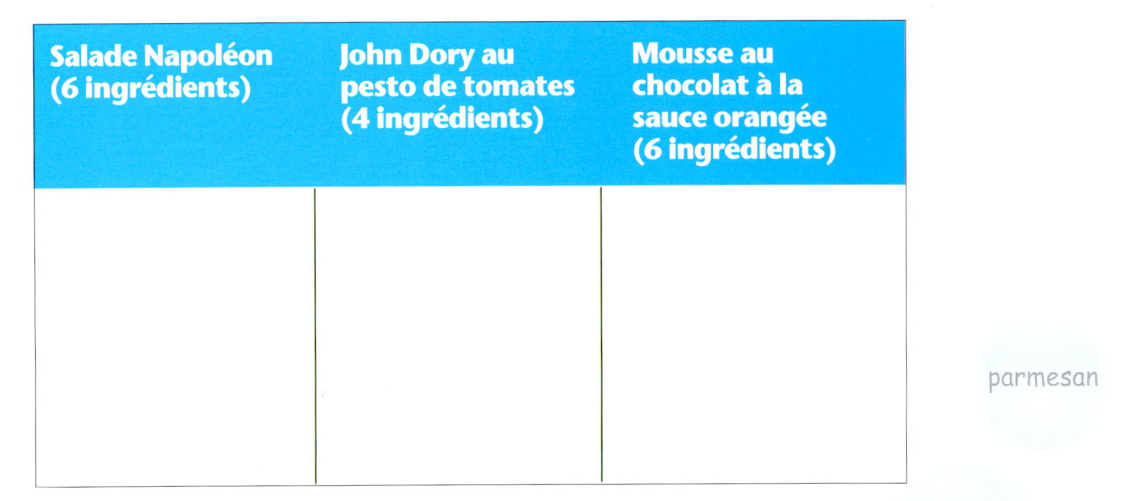

Salade Napoléon (6 ingrédients)	John Dory au pesto de tomates (4 ingrédients)	Mousse au chocolat à la sauce orangée (6 ingrédients)

parmesan

chocolat

safran   huile d'olive   vinaigrette

salade

thym

oignons rouges

crème liquide

tomates

> Moi je mettrais les anchois dans la salade Napoléon.
>
> Tu crois?

anchois

jus d'orange

John Dory

sucre

croûtons   zeste d'orange

3.2 Vérifiez vos réponses en écoutant le document 3. En même temps, notez les ingrédients de la vinaigrette.

24 AU RESTAURANT

217

3.3 Dans la colonne de droite ci-dessous, inscrivez la troisième personne du présent (avec *on*) des verbes à gauche:

Salade Napoléon	
faire	on fait
mélanger	
mettre	
ajouter	

John Dory	
enlever	
poêler	
débarrasser	
faire	
prendre	
mixer	
ajouter	

Mousse au chocolat	
faire monter	
faire fondre	
mélanger	
faire	
faire réduire	
ajouter	

3.4 Ecoutez encore une fois le chef qui explique comment on prépare les trois plats (document 3). Ensuite, à l'aide des verbes ci-dessus et du vocabulaire de 3.1, décrivez vous-même la réalisation des plats.

4 Le travail au restaurant

4.1 Le personnel au restaurant forme une équipe qui doit travailler bien ensemble. Lisez le texte qui explique le rôle des différents membres de l'équipe de cuisine.

L'équipe de cuisine:

Le chef de cuisine assure le bon fonctionnement de l'équipe et de la cuisine, et fait l'interface entre le patron et son équipe.
Le second supervise les chefs de partie, les commis, les plongeurs, le personnel et la nourriture en général.
Les chefs de partie ont chacun leur poste, en froid, en dessert, en légumes, en viande ou en poisson.
Les commis aident les chefs de partie à réaliser les plats et à préparer la mise en place.
Le plongeur fait la plonge: la batterie, la vaisselle, les verres, les assiettes, les couverts.

4.2 Sur le document 4(a), écoutez les mêmes informations exprimées un peu différemment. Inscrivez ce que vous entendez dans les blancs pour compléter les phrases ci-dessous:

……………………… le chef de cuisine ………… assure le bon fonctionnement de l'équipe et de la cuisine, et …………… fait l'interface entre le patron et son équipe.
……………………………… le second …………… supervise les chefs de partie, les commis, les plongeurs, le personnel et la nourriture en général.
……………………… les chefs de partie …………… ont chacun leur poste, en froid, en dessert, en légumes, en viande ou en poisson.
…………………… les commis. Les commis …………………… les chefs de partie à réaliser les plats et à préparer la mise en place.
……………… le plongeur, ………………… fait la plonge: la batterie, la vaisselle, les verres, les assiettes, les couverts.

> Voir les pronoms relatifs *qui, celui qui*, section grammaire page 333.

24 AU RESTAURANT

4.3 Ecoutez le document 4(b), et suivez la transcription ci-dessous en même temps.

> Ça c'est l'équipe de cuisine, et puis dans la salle il y a les serveurs qui servent les clients, et le patron qui est là pour l'accueil. Alors à l'arrivée des clients on *leur* donne le menu, et dès qu'ils sont prêts on prend *leur* commande, et on *leur* donne des conseils sur le vin aussi s'ils en ont besoin. Dès qu'on sait ce qu'ils vont manger, on passe la commande à la cuisine, et c'est ce qu'on appelle le coup du feu à la cuisine, quand l'équipe de cuisine se met à préparer les plats qu'on a commandés.
>
> Pendant la soirée il faut s'occuper des clients, et veiller à ce que tout se passe bien. La fin de service, c'est quand tout le monde est parti. Alors là on a encore du travail à faire. Il faut arrêter la caisse, contrôler tout l'argent qui a été reçu, il faut que tout soit bien enregistré, il faut faire un point sur tout ce qui est vendu, sur tout ce qui est périssable. Le soir, avant de partir, on fait le plus de mise en place possible: on débarrasse les tables, on essaie de faire les verres, les couverts, de mettre des nappes propres, parce que le matin il y a les fournisseurs qui viennent. On s'occupe de tout ce qui est nettoyage, l'entretien des machines à café, on passe l'aspirateur …
>
> Quand on arrive le matin, le chef voit avec son équipe pendant dix minutes/un quart d'heure ce que les responsables de partie ont à faire puis *leur* donne *leurs* ordres. Après, à partir de là ils font la mise en place. Ils font ce qu'ils ont à faire, pour être prêts une demi-heure avant l'ouverture du restaurant, pour pouvoir sortir ce que demande la carte. Il faut préparer les sauces, préparer les viandes, le poisson, préparer les légumes, tailler, couper, éplucher, cuire, assaisonner. C'est pareil pour chacun des rôles, les entrées, la viande, les desserts.

4.4 Relevez dans le document ci-dessus les tâches qui font partie des trois phases du travail dans le restaurant:

    a   la mise en place (dans la cuisine et dans la salle à manger)
    b   le service
    c   la fin de service

4.5 A chaque fois que le mot *leur(s)* paraît dans le texte, dites s'il s'agit:

   a   d'un déterminant possessif (section grammaire page 340), ou

   b   d'un pronom objet indirect (section grammaire page 332).

4.6 Repérez les pronoms relatifs *ce qui* et *ce que* dans le document ci-dessus. Lisez la note sur l'utilisation de ces pronoms dans la section grammaire, page 333.

5   Il faut …

5.1 In the document in 4.3, pick out the following expressions:

Il faut s'occuper des clients
Il faut arrêter la caisse
Il faut que tout soit bien enregistré
Il faut faire le point …

Falloir is what is known as a defective verbs: it is used only in the third person singular (*il*) form.

In the examples above, it is not clear who has to do the jobs listed, only that they have to be done.

To specify who is to do a particular job, *il faut* can be used with *que* followed by a verb in the subjunctive. Try with these sentences, by putting the verbs in brackets in the subjunctive.

Il faut que je (faire) les verres et les couverts.
Il faut que je (mettre) des nappes propres.
Il faut que je (nettoyer) la cuisine.
Il faut que je (passer) l'aspirateur.
Il fait que tout (être) en place dans une demi-heure.

> For the formation of the subjunctive, see the grammar section, pages 344 and 345 and for its uses, see page 342. See also *être* and *faire* in the irregular verb table.

6   Coups de fil: on transmet le message

6.1 Ecoutez les extraits de dialogues sur le document 5, et complétez les phrases ci-dessous:

C'était qui?

   a   C'était les Lenoir pour dire qu'ils **seraient** …

   b   C'était Madame Leblanc pour dire qu'elle **était** obligée d'annuler …

   c   C'était le boulanger pour dire qu'il ne **pourrait** pas …

24 AU RESTAURANT

  d C'était Monsieur Lebrun pour demander si on **avait** trouvé …

  e C'était Madame Leroux pour demander si elle **pouvait** avoir …

  f C'était Bruno pour dire qu'il **avait** beaucoup apprécié …

  g C'était quelqu'un qui **voulait** réserver …

6.2 Ecoutez le document 5 une deuxième fois, et faites correspondre les réponses ci-dessous aux éléments ci-dessus en inscrivant les lettres (a) à (g) dans les cases.

Qu'est-ce que tu lui as dit?

☐ Je lui ai dit que ça ne nous **arrangeait** pas du tout.

☐ Je lui ai dit qu'on se **débrouillerait**.

☐ Je lui ai dit qu'il n'y **avait** pas de problème.

☐ Je lui ai dit que c'**était** possible.

☐ Je lui ai dit qu'en fait ça nous **arrangeait**.

☐ Je lui ai dit qu'on l'**avait** trouvée.

☐ Je lui ai dit que c'**était** gentil de téléphoner.

> If you need to, look at the grammar section, pages 344 and 345, to see how the imperfect and conditional are formed.

6.3 Look at the verbs in bold type in 6.1 and 6.2 above. Which are in the *imparfait*, and which in the *conditionnel*?

6.4 The sentences in 6.1 and 6.2 are in indirect speech (*discours indirect*). They are not the actual words spoken by the people on the phone, but their message as reported. When speech is reported, verbs change:

> Look at the transcript of document 5. The verbs used for the exercises above are in bold type.

Discours direct	Discours indirect
présent	imparfait
passé composé	plus-que-parfait
futur	conditionnel

Reconvert the sentences you have paired above to direct speech, making the verb changes indicated in the table, and speak them to each other in pairs. Don't forget to change the person of the verb as well as the tense or mood.

> Underline the relative pronouns *qui* and *que* in 6.1 and 6.2 above, and look again at the note on relative pronouns in the grammar section, page 333.

To follow up

In your *journal*, include entries about meals you have cooked, helped to prepare, eaten.

Now test yourself at www.my-etest.com

1 Sour grapes

LE RENARD ET LES RAISINS

Certain renard gascon, d'autres disent normand,
Mourant presque de faim, vit au haut d'une treille
Des raisins mûrs apparemment
Et couverts d'une peau vermeille.
Le galant en eût fait volontiers un repas;
Mais comme il n'y pouvait atteindre:
'Ils sont trop verts, dit-il, et bons pour des goujats.'

Fit-il pas mieux que de se plaindre?

La Fontaine

Tous les illustrateurs commentant Le Renard et les Raisins se sont appliqués à suivre la lettre de la fable. Ils ont figuré le renard, sans négliger un de ses poils, debout contre la treille et cherchant vainement à atteindre les raisins. Or, voici ce qu'a imaginé Chagall: il a peint deux choses: tout en bas de la toile, à droite, la tête du renard, je veux dire ses yeux, et tout en haut une grappe splendide, une grappe de couleur dont on imagine la succulence, la fraîcheur, l'éclat … Et entre la grappe et la tête d'animal, fier mais désespéré, il a laissé le ciel de beauté que nous trouvons toujours entre nos désirs et nos rêves.

Ambroise Vollard. Marc Chagall, Les Fables de la Fontaine,
Editions de la réunion des Musées nationaux, Paris 1995.

Ambroise Vollard points out the contrast between the way Chagall has illustrated La Fontaine's fable, and the way in which other artists have treated it. What is the difference?

2 Des horticulteurs français font un voyage d'études en Irlande

Les deux extraits ci-dessous sont tirés du programme d'un groupe de l'Institut Horticole de Geneh qui a fait un voyage d'études en Irlande.

1 13h30:   Déjeuner dans un pub près des jardins botaniques

14h30:   **National Botanic Gardens**
Visite technique des Botanic Gardens et du centre de formation
Les jardins botaniques nationaux sont le premier établissement botanique et horticole d'Irlande. Créés en 1795 dans un but scientifique, on y trouve un grand jardin de rocaille, une roseraie, des parterres d'études, un jardin d'herbes aromatiques, un bassin, des bordures herbacées et un ensemble incomparable de serres curvilignes conçues et construites par Richard Turner entre 1843 et 1869.
Visite du centre de formation, le Teagasc Horticultural College
Rencontre et discussion/débat avec le directeur du collège.

17h00:   Départ pour Glendalough

Dîner dans un restaurant près de l'auberge à Glendalough

Imaginez que vous êtes membre du groupe de l'Institut Horticole de Geneh. A la fin de la journée, vous racontez dans votre journal ce que vous avez fait, tout en donnant vos impressions. (75 mots maximum)

2 8h30:   **Rencontre/débat avec le responsable des parcs publics à l'Hôtel de Ville de Cork**
12h00:   **Visite technique d'une pépinière (privée)** pour les arbres ornementaux mi-mûrs, 25 hectares d'arbres de haute qualité, très mécanisée, deux secteurs dans cette entreprise:
- Production et vente d'arbres
- Service commercial de paysagisme: la société fournit des services de paysagisme aux services publics et aux entreprises industrielles

16h00: Birch Hill Landscapes, l'une des plus importantes sociétés de paysagisme dans le sud de l'Irlande Rencontre/débat avec le directeur
Discussion/débat sur le métier de paysagiste et d'horticulteur, la mise en place de projets, les problèmes rencontrés, etc.
Suivi par une visite/excursion de quelques terrains industriels (privés) dans les environs de Cork
Depuis quelques années, il a été nécessaire d'améliorer le paysage autour des usines en Irlande. C'est une partie des conditions très strictes du planning.

Dîner et hébergement à Cork.

1. Who did the group meet at 8.30, and where did they meet?
2. What are the two sectors in the nursery they visited at 12.00?
3. What kind of trees are supplied by this nursery?
4. What did the group discuss with the director of Birch Hill?
5. What aspect of planning regulations is mentioned in the last part of the programme?

3 Le travail, oui, mais ...

Selon une récente étude, à génération nouvelle, nouvelle conception du travail.

Comment les jeunes envisagent-ils leur vie professionnelle? A partir d'un sondage CSA réalisé auprès de 1 000 jeunes de 20 à 30 ans - vos aînés - l'étude 'Travaillez, premiers jours' que viennent de publier les Editions Autrement (1) révèle de réels changements dans la perception du travail.

Il ne subsiste sans doute qu'un point commun avec la vision des parents. Comme eux, les 20-30 ans sont 79% à imaginer leur parcours professionnel dans le cadre du salariat et avec un contrat de durée indéterminée (CDI). Mais au-delà, le travail n'est plus du tout leur valeur de référence. Pour 83% d'entre eux, le travail doit surtout permettre d'équilibrer vie professionnelle et vie privée. Travailler d'accord, mais à condition de libérer des espaces pour la famille et les loisirs, principaux centres d'intérêt.

Ce désir se retrouve dans la façon dont les 20-30 ans abordent leur carrière. Ils se disent certes mobiles, capables de s'adapter et de changer d'activité, mais si possible au sein de la même entreprise. Justement pour ne pas trop bouleverser leur vie privée. De même, ils souhaitent travailler tranquilles. Certes, 6 sur 10 réclament des responsabilités, mais aussi une certaine autonomie pour ne pas ressentir une hiérarchie trop pressante.

Du coup, les entreprises à dimension humaine sont privilégiées. Presque la moitié des 20-30 ans trouve idéale une société de 10 à 50 personnes *qui* laisse prendre des initiatives personnelles tout en favorisant le travail d'équipe. Autant de qualités qu'ils semblent apprécier dans le secteur des nouvelles technologies dans *lequel* 43% d'entre eux aimeraient travailler. Ce qui au final aboutit à un certain paradoxe, car les entreprises high-tech se caractérisent justement par des emplois du temps souvent démentiels *qui* ne laissent guère de place à la vie privée …

J.-L.F.

(1) 'Travailler, premiers jours. Jeunes, entreprises, attentes et malentendus', Collection Mutations, éditions Autrement.
Les Clés de l'Actualité, du 13 au 19 avril, 2000

1. Complétez les phrases suivantes, en vous référant à l'article:

    a 79%, c'est le pourcentage de jeunes qui …
    b 83%, c'est le pourcentage qui croit que …
    c 43%, c'est le pourcentage qui aimerait …

2. D'après le troisième paragraphe, quel serait le profil de la carrière idéale?

3. Relevez (paragraphe 4) l'expression qui explique pourquoi un grand nombre de jeunes trouvent idéale une société de 10 à 50 personnes.

4a Trouvez dans l'article quatre adverbes de négation différents.

4b A quoi se réfèrent les pronoms relatifs en italiques (paragraphe 4)?

5. *43% des jeunes aimeraient travailler dans les nouvelles technologies.* Expliquez le paradoxe que l'auteur fait remarquer.

6. What is your position on the questions raised on the subject of work? Refer to the article in your answer.

4 Tous ceux qui tombent

Read the passage below from Samuel Beckett's play for radio, *All That Fall*, or *Tous ceux qui tombent*. In the extract Mr Rooney, in the train on his way home from work, thinks of all the expenses he has and wonders if he wouldn't be better off staying at home in bed.

> MONSIEUR ROONEY. - … Dans le compartiment vide mon esprit s'est mis à travailler, comme souvent cela m'arrive, après le turbin, sur le chemin du retour, au chant des bogeys. Je me disais. *Tu paies ton abonnement douze livres par an et tu gagnes, l'un dans l'autre, sept shillings par jour, soit juste de quoi acheter les sandwichs, petits verres, tabac et illustrés qui te permettent de rester debout, ou assis, en attendant de pouvoir rentrer à la maison et t'écrouler sur ton lit. Sans parler du reste - loyer et assurances, souscriptions diverses, chauffage et éclairage, permis et licences, entretien des locaux, sauvegarde des apparences, par-ci par-là un timbre-poste, cheveux et barbe, tramway aller et retour, pourboire aux guides bénévoles, et tu t'en passes.* Il est donc évident qu'à rester couché chez soi, jour et nuit, hiver comme été, en changeant de pyjama tous les quinze jours, tu augmenterais considérablement tes revenus …

This was written in the 1950s. Revise the section in italics to bring it up to date.

Construct your list round these expressions from the extract:

Tu paies …
Tu gagnes …
    soit juste de quoi …
    qui te permettent de …
Sans parler du reste …

5 Un ingénieur forestier suisse parle de son travail

Listen to document 1, and answer the questions below:

1. What does Christof say about the Valais, where he lives and works?
2. What is the main challenge facing forest engineers in mountainous areas of Switzerland?

3   What structures are at risk and need protection?
4   What measures can be taken to avert natural dangers?
5   Note down other aspects of his work that Christof mentions.

6   Une exploitation laitière

Laurent et sa famille ont une exploitation de 40 hectares, et un élevage laitier. Ils cultivent trois ou quatre hectares de céréales aussi. Ecoutez-le parler du calendrier agricole chez lui. Notez les travaux des différents mois de l'année.

janvier	
février	
mars	
avril	
mai	
juin	
juillet	
août	
septembre	
octobre	
novembre	
décembre	

Before you listen, use your dictionary to make a vocabulary list with the following words: milk, dairy herd, cow, bull, calf, heifer, bullock, to calve, cereals, barley, oats, potatoes, fence, sowing, harvest, grass, hay, silage, meadow.

7 Jobs

Actu
Travailler en étudiant

Roland-Garros
Du 29 mai au 11 juin
Chaque année, les Internationaux de France riment avec embauches pour les as du tennis … et les autres!
Les besoins: 170 hôtesses, 200 chauffeurs ou chauffeuses de stars. Mais aussi 55 contrôleurs de billets, des gardes du corps, 40 marqueurs (qui comptent les points pendant les matches).
- Pour tous ces emplois, la Fédération française de tennis (FFT) lance des appels d'offres auprès de plusieurs agences ou entreprises. Contactez-la en mars pour connaître les prestataires.
Tél.: 01.47.43.48.00.

Faire de la vente par téléphone
Pour ceux ou celles qui ont une bonne élocution et une voix qui passe bien au téléphone. Horaires à la carte en journée ou en soirée. Rémunération Smic horaire et parfois des primes.
- Inter Appel, à Paris, tél.: 01 40 15 90 60.

www.phosphore.com

1. Name four types of work available at the time of the Roland-Garros tournament.
2. When should you telephone the number given?
3. Who looks after recruitment for the jobs?
4. What qualities would you need to get a job in telesales?
5. What hours would you expect to work?
6. How would you be paid?

8 Knock

L'extrait suivant est tiré de *Knock, ou le Triomphe de la médecine* (1923) de Jules Romains. C'est une farce satirique qui vise le charlatanisme de certains médecins et la crédulité de leurs clients. Vous allez lire une partie de la conversation entre la DAME EN NOIR, solide paysanne de quarante-cinq ans, et KNOCK, qui fait des consultations gratuites dans la ville. Ecoutez-le, en même temps, sur le document 3.

1

KNOCK *la fait asseoir*: Vous vous rendez compte de votre état?

LA DAME: Non.

KNOCK *(il s'assied en face d'elle)*: Tant mieux. Vous avez envie de guérir, ou vous n'avez pas envie?

LA DAME: J'ai envie.

KNOCK: J'aime mieux vous prévenir tout de suite que ce sera très long et très coûteux.

LA DAME: Ah! Mon Dieu! Et pourquoi ça?

KNOCK: Parce qu'on ne guérit pas en cinq minutes un mal qu'on traîne depuis quarante ans.

LA DAME: Depuis quarante ans?

KNOCK: Oui, depuis que vous êtes tombée de votre échelle.

LA DAME: Et combien est-ce que ça me coûterait?

KNOCK: Qu'est-ce que valent les veaux, actuellement?

LA DAME: Ça dépend des marchés et de la grosseur. Mais on ne peut guère en avoir de propres à moins de quatre ou cinq cents francs.

KNOCK: Et les cochons gras?

LA DAME: Il y en a qui font plus de mille.

KNOCK: Eh bien, ça vous coûtera à peu près deux cochons et deux veaux.

LA DAME: Ah! là là! Près de trois mille francs? C'est une désolation, Jésus, Marie!

KNOCK: Si vous aimez mieux faire un pélerinage, je ne vous en empêche pas.

LA DAME: Oh! Un pélerinage, ça revient cher aussi et ça ne réussit pas souvent. *(Un silence.)* Mais qu'est-ce que je peux donc avoir de si terrible que ça?

2

KNOCK, *avec une grande courtoisie*: Je vais vous l'expliquer en une minute au tableau noir. *(Il va au tableau et commence un croquis.)* Voici votre moelle épinière, en coupe, très schématiquement, n'est-ce pas? Vous reconnaissez ici votre faisceau de Türck et ici votre colonne de Clarke. Vous me suivez? Eh bien! Quand vous êtes tombée de l'échelle, votre Türck et votre Clarke ont glissé en sens inverse *(Il trace des flèches)* de quelques dixièmes de millimètre. Vous me direz que c'est très peu. Evidemment. Mais c'est très mal placé. Et puis vous avez ici un

4 EN PLUS

tiraillement continu qui s'exerce sur les multipolaires. (*Il s'essuie les doigts.*)

LA DAME: Mon Dieu! Mon Dieu!

KNOCK: Remarquez que vous ne mourrez pas du jour au lendemain. Vous pouvez attendre.

LA DAME: Oh! là là! J'ai bien eu du malheur de tomber de cette échelle!

KNOCK: Je me demande même s'il ne vaut pas mieux laisser les choses comme elles sont. L'argent est si dur à gagner. Tandis que les années de vieillesse, on en a toujours bien assez. Pour le plaisir qu'elles donnent!

LA DAME: Et en faisant ça plus … grossièrement, vous ne pourriez pas me guérir à moins cher? … à condition que ce *soit* bien fait tout de même.

KNOCK: Ce que je puis vous proposer, c'est de vous mettre en observation. Ça ne vous coûtera presque rien. Au bout de quelques jours, vous vous rendrez compte par vous même de la tournure que prendra le mal, et vous vous déciderez.

LA DAME: Oui, c'est ça.

KNOCK: Vous allez rentrer chez vous. Vous êtes venue en voiture?

LA DAME: Non, à pied.

3

KNOCK, *tandis qu'il rédige l'ordonnance, assis à sa table:* Il faudra tâcher de trouver une voiture. Vous vous coucherez en arrivant. Une chambre où vous serez seule, autant que possible. Faites fermer les volets et les rideaux pour que la lumière ne vous gêne pas. Défendez qu'on vous parle. Aucune alimentation solide pendant une semaine. Un verre d'eau de Vichy toutes les deux heures, et, à la rigueur, une moitié de biscuit, matin et soir, trempé dans un doigt de lait. Mais j'aimerais autant que vous vous passiez de biscuit. Vous ne direz pas que je vous ordonne des remèdes coûteux! A la fin de la semaine, nous verrons comment vous vous sentez. Si vous êtes gaillarde, si vos forces et votre gaieté sont revenues, c'est que le mal est moins sérieux qu'on ne pourrait croire, et je serai le premier à vous rassurer. Si, au contraire, vous éprouvez une faiblesse générale, des lourdeurs de tête et une certaine paresse à vous lever, l'hésitation ne sera plus permise, et nous commencerons le traitement. C'est convenu?

LA DAME, *soupirant:* Comme vous voudrez.
KNOCK, *désignant l'ordonnance:* Je rappelle mes prescriptions sur ce bout de papier. Et j'irai vous voir bientôt.

1. Qu'est-ce qui, selon Knock, est à l'origine de la maladie de la dame? (section 1)
2. Comment calcule-t-elle que le traitement proposé par Knock coûtera 3 000 francs? (section 1)
3. Knock arrive à inquiéter la dame tout en faisant semblant de la rassurer. Citez des phrases qui le montrent. (section 2)
4. Le verbe en italiques est au subjonctif. Pourquoi? (section 2)
5. Quelle est la grande préoccupation de la dame qui la fait hésiter à se faire soigner? (section 2)
6. What do you think are the chances of the lady feeling better after a week of the treatment recommended by Knock? Answer with reference to his advice in section 3.
7. Au bout d'une semaine, Knock rend visite à la dame chez elle. Imaginez leur conversation. (90 mots)

9 TARTUFFE

Jean-Baptiste Poquelin est né à Paris en janvier 1622. A vingt ans il quitte la maison de son père pour devenir acteur. Il prend alors le nom de Molière. Pendant treize ans, il va de ville en ville, dans toute la France, jouer des pièces qu'il écrit lui-même. De retour à Paris, Molière joue devant le roi Louis XIV qui lui donne le théâtre du Palais-Royal (la future Comédie-Française). Il écrit ses plus grandes pièces, entre 1666 et 1672: *l'Ecole des femmes, le Tartuffe, Dom Juan, le Misanthrope, les Femmes savantes*. Il est à la fois auteur, metteur en scène et directeur de troupe, et c'est lui qui joue les premiers rôles. Il est le valet qui fait des farces, mais aussi le mari trompé, le personnage fou ou ridicule. En 1673, en jouant *le Malade imaginaire*, il est malade et meurt en quittant la scène.

Molière est le plus grand et le plus connu des auteurs de théâtre français.

The piece below is taken from Molière's play *le Tartuffe*. The gullible Orgon is taken in by Tartuffe, a shameless hypocrite with a veneer of piety (the subtitle of the play is *L'imposteur*). Tartuffe settles in to Orgon's household, trouble ensues, and in the end his cunning is exposed. The first three acts of the play were performed in Versailles for

4 EN PLUS

> Le Tartuffe was written more than three hundred years ago, in verse, so the language is not that of today. Nevertheless, it is still accessible.

Louis XIV in 1664. Molière himself played the part of Orgon. In this extract, Orgon returns home after two days' absence, and asks Dorine, his daughter's maid, how everything has been.

1 Listen to the extract in document 4 as you read it.

ORGON	*A Dorine.* Tout s'est-il, ces deux jours, passé de bonne sorte?
	Qu'est-ce qu'on fait céans? Comme est-ce qu'on s'y porte?
DORINE	Madame eut avant-hier la fièvre jusqu'au soir,
	Avec un mal de tête étrange à concevoir.
ORGON	Et Tartuffe?
DORINE	Tartuffe? Il se porte à merveille,
	Gros et gras, le teint frais, et la bouche vermeille.
ORGON	Le pauvre homme!
DORINE	Le soir elle eut un grand dégoût,
	Et ne put, au souper, toucher à rien du tout,
	Tant sa douleur de tête était encor cruelle!
ORGON	Et Tartuffe?
DORINE	Il soupa, lui tout seul, devant elle;
	Et fort dévotement il mangea deux perdrix,
	Avec une moitié de gigot en hachis.
ORGON	Le pauvre homme!
DORINE	La nuit se passa toute entière
	Sans qu'elle put fermer un moment la paupière;
	Des chaleurs l'empêchaient de pouvoir sommeiller
	Et jusqu'au jour, près d'elle, il nous fallut veiller.
ORGON	Et Tartuffe?
DORINE	Pressé d'un sommeil agréable,
	Il passa dans sa chambre au sortir de la table;
	Et dans son lit bien chaud il se mit tout soudain,
	Où, sans trouble, il dormit jusques au lendemain
ORGON	Le pauvre homme!
DORINE	A la fin, par nos raisons gagnée,
	Elle se résolut à souffrir la saignée;
	Et le soulagement suivit tout aussitôt.
ORGON	Et Tartuffe?
DORINE	Il reprit courage comme il faut;
	Et, contre tous les maux fortifiant son ame,
	Pour réparer le sang qu'avait perdu madame,
	But à son déjeuner, quatre grands coups de vin.
ORGON	Le pauvre homme!

DORINE Tous deux se portent bien enfin;
        Et je vais à madame annoncer par avance
        La part que vous prenez à sa convalescence.

2   Orgon is interested only in Tartuffe's health, but Dorine tells him about his wife too. In the grid below, say what she tells him about each of them.

	Orgon's wife, (Madame)	Tartuffe
their symptoms (of sickness or health)		
their appetite		
how they slept at night		
the treatment they underwent		

3   Where is the irony in Dorine's last remark?

25 J'AURAIS PU ÊTRE...

L'auteur Ahmadou Karouma

In this unit you will read or listen to five extracts from the novel *Allah n'est pas obligé*, by Ahmadou Kourouma. The novel, published in 2000, tells of the life of child-soldiers caught up in the armed conflict and civil war of the 1990's in Liberia and Sierra Leone and neighbouring areas of West Africa. The story is told by its 73-year-old author through the voice of a 10 or 12 year-old narrator, the child-soldier Birahima.

Ahmadou Kourouma est né en 1927, en Côte-d'Ivoire. Dès son premier roman, *Les Soleils des indépendances*, il est reconnu comme l'un des écrivains les plus importants du continent africain. De livre en livre, il s'emploie à révéler, avec humour et lucidité, l'envers de l'histoire contemporaine.

1 L'enfance de Birahima

1.1 In the first extract from the novel, Birahima speaks of his childhood. Before you read it, follow the instructions and complete the sentences below to make a summary of it.

Complétez les phrases suivantes en mettant les verbes entre parenthèses à l'imparfait:

Birahima (vivre) *sa vie avant la vie.*
Il (être) *dans le ventre de sa mère.*
Il (marcher) *à quatre pattes.*
Il (être) *un gosse dans la case avec sa maman.*
Il (être) *un bilakoro au village.*
Il (être) *à l'école.*
Il (être) *un enfant de la rue.*
Il (être) *un enfant sans peur ni reproche.*

1.2 Find the expressions in italics above in the extract below. Notice that in the extract, Birahima tells his story backwards, starting with the most recent situation.

Lisez l'extrait entier.

Avant de débarquer au Liberia, j'étais un enfant sans peur ni reproche. Je dormais partout, chapardais tout et partout pour manger. Grand-mère me cherchait des jours et des jours: c'est ce qu'on appelle un enfant de la rue. Avant d'être un enfant de la rue, j'étais à l'école. Avant ça, j'étais un bilakoro au village de Togobala. (Bilakoro signifie, d'après l'Inventaire des particularités lexicales, garçon non circoncis). Je courais dans les rigoles, j'allais aux champs, je chassais les souris et les oiseaux dans la brousse. Un vrai enfant nègre noir africain broussard. Avant tout ça, j'étais un gosse dans la case avec maman. Le gosse, il courait entre la case de maman et la case de grand-mère. Avant tout ça, j'ai marché à quatre pattes dans la case de maman. Avant de marcher à quatre pattes, j'étais dans le ventre de ma mère. Avant ça, j'étais peut-être un serpent, peut-être dans l'eau. On est toujours quelque chose comme serpent, arbre, bétail ou homme ou femme avant d'entrer dans le ventre de sa maman. On appelle ça la vie avant la vie. J'ai vécu la vie avant la vie.

1.3 Définitions: trouvez dans le paragraphe les mots qui correspondent aux définitions ci-dessous, et inscrivez-les dans la grille.

volais	
enfant non circoncis	bilakoro
filets d'eau	
végétation clairsemée, caractéristique de l'Afrique tropicale	
quelqu'un qui habite dans la brousse	
un enfant	

1.4 Dans le paragraphe que vous venez de lire, l'enfant raconte les étapes de sa vie dans l'ordre inverse. Soulignez le mot *avant* chaque fois qu'il paraît. Trouvez des exemples des deux façons (a) et (b) de l'utiliser:

a   avant de + verbe à l'infinitif (before … ing)
b   avant + nom ou pronom

1.5 Faites votre biographie de la même façon.

Avant de … je …
Avant …
Avant ça, je …

25 J'AURAIS PU ÊTRE…

25 J'AURAIS PU ÊTRE…

> Why was it appropriate to use the *imparfait* for almost all the verbs in the extract you read? See the grammar section, page 342.

1.6 Dressez les points communs et les différences (activités, coutumes, croyances) entre votre vie et celle de Birahima.

Comme Birahima, je …
A la différence de Birahima, je …

2 Birahima devient enfant-soldat

2.1 Lisez le deuxième extrait du roman.

> 'M'appelle Birahima. J'aurais pu être un gosse comme les autres (dix ou douze ans, ça dépend). Un sale gosse ni meilleur ni pire que tous les sales gosses du monde si j'étais né ailleurs que dans un foutu pays d'Afrique. Mais mon père est mort. Et ma mère, qui marchait sur les fesses, elle est morte aussi. Alors je suis parti à la recherche de ma tante Mahan, ma tutrice. C'est Yacouba qui m'accompagne. Yacouba, le féticheur, le multiplicateur de billets, le bandit boiteux. Comme on n'a pas de chance, on doit chercher partout, partout dans le Liberia et la Sierra Leone de la guerre tribale. Comme on n'a pas de sous, on doit s'embaucher. Yacouba comme grigriman féticheur musulman et moi comme enfant-soldat. De camp retranché en ville investie, de bande en bande de bandits de grand chemin, j'ai tué pas mal de gens avec mon kalachnikov. C'est facile. On appuie et ça fait tralala. Je ne sais pas si je me suis amusé. Je sais que j'ai eu beaucoup mal parce que beaucoup de mes copains enfants-soldats sont morts. Mais Allah n'est pas obligé d'être juste avec toutes les choses qu'il a créées ici-bas.'

> As you do this exercise, you are also changing a first-person to a third-person narrative: *je* to *il*.

2.2 Pour faire un résumé de l'extrait que vous venez de lire, complétez les phrases suivantes en répondant aux questions entre parenthèses:

a Birahima est parti de chez lui (avec qui?) (à la recherche de qui?) (pourquoi?)
b Ils ont cherché (où?)
c Birahima est devenu enfant-soldat (pourquoi?)
d Il a tué (qui?) (avec quoi?)
e Il a eu beaucoup de chagrin (pourquoi?)

3 Birahima explique ce que c'est qu'une guerre tribale

3.1 Lisez le troisième extrait du roman ci-dessous:

> Quand on dit qu'il y a guerre tribale dans un pays, ça signifie que des bandits de grand chemin se sont partagé le pays. Ils se sont partagé la richesse; ils se sont partagé le territoire; ils se sont partagé les hommes. Ils se sont partagé tout et tout et le monde entier les laisse faire. Tout le monde les laisse tuer librement les innocents, les enfants et les femmes. Et ce n'est pas tout! Le plus marrant, chacun défend avec l'énergie du désespoir son gain et, en même temps, chacun veut agrandir son domaine.
>
> Il y avait au Liberia quatre bandits de grand chemin: Doe, Taylor, Johnson, El Hadji Koroma, et d'autres fretins de petits bandits. Les fretins bandits cherchaient à devenir grands. Et ça s'était partagé tout. C'est pourquoi on dit qu'il y avait guerre tribale au Liberia. Et c'est là où j'allais. Et c'est là où vivait ma tante. Walahé (au nom d'Allah)! C'est vrai.
>
> Dans toutes les guerres tribales et au Liberia, les enfants-soldats, les small-soldiers ou children-soldiers ne sont pas payés. Ils tuent les habitants et emportent tout ce qui est bon à prendre. Dans toutes les guerres tribales et au Liberia, les soldats ne sont pas payés. Ils massacrent les habitants et gardent tout ce qui est bon à garder. Les soldats-enfants et les soldats, pour se nourrir et satisfaire leurs besoins naturels, vendent au prix cadeau tout ce qu'ils ont pris et ont gardé.
>
> C'est pourquoi on trouve tout à des prix cadeaux au Liberia. De l'or au prix cadeau, du diamant au prix cadeau, des télévisions au prix cadeau, des 4x4, cadeau, des pistolets et des kalachnikov ou kalach, cadeau, tout et tout au prix cadeau.
>
> Et quand tout est au prix cadeau dans un pays les commerçants affluent vers ce pays. (Affluer, c'est arriver en grand nombre, dans mon Larousse.) Les commerçants et les commerçantes qui veulent vite s'enrichir vont tous au Liberia pour acheter ou échanger. Ils vont avec des poignées de riz, un petit morceau de savon, une bouteille de pétrole, quelques

billets de dollars ou de francs CFA. Ce sont des choses qui font cruellement défaut là-bas. Ils achètent ou échangent contre des marchandises au prix cadeau, ça vient les vendre ici en Guinée et en Côte-d'Ivoire à des prix forts. C'est ça qu'on appelle faire de gros bénéfices.

3.2 D'après votre lecture de l'extrait, inscrivez les activités ou le rôle des différents participants à la guerre civile au Liberia dans la grille (verbes au présent).

Les participants	Leurs activités
les bandits	
les enfants-soldats	
les commerçants et les commerçantes	

3.3 Cause, conséquence, but

The words below can be used to express cause, consequence and purpose.

parce que: because	
car: because, since	*Car* is not used as a direct answer to the question *pourquoi*?
alors: so **comme:** as	Both *alors* and *comme* are used to throw light on the circumstances or the conditions in which something happens.
donc: so	*Donc* establishes a logical relationship between two actions or events.
pour: to, in order to	*Pour* can be followed by a verb in the infinitive or a noun or pronoun.
afin de: in order to	*Afin de* is followed by a verb in the infinitive.

Use the most appropriate word from the table above to link the elements of the sentences below.

a   .... les enfants-soldats ne sont pas payés, ils tuent les habitants et ils emportent tout ce qui est bon à prendre .... satisfaire à leurs besoins naturels.

  b   Les enfants emportent tout ce qui est bon à prendre .... ils ne sont pas payés.

  c   .... se nourrir, les enfants-soldats vendent au prix cadeau tout ce qu'ils ont pris.

  d   .... tout est au prix cadeau, les commerçants et les commerçantes affluent vers le pays .... acheter ou échanger.

  e   Les commerçants apportent du riz, du savon et de l'essence .... ces choses font cruellement défaut au Liberia.

  f   Les commerçants vendent au prix fort ce qu'ils ont acheté au prix cadeau, ... ils font de gros bénéfices.

4 Les enfants-soldats traversent un village abandonné

4.1 Ecoutez le quatrième extrait de *Allah n'est pas obligé* (document 1) dans lequel Birahima, devenu enfant-soldat, décrit ce qui se passe dans un village au Liberia. Kik, un ami de Birahima, est blessé.

Listen to the extract in sections, and answer the questions below. Before doing the exercise, do a mental translation of key words in the questions to help you to focus your listening.

Section 1

1   The narrator says that all the villages that the band of child-soldiers went to were abandoned. Where do people go when they leave their villages?

2   In one village, the soldiers saw two people running away. They:
    a   chased them
    b   shot them
    c   shot at them as they were running away
    d   caught them.

Section 2

3   What caused the explosion heard by the soldiers? What injury did Kik sustain? Note down three ways in which he showed the pain he was suffering.

4   How did Kik's friends carry him to the village? What did the nurse advise should be done? Was his advice followed?

Section 3

5   How did the child-soldiers satisfy their hunger?

5 Birahima donne l'oraison funèbre pour son ami Kik

5.1   Lisez le dernier extrait du roman, et répondez aux questions qui le suivent.

1   Bon! Comme Kik devait mourir, était déjà mort, il fallait faire son oraison funèbre. Je veux bien la dire parce que Kik était un garçon sympa et que son parcours n'a pas été long. (Parcours, c'est le trajet suivi par un petit toute sa courte vie sur terre, d'après mon Larousse.)

Dans le village de Kik, la guerre tribale est arrivée vers dix heures du matin. Les enfants étaient à l'école et les parents à la maison. Dès les premières rafales, les enfants gagnèrent la forêt. Kik gagna la forêt. Et, tant qu'il y eut du bruit dans le village, les enfants restèrent dans la forêt. Kik resta dans la forêt. C'est seulement le lendemain matin, quand il n'y eut plus de bruit, que les enfants s'aventurèrent vers leur concession familiale. Kik regagna la concession familiale et trouva son père égorgé, sa mère et sa sœur violées et les têtes fracassées. Tous ses parents proches et éloignés morts. Et quand on n'a plus personne sur terre, ni père ni mère ni frère ni sœur, et qu'on est petit, un petit mignon dans un pays foutu et barbare où tout le monde s'égorge, que fait-on?

Bien sûr on devient un enfant-soldat, un small-soldier; un child-soldier pour manger et pour égorger aussi à son tour; il n'y a que ça qui reste.

2   De fil en aiguille (de fil en aiguille signifie, d'après le Petit Robert, en passant progressivement d'une idée, d'une parole, d'un acte à l'autre), Kik est devenu un soldat-enfant. Le soldat-enfant était malin. Le malin small-soldier a pris un raccourci.

En prenant le raccourci, il a sauté sur une mine. Nous l'avons transporté sur un brancard de fortune. Nous l'avons adossé mourant à un mur. Là nous l'avons abandonné. Nous l'avons abandonné mourant dans un après-midi, dans un foutu village, à la vindicte des villageois. (A la vindicte signifie dénoncer quelqu'un comme le coupable devant la populace.) A la vindicte populaire parce que c'est comme ça Allah a voulu que le pauvre garçon termine sur terre. Et Allah n'est pas obligé, n'a pas besoin d'être juste dans toutes ses choses, dans toutes ses créations, dans tous ses actes ici-bas.

Allah n'est pas obligé, Ahmadou Kourouma. Editions du Seuil, 2000

> Dans l'extrait, repérez des verbes au passé simple. Voir la section grammaire, pages 342 et 345.

Section 1

1. Relevez la phrase qui indique que Kik est mort très jeune.
2. Quelle définition (1 ou 2) convient le mieux à chaque mot souligné dans le texte ci-dessus?

   rafale n.f. 1 coup de vent violent et soudain. 2 suite de coups tirés à bref intervalles par une arme automatique.

   concession n.f. 1 action d'accorder un droit, un privilège, un bien. 2 chose concédée (par exemple, terre à cultiver distribuée par l'Etat.)

3a. Pourquoi Kik est-il devenu enfant-soldat?
3b. Relevez l'expression qui indique que pour lui il n'y avait pas d'autre possibilité.

Section 2

4. Relevez les phrases qui racontent une partie de l'histoire que vous avez déjà écoutée dans le document 1.
5. A qui se réfère le pronom *le* (*l'*) en italique dans la section 2?

6 Les enfants-soldats: criminels ou victimes?

6.1 *Child-soldiers: criminals or victims?* is the title of a document published by Amnesty International (www.amnesty.org) outlining its position on whether child–soldiers should be prosecuted for serious violations of international criminal law. Do the following exercise in French or English.

✓ D'après votre lecture des cinq extraits du roman *Allah n'est pas obligé*, trouvez des éléments qui témoignent (a) des enfants criminels et (b) des enfants victimes de leurs circonstances.

✓ From your reading of the five extracts in this unit from the novel *Allah n'est pas obligé*, draw up evidence of child–soldiers as (a) criminals and (b) victims.

6.2 Parmi les trois phrases ci-dessous, choisissez celle qui correspond le mieux à votre avis. Choisissez aussi celle qui, d'après vous, correspondrait le mieux à l'avis d'Ahmadou Kourouma, l'auteur du roman *Allah n'est pas obligé*:

    a   L'enfant-soldat est surtout criminel.
    b   L'enfant-soldat est surtout victime.
    c   L'enfant-soldat est à la fois criminel et victime.

Elaborez votre point de vue en empruntant des arguments basés sur les extraits que vous avez lus.

Now test yourself at www.my-etest.com

1 On boude les urnes

A referendum was held in September 2000 on the question of reducing the term of office of the President of France from seven years to five. The turnout of voters was the lowest ever.

1.1 Les mots ci-dessous se rapportent aux procédures électorales. Faites-les correspondre à leurs définitions en-dessous:

électeur quinquennat bulletin blanc suffrage scrutin référendum urne bulletin nul bulletin septennat

- consultation populaire
- personne qui a le droit de participer à une élection
- opération par laquelle les électeurs désignent leurs représentants
- avis donné dans une élection
- papier qui sert à exprimer un vote
- bulletin qui n'exprime aucun choix
- bulletin qui ne peut être pris en compte
- boîte dans laquelle les votants déposent leurs bulletins, lors d'un scrutin
- mandat de sept ans
- mandat de cinq ans

1.2 Le référendum du 24 septembre 2000 visait à réduire la durée du mandat présidentiel en France de sept ans à cinq ans. Ecoutez le document 1, et complétez la grille en y inscrivant les chiffres que vous entendez.

Les résultats du référendum	
inscrits	39 581 463
votants	
abstentions	69,18%
blancs ou nuls	
exprimés	10 059 938
oui	
non	

26
ON VOTE?

245

26 ON VOTE?

1.3 Faites un résumé des résultats en complétant les phrases suivantes (verbes au passé composé).

Sur les 39 581 463 électeurs inscrits, 10 059 938 (s'exprimer) au référendum sur le quinquennat. 69,18% (s'abstenir), et 16,18% ont remis un bulletin blanc ou nul. 73,15% des votants (approuver) l'instauration du quinquennat.

1.4 *Le référendum sur le quinquennat ne semble pas avoir passionné les Français …*

Complétez la phrase ci-dessus en ajoutant des statistiques pour soutenir l'avis exprimé.

De l'usage détourné d'une consultation populaire

Il y a les méticuleux, qui avaient pris soin de se munir de ciseaux et de scotch, pour confectionner un bulletin 'noui' *'avec la moitié gauche du non et la moitié droite du oui'* comme le raconte un scrutateur du 3e arrondissement, à Paris. Il y a les franchement politiques, qui ont choisi de dire *'non à Jacques Chirac'*, ou *'oui à un référendum sur la Corse'*, *'oui au droit de vote des étrangers'*, *'oui aux cinq ans, mais pour les sénateurs aussi'*. Il y a les civiques désabusés qui se sont déplacés pour voter, afin d'inscrire sur leur bulletin *'oui ou non, peu importe'*.

Le référendum sur le quinquennat n'a pas passionné les Français. Le grand nombre de bulletins détournés lors du scrutin en dit sans doute aussi long sur les frustrations d'un certain nombre de Français. Chiffre inconnu puisque les bulletins nuls sont comptabilisés avec les blancs. Mais, après tout, tant pis, puisque l'imagination a pris le pouvoir, si l'on en croit à l'inventivité dont ont fait preuve les auteurs de ces bulletins qu'il est assez injuste de qualifier de 'nuls'.

La palme revient sans conteste à la pompe à essence, bien qu'aucun comptage scientifique permette de l'affirmer. Très prisé par les 71 électeurs (sur 89) de Saint-Martin-des-Landes (Orne), le dessin de la pompe à carburant, sur le bulletin ou directement sur l'enveloppe, a également séduit les électeurs de Vire (Calvados), ceux de Chambon-Feugerolles, une commune ouvrière proche de Saint-Etienne, des Parisiens ou des Berruyers (habitants de Bourges). Moins sûrs de leur talent graphique, certains se sont contentés d'écrire au dos de leur bulletin: 'Nous sommes mécontents du prix de l'essence', tandis qu'environ 18% des Charentais votaient oui … *'à l'essence moins chère',* ou *'à la baisse des impôts'.* Dans le Médoc, les sylviculteurs entendaient protester contre le gouvernement pour sa gestion des suites de la tempête de décembre. Sans oublier le fief de José Bové, l'Aveyron, où de nombreux bulletins rageaient contre le jugement rendu à l'égard du leader de la Confédération paysanne.

Bref, c'est un citoyen qui dit non, non, non et non. *'Non à l'enfouissement des déchets nucléaires',* comme à l'Isle-Jourdain, dans la Vienne, *'non à l'autoroute A 831'* qui doit traverser le marais poitevin, *'non au projet de ligne à haute tension',* dans le Quercy blanc, *'non au pylône de téléphonie mobile'* à Ruaudin, dans la Sarthe, *'non à la décharge',* à Bouxurulles, dans les Vosges. Ou encore *'non au TGV Bretagne-Pays de la Loire'* qui doit découper en deux la commune d'Aigné, toujours dans la Sarthe. Certains Réunionnais ont cependant voté oui, *'à un *RMI égalitaire'.* Mais à Pont-Farcy (Calvados), les habitants ont préféré ne pas aller voter, pour protester contre la suppression du bureau de poste. Un régal pour les amateurs des petits à-côtés de la science politique.

extrait de l'article de Béatrice Gurrey, *Le Monde*,
26 septembre 2000

en dire long sur: to say a lot about   en croire à: to go by

1.5 Lisez d'abord le premier paragraphe de l'article ci-dessus. Vous êtes

   a   un méticuleux
   b   un franchement politique
   c   un civique désabusé.

Comment avez-vous voté au référendum?

1.6 Lisez le reste de l'article. Relevez les messages et les sujets de messages écrits par les votants sur leurs bulletins: messages qui ont rendu leurs bulletins 'nuls'. Ecrivez-les sous les rubriques 'oui' et 'non', comme dans l'exemple.

Oui	Non
Oui à un référendum sur la Corse!	Non à Jacques Chirac!

26
ON VOTE?

1.7 Etes-vous d'accord avec l'auteur de l'article qu'il est assez injuste de qualifier les bulletins qui portent ces messages de 'nuls' (paragraphe 2)? Expliquez votre point de vue.

1.8 Imaginez qu'il y a des élections locales ou nationales en Irlande. Dressez la liste de vos revendications en utilisant les formules 'Oui à … !' 'Non à … !'

1.9 Sur le document 2, trois personnes racontent ce qu'elles ont fait le jour du scrutin. A la première écoute, cochez la bonne case ci-dessous pour indiquer si, ou comment, elles ont voté. A la deuxième écoute, notez pourquoi.

	a voté	n'a pas voté	a voté blanc
1			
2			
3			

2 Les institutions politiques

2.1 Dans la grille ci-dessous, vous voyez un résumé des institutions politiques en France. Complétez-la en inscrivant les détails correspondants pour l'Irlande:

l'Assemblée nationale a son siège au palais Bourbon, place de la Concorde.

	France	**Irlande**
Le président de la République	Il est élu pour 5 ans; il habite et travaille au palais de l'Elysée; il désigne le Premier ministre parmi le groupe majoritaire à l'Assemblée; il peut dissoudre l'Assemblée	
Le Parlement: pouvoir législatif	**L'Assemblée nationale** et **le Sénat** forment le Parlement de la France. Le Parlement propose, débat, amende et vote les lois pour le pays. **L'Assemblée nationale** 577 députés représentent les Français et les Françaises à l'Assemblée nationale. Les députés sont élus pour 5 ans. **Le Sénat** 321 sénateurs sont élus pour 9 ans, au suffrage indirect par un collège électoral composé de députés, et de conseillers municipaux, généraux, et régionaux Pour être adoptée, une loi doit être votée dans les mêmes termes par l'Assemblée nationale et par le Sénat.	
Le gouvernement: le pouvoir exécutif	Le président et le gouvernement (les ministres) font exécuter les lois.	

Pour en savoir plus, consultez www.quid.fr sous la rubrique *Institutions*.

2.2 Parlez des points communs et des différences que vous aurez relevés.

- En France comme en Irlande …
- A la différence de la France, nous …
- Comme en France …
- Chez nous …, en France par contre …

26 ON VOTE?

249

3 Les démocraties en question

Aujourd'hui, la démocratie semble acquise dans bon nombre de pays comme le nôtre. Il semble inconcevable que notre système s'écroule, que l'on ne puisse plus s'exprimer librement, choisir ses représentants, etc. […]

Pourtant, nombreux sont aujourd'hui les observateurs (universitaires, dirigeants politiques, journalistes, écrivains, artistes, etc.), au sein même des pays démocratiques, à se demander si leur système peut demeurer en l'état, voire même s'il n'est pas menacé. La 'menace' serait plus moderne que celle des canons car elle serait diffuse. Elle s'appuierait d'une part sur la mondialisation économique (hors de tout contrôle politique), le développement incontrôlé des réseaux informatiques comme l'Internet ou l'accroissement du pouvoir des gouvernements 'supranationaux' (le Conseil de sécurité des Nations Unies, la Commission européenne, etc.).

D'autre part, elle se nourrirait du développement de l'abstentionnisme lors des élections, du désintérêt pour l'action politique ou syndicale au profit des causes humanitaires ou environnementales (il y a ainsi en Angleterre davantage d'adhérents à la Société pour la protection des oiseaux qu'au Parti travailliste, de gauche). Ou bien de l'augmentation de la toute-puissance de la télévision, lucarne où se mêlent information et divertissement habituant, se faisant, l'individu à être spectateur et non acteur. Chacun espère que, croyant la démocratie acquise, celle-ci ne nous échappe pas.

Les Clés de l'Actualité, du 20 au 26 avril 2000

3.1 Faites une lecture rapide de l'article ci-dessus. Laquelle des affirmations suivantes le résume le mieux:

    a La démocratie est acquise dans bon nombre de pays.
    b La démocratie s'écroule.
    c La démocratie est menacée.

3.2 Dans le premier paragraphe de l'article, relevez deux caractéristiques du système politique qu'on appelle la démocratie.

3.3 Dans les paragraphes 2 et 3, soulignez les expressions suivantes qui contiennent un verbe au conditionnel:

La 'menace' serait …
elle serait …
elle s'appuierait sur …
elle se nourrirait …

A quoi le pronom *elle* se réfère-t-il?

> In the grammar section, page 342, look up the uses of the conditional, and explain why it is used in the cases you have underlined. What difference would it make if these verbs were in the present or the future tense?

3.4 Relevez dans les paragraphes 2 et 3 les six menaces à la démocratie qui sont évoquées.

paragraphe 2:
a la …
b le …
c l'…

paragraphe 3:
a du …
b du …
c de l'…

Vérifiez vos réponses en écoutant le document 3, et corrigez-les s'il le faut.

'Je ne suis pas inquiet'
Un entretien avec Daniel Cohn-Bendit, ancien leader de la contestation étudiante en mai 1968, devenu figure emblématique des Verts (parti écologiste) et député européen

Les Clés: Quand peut-on dire qu'une société est démocratique ou qu'elle ne l'est plus?

Daniel Cohn-Bendit: A mon sens, une société est démocratique lorsqu'à côté des institutions mises en place existe une société civile riche et active. La démocratie n'est pas qu'une affaire des institutions. C'est aussi une question de liberté des individus. A l'inverse, une société cesse d'être démocratique lorsque la répression de l'Etat l'emporte sur les libertés et notamment la liberté d'expression. Lorsque le Chili passe du régime Allende (socialiste) à celui de Pinochet (coup d'Etat militaire d'extrême-droite) en 1973, il quitte la démocratie car les individus perdent leurs libertés. Aux Etats-Unis, la période du maccarthyisme (dénonciation systématique de tous les individus ayant des idées considérées

26 ON VOTE?

comme communistes dans les années 50) pouvait laisser croire à l'émergence d'une tendance autoritaire mais la société américaine dans son ensemble a tenu bon et a surmonté la crise.
Les Clés: Nos démocraties sont-elles menacées?
Daniel Cohn-Bendit: Non. La mondialisation, l'émergence de gouvernements supra-nationaux ou le développement de l'abstentionnisme sont des signes de faiblesse, d'essoufflement de nos sociétés démocratiques, mais rien d'autre. Les démocraties ont prouvé au fil du temps qu'elles avaient une capacité à vivre des moments de crise et à les dépasser. Aux Etats-Unis, il y a une démocratie locale active. En France ou en Allemagne, il y a d'autres signes comme les manifestations par exemple. Quant à l'abstentionnisme, c'est en soi une expression politique. Cela traduit non pas une absence de vigilance mais une non-adhésion aux programmes, aux candidats ou aux idées. C'est différent. Non, je ne suis pas inquiet.

Les Clés de l'Actualité, du 20 au 26 avril 2000

3.5 Lisez l'article *Je ne suis pas inquiet*. Quelles sont les caractéristiques d'une société dans laquelle la démocratie tient bon, selon Cohn-Bendit?

3.6 Dans le dernier paragraphe, Daniel Cohn-Bendit parle des inquiétudes soulevées dans l'article précédent. Relevez l'expression qui indique que pour lui ce ne sont pas des menaces graves.

3.7 Daniel Cohn Bendit seems optimistic about the future of democracy. Outline the reasons for his optimism.

3.8 Si vous avez dix-huit ans, vous avez peut-être déjà participé à une élection. Sinon, vous allez bientôt pouvoir le faire. Au prochain scrutin, allez-vous voter? Elaborez votre réponse, en incorporant des réflexions provoquées par les articles que vous venez de lire.

To follow up

When issues raised in this unit are in the news, write about them in your *journal*.

Now test yourself at www.my-etest.com

27 CINÉMA

1 Le grand écran

Je vais très souvent au cinéma, une fois par semaine au minimum.

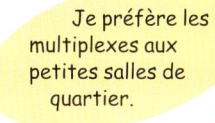

Je préfère les multiplexes aux petites salles de quartier.

Je suis un mordu du cinéma.

Le cinéma, ça ne m'intéresse pas tellement.

Entre le sport et le lycée, je n'ai pas le temps d'aller très souvent au cinéma.

1.1 Laquelle des situations ci-dessus correspond le mieux à la vôtre? Répondez en élaborant un peu.

1.2 Et quand vous allez au cinéma, qu'est-ce que vous recherchez? Qu'est-ce qui vous plaît?

Moi, c'est le rire. J'aime beaucoup les comédies.

Moi, c'est surtout l'évasion.

Moi, ce qui me plaît surtout c'est de voir les acteurs que j'aime.

Moi, je n'aime pas les suites. C'est toujours le même film au fond.

J'aime les films qui racontent une histoire vraie.

J'aime le suspens. J'aime bien être tenue en haleine.

Moi je vais voir un peu de tout.

1.3 Parmi les genres de films ci-dessous, est-ce qu'il y a des genres que vous préférez?

AN: film d'animation
AV: aventure
CD: comédie dramatique
CO: comédie
CT: court métrage
DA: dessin animé
DC: documentaire
DP: drame psychologique
DR: drame
FA: fantastique

FD: film de danse
FM: film musical
FN: film noir
FP: film politique
GR: guerre
HO: horreur
PO: policier
SF: science-fiction
TH: thriller
WS: western

253

27 CINÉMA

1.4 A deux, lisez le dialogue suivant. Ensuite, écoutez le document 1. Soulignez les éléments du dialogue ci-dessous qui sont différents de ceux que vous entendez.

– *Tu aimes aller au cinéma?*
– *Ah oui, beaucoup.*
– *Il y a un cinéma dans ta ville?*
– *Il y a un multiplexe, et j'y vais avec mes copains deux ou trois fois par mois, pas tous les week-ends mais très souvent, surtout en hiver.*
– *Qu'est-ce qui vous attire au multiplexe en particulier?*
– *J'aime bien l'ambiance. Il y a des fastfood, et des cafés où on peut s'asseoir pour discuter. Il y a aussi des salles de jeux vidéo. On va y jouer quelquefois au lieu d'aller au ciné.*
– *Il y a combien de salles de cinéma?*
– *Il y en a sept. Alors avec sept films différents à l'affiche, tu trouves toujours quelque chose qui t'intéresse. C'est très bien.*

1.5 Listen to document 1 for the second time, and note down the ways in which the speaker's tastes differ from those of the speaker in the written version.

Lequel des deux vous ressemble le plus?

1.6 Travaillez à deux. D'abord, formulez des questions (en utilisant *tu*) pour demander à votre camarade:

    a s'il y a un cinéma près de chez lui/chez elle,
    b s'il/elle aime aller au cinéma et s'il/elle y va souvent,
    c quels genres de films il/elle aime,
    d ce qu'il/elle recherche quand il/elle va au cinéma.

Ensuite, répondez aux questions à tour de rôle.

254

2 Vous avez craqué pour …

2.1 Dans votre classe, dressez une liste de films (les bons et les mauvais) que vous avez vus récemment, au cinéma ou à la maison. Classez-les selon les critères ci-dessous:

Ceux que vous avez aimés:

passionnément ★ ★ ★
beaucoup ★ ★
un peu ★
pas du tout ☹

2.2 Lisez les expressions ci-dessous, et relevez celles qui sont utiles pour décrire les films de votre liste:

C'est
une belle réussite
un navet absolu
un excellent travail technique
une vraie performance
pour petits et grands
une adaptation de …

C'est un film qui
fait état des relations sociales
pose la question de …
s'inspire de …
fait réfléchir
est destiné aux ados
fait état de …
explore …

C'est un film	simple	brutal
touchant	teinté de surnaturel	noir
plein d'audace	épique	cruel
fantastique	émouvant	impitoyable
ensoleillé	inattendu	tendre
élégant	drôle	émouvant
très rigolo	doux amer	exotique
spirituel	humoristique	effrayant
parodique	nostalgique	banal
compliqué	cynique	hors norme

3 Petites revues de films

3.1 Lisez les quatre revues ci-dessous. Pour chacune, remplissez un formulaire comme celui-ci:

Titre:
Genre:
Nationalité:
Réalisateur(s):
Acteurs:
Résumé:
Appréciation:

(DC) BUENA VISTA SOCIAL CLUB. 1h40. Documentaire allemand en couleurs et en noir et blanc de Wim Wenders.
Ils ont entre 60 et 85 ans et sont de véritables figures légendaires de la musique cubaine des années 50. Ry Cooder, l'auteur des musiques de 'Paris texas' et 'The end of violence' a réussi à les rassembler en 96 pour enregistrer un album et en 98, Wim Wenders l'a accompagné à la Havane pour filmer leur histoire, celle de Cuba et de sa musique. Un documentaire exceptionnel qui révèle toute la simplicité de ses personnages monumentaux.
Pariscope

(AN) DINOSAURE. 1h25. Film d'animation américain en couleurs de Ralph Zondag, Eric Leighton.
Séparé de la couvée maternelle, un œuf de dinosaure est trouvé par des lémuriens qui élèvent comme un des leurs le jeune animal. Après une pluie de météorites qui détruit son île, cette originale famille se joint à une horde de dinosaures, en quête d'une terre accueillante, nécessaire à leur survie. Un exceptionnel travail technique, mêlant images de synthèse et décors naturels.
Pariscope

(PO) LES RIVIERES POURPRES. 1h45. Policier français en couleurs de Matthieu Kassovitz avec Jean Reno, Vincent Cassel, Nadia Farès. Deux flics se voient confier deux enquêtes différentes. Le premier, un homme d'expérience, se rend dans les Alpes sur les lieux d'un meurtre avec mutilation. Le deuxième, plus jeune et ancien délinquant, part à Sarzac où la tombe d'un enfant vient d'être profanée … Ces deux faits divers qui se rejoignent s'inspirent du roman de Jean-Christophe Grangé. Int.-12 ans.
Pariscope

LE FABULEUX DESTIN D'AMÉLIE POULAIN
De Jean-Pierre Jeunet, avec Audrey Tautou, Matthieu Kassovitz, Rufus, Dominique Pinon. Musique de Yann Tiersen.
A Paris, une jeune serveuse veut faire le bien autour d'elle. Dans sa quête de bonheur, elle croise un commis épicier (Jamel Debbouze) maltraité par son patron. Un peintre aux os de cristal (Serge Merlin), cloîtré chez lui. Une concierge veuve (Yolande Moreau) qui soigne son chagrin au porto. La donzelle saupoudre sur eux des confettis de bonheur. Elle est si généreuse, Amélie Poulain, que les âmes pures comme Nino Quincampois (Matthieu Kassovitz) peuvent voir son cœur battre à travers son chemisier à fleurs. Tout au long de ce film drôle et romantique, Jeunet nous enrubanne d'une allégresse qu'on n'avait plus vue sur une toile depuis *Les enfants du paradis* pour certains, *Zazie dans le métro* pour d'autres. Désormais, les enfants du nouveau siècle vont s'aimer sous les auspices radieux d'Amélie Poulain. Un chef-d'œuvre de poésie … sur pellicule.

Frédéric Garat
Phosphore, mai 2001

3.2 Retournez à la liste que vous avez dressée dans 2.1 ci-dessus. Travaillez à deux. Choisissez quelques films de la liste. Faites de petites revues, comme dans les modèles ci-dessus.

27 CINÉMA

4 On va au cinéma?

4.1 Reconstruct the four dialogues below by marking the appropriate responses (a), (b), (c) and (d) in boxes 2, 3 and 4.

1	a	Tu veux aller au cinéma ce soir?
	b	Ça te dit d'aller au ciné?
	c	Si on allait au cinéma?
	d	Tu ne veux pas qu'on aille au cinéma?

2	Oui, volontiers. On va à la séance de 9 heures?
	C'est pas que je ne veux pas, c'est que je ne me sens vraiment pas bien. J'ai la tête qui tourne.
	Ah non! Il fait trop beau. Je préfère être dehors.
	Pas ce soir, j'ai un match de volley.

3	Tu vas te reposer, et on remet ça à la semaine prochaine quand tu iras mieux.
	Alors on fait une promenade?
	Tu ne veux pas aller à la séance de minuit, après le match?
	D'accord. Je viens te chercher alors vers 8h30?

4	Oui. Jeudi soir, par exemple.
	Si tu veux. Le long du canal, par exemple. On se donne rendez-vous au pont?
	Oui, ou si tu veux manger avec nous avant le film, tu peux venir vers 7h30.
	Ah non, je m'endormirais. On peut y aller demain?

5	D'accord.

Vérifiez vos réponses en écoutant le document 2.

Write the following messages:

a Tell Thomas you're going for a walk along the canal with Suzanne. Say you're meeting at the bridge at 7 o'clock, and ask him if he wants to go too. Say you'll go for a drink (prendre un pot) later at the café by the bridge, and ask him to meet (rejoindre) you there if he can't go for the walk.

b   Ask Hélène if she's better, and if she still (*toujours*) wants to go to the cinema on Thursday. Say there's a very good film at the Gaumont.

c   Say you can't go to the cinema tomorrow. You have a football match.

d   Ask Maurice if he can pick your brother up in town at about 7 o'clock before coming to your house. Say you're making pancakes for dinner.

To follow up

In your *journal*, make a habit of writing about the films you see.

Now test yourself at www.my-etest.com

28 DÉPLACEMENTS

1 Les moyens de transports

1.1 Dans la liste des mots ci-dessous, trouvez ceux que vous pouvez classer sous les rubriques suivantes:

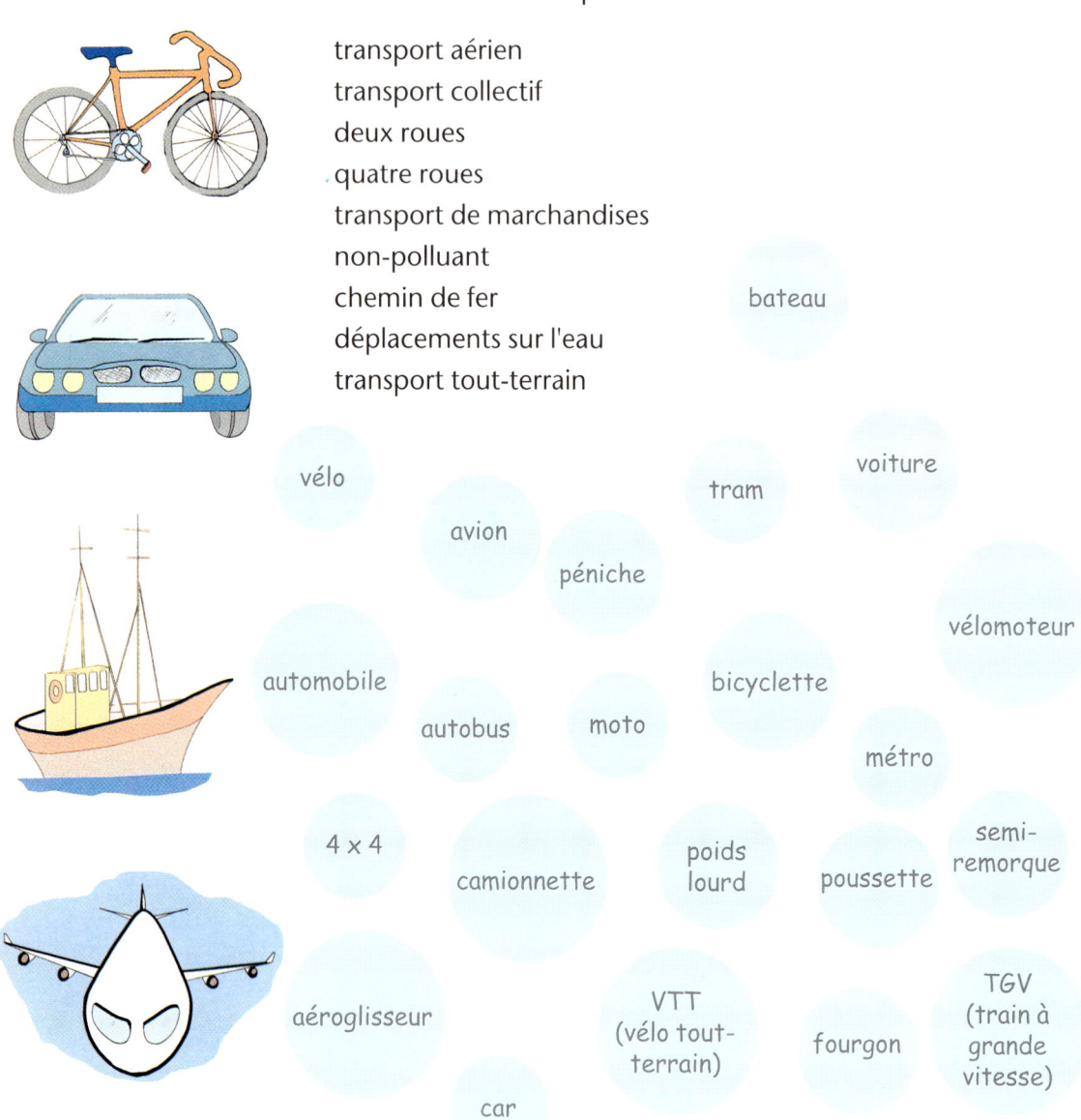

- transport aérien
- transport collectif
- deux roues
- quatre roues
- transport de marchandises
- non-polluant
- chemin de fer
- déplacements sur l'eau
- transport tout-terrain

bateau, vélo, avion, tram, voiture, péniche, automobile, autobus, moto, bicyclette, vélomoteur, métro, 4 x 4, camionnette, poids lourd, poussette, semi-remorque, aéroglisseur, VTT (vélo tout-terrain), fourgon, TGV (train à grande vitesse), car, train, ferry, hélicoptère, camion

2 Vos déplacements

2.1 Ecoutez huit personnes qui parlent sur le document 1, et notez les déplacements dont elles parlent.

260

	pour aller où? pour quoi faire?	moyen de transport	autres détails
1			
2			
3			
4			
5			
6			
7			
8			

MJC: Maison des jeunes et de la culture.

2.2 Au cours d'une semaine, quels sont les déplacements réguliers des membres de votre famille:

- a pour faire les courses?
- b pour aller au travail?
- c pour aller à l'école?
- d pour les activités de loisirs?
- e pour les sorties le soir ou le week-end?

expressions avec *aller*:
à pied
à pour un véhicule à deux roues
par le quand il s'agit de transport collectif
en pour tous les véhicules

tous les jours
toujours
souvent
tous les jeudis
le mardi soir
le week-end
de temps en temps
parfois, quelquefois
rarement
il nous arrive de …

Je prends le bus pour aller en ville.

Moi j'y vais à vélo.

28

DÉPLACEMENTS

261

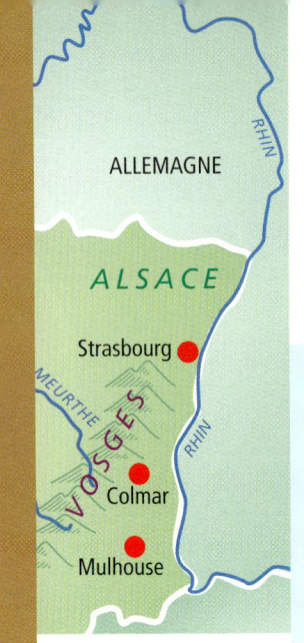

3 Déplacements à Strasbourg

3.1 Lisez l'article ci-dessous:

Communauté Urbaine de Strasbourg: déplacements et mobilité à Strasbourg

1. Strasbourg, principale ville d'Alsace et 7e ville de France, est le siège de grandes institutions européennes - Parlement de l'Union, Conseil de l'Europe, Cour européenne des droits de l'homme … Elle est située sur la rive ouest du Rhin, à 500 km à l'est de Paris, à proximité de l'Allemagne.

2. Avec 450 000 habitants pour 306 km^2, l'agglomération représente 45% de la population mais seulement 6% de la superficie du département du Bas-Rhin, sa zone d'influence économique directe. Important centre universitaire, tertiaire et industriel, la Communauté urbaine de Strasbourg est le lieu d'activités sociales, économiques et culturelles où convergent chaque jour des milliers de personnes qui habitent jusqu'à plusieurs dizaines de kilomètres.

3. Selon une enquête sur les déplacements des ménages menée en 1988, 74% des déplacements mécanisés dans l'agglomération se faisaient en voiture. L'accumulation de contraintes et de nuisances liées à l'augmentation du nombre de véhicules - monopolisation de l'espace, circulation bloquée, pollution atmosphérique et sonore, insécurité pour les piétons et cyclistes - était devenue une réalité strasbourgeoise quotidienne dans les années 1980. Il était donc indispensable de rééquilibrer la part des différents modes de déplacements dans la ville afin d'y préserver à la fois la qualité de vie et la mobilité des personnes.

4. La politique des déplacements occupe, dans ce cadre, une place privilégiée. Les différents modes de déplacements dans l'agglomération - transports collectifs, vélo, marche à pied, voiture individuelle - sont désormais considérés de façon complémentaire, afin de rééquilibrer leur importance relative. Ce rééquilibre passe par une discrimination positive en faveur des trois premiers. L'ensemble des mesures prises privilégie l'intermodalité - y compris avec le train - afin de créer de véritables alternatives au tout-automobile envahissant des années 1980.

www.transports-strasbourg.com

Parlement de L'Union, Strasbourg

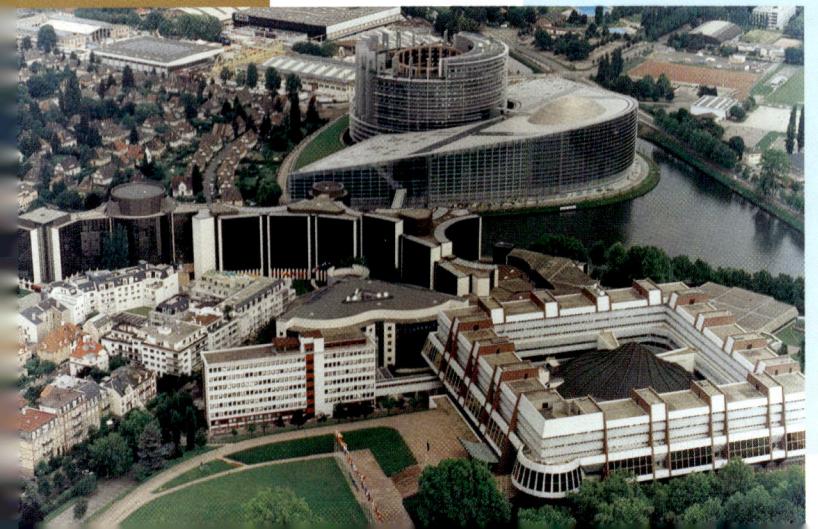

3.2 Ecoutez bien les instructions sur le document 2. Il s'agit de souligner certaines expressions dans l'article ci-dessus.

3.3 Using the expressions you have underlined above as key points, briefly outline Strasbourg's transport policy, and say why it was felt necessary to develop a new policy.

3.4 Dans la colonne à gauche ci-dessous, vous verrez les éléments de la réalisation de la politique des déplacements à Strasbourg. Dans la colonne de droite, inscrivez l'infinitif du verbe qui correspond au nom en caractères gras à gauche:

Réaménagement de la voirie au profit du piéton et du vélo	
Interdiction de circulation de transit en centre-ville	
Extension des zones piétonnes	
Développement d'un réseau cyclable	
Mise en place de mesures de prévention de vol de bicyclette	
Ouverture de sites vélocation	
Création d'un réseau tram	
Adaptation des fréquences de trams à la demande	
Amélioration des dessertes et des fréquences des bus	
Mise en place d'une tarification bus/tram unique	
Création de parkings-relais aux entrées de la ville où on peut stationner sa voiture et gagner le centre par le tram ou le bus	
Création de véritables alternatives à l'automobile	

3.5 Utilisez les verbes que vous avez inscrits dans la colonne de droite ci-dessus pour reconstruire les phrases à gauche. Complétez le paragraphe qui commence

Pour réaliser sa politique des déplacements, la Communauté urbaine de Strasbourg a réaménagé la voirie au profit du piéton et du vélo. Elle a …

> The partitive article (*d'*, *de*, or *des*) will disappear from the sentences when you transform them in the exercise 3.5. Replace it with either a definite or indefinite article, whichever makes sense. See the grammar section, page 340.

263

4 Dans votre ville …

4.1 Discutez des questions suivantes:

✓ Dans votre ville, y a-t-il des problèmes de circulation? A quels endroits? A quelles heures?

✓ La situation en ce qui concerne les déplacements et les transports collectifs a-t-elle changé ces dernières années? Si elle a changé, est-ce pour le meilleur ou pour le pire?

✓ Si vous étiez responsable des transports en commun, y a-t-il des mesures que vous aimeriez prendre? Lesquelles?

Moi je crois qu'il faudrait améliorer la fréquence des trains.

Moi aussi.

4.2 Imaginez que votre conseil local est en train de développer une politique de déplacements pour votre ville ou votre région. Rédigez le discours que vous allez donner lors d'une réunion. Parlez des problèmes tels que vous les voyez, et des solutions que vous proposez.

Now test yourself at www.my-etest.com

1 Chartres et les cathédrales du Moyen Age

La cathédrale de Chartres est inscrite sur la liste du patrimoine mondial de l'U.N.E.S.C.O.

L'ensemble de la cathédrale que nous voyons aujourd'hui est achevé en 1260. Elle est parmi les quatre-vingts cathédrales et les dizaines de milliers d'églises construites en France entre 1050 et 1350. Cette période de trois siècles est, pour l'Europe chrétienne en général et pour la France en particulier, une période dynamique ou ascendante, animée par une ferveur religieuse. L'histoire de la construction des cathédrales est liée étroitement au développement des villes et du commerce. Elle est aussi liée à l'histoire des techniques: les bâtisseurs des cathédrales ont participé à la révolution industrielle du Moyen Age.

1.1 Ecoutez le document 1, et inscrivez les dimensions de la cathédrale de Chartres dans l'encadré.

> **Les principales dimensions de la cathédrale de Chartres:**
> Longueur totale: …… mètres.
> Largeur de la façade principale: …… mètres.
> Diamètre des trois roses: …… mètres.
> Hauteur de la voûte: …… mètres.
> Hauteur du clocher neuf: …… mètres (l'équivalent d'un immeuble de 30 étages).
> Superficie des vitraux: …… mètres carrés.

C'est impressionant!

1.2 Si la hauteur du clocher est équivalente à un immeuble de 30 étages, cherchez des équivalents modernes pour les autres dimensions données dans l'encadré.

2 La façade occidentale de la cathédrale (appelée la façade royale)

Regardez la photo de la façade occidentale de la cathédrale de Chartres. A droite vous voyez *le clocher sud*, ou le vieux clocher, bâti à partir de 1145, avec sa *tour carrée* et sa *flèche octogonale*. Le tout est construit sans aucune pièce de charpente: la flèche est constituée de *parois qui s'amincissent progressivement vers le haut*.

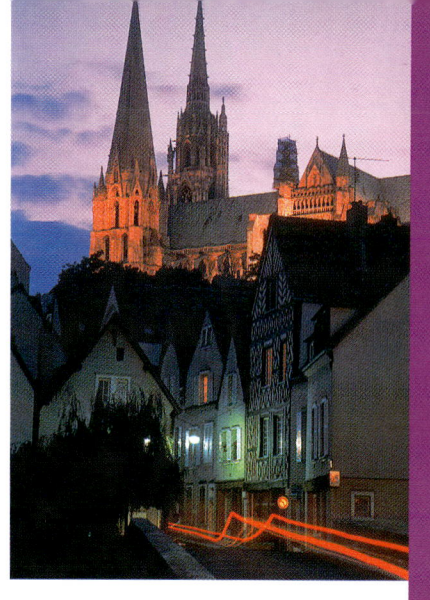

29 CHARTRES

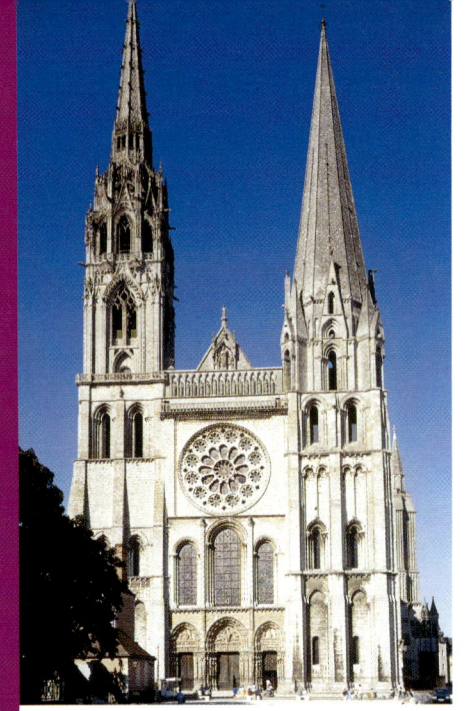

La façade occidentale.

La tour nord, appelée le clocher neuf, diffère peu de la tour sud dans ses *étages inférieurs*. La *haute souche carrée* est ajoutée au XIIIe siècle, et la *flèche* au XVIe.

La façade principale est, pour une bonne part, l'ancienne façade conservée de la cathédrale romane. *Le portail* fut construit probablement vers le milieu du XIIe siècle, et dans son espace restreint on découvre *un décor sculpté* extrêmement riche et varié. Le portail est surmonté de *trois fenêtres*. *La rose* à l'étage en dessus est une des plus anciennes qu'on connaisse. *La galerie des rois* fut ajoutée pendant la seconde moitié du XIIIe siècle.

Les trois portes du portail royal semblent avoir été décorées d'après un plan précis. *La baie de droite*, dite la baie de la Vierge, représente l'entrée du Christ dans le monde; *celle de gauche*, son Ascension qui marque la fin de son séjour ici-bas; et au *tympan du milieu* est figuré le second avènement de Jésus à l'heure du Jugement dernier. Sa vie terrestre est sculptée dans les *chapiteaux du portail*.

2.1 Sur la photo de la façade occidentale, repérez les éléments architecturaux en italiques dans le texte.

1 Marie, le front ceint d'un diadème, rend visite à sa cousine Elizabeth qui sera bientôt mère.

2 Pythagore. Dans les cordons des voussures de la baie de droite on trouve les sept arts libéraux: dialectique, rhétorique, géométrie, arithmétique, astronomie, grammaire, musique. Chaque science est représentée par l'homme qui l'a le plus honoré.

3 Mars: un vigneron taille sa vigne. Dans les voussures de la baie de gauche on trouve un calendrier en pierre où les travaux des mois alternent avec les signes du zodiaque.

2.2 Associez chaque phrase ci-dessous avec la ou les sculptures qu'elle semble décrire:

	1	2	3
Le sujet est religieux.			
Le sujet est laïque.			
La figure est peut-être inspirée d'une personne connue du sculpteur.			
C'est une figure réelle, humaine, à l'aise.			
La figure est adaptée à l'espace qu'elle doit remplir.			
L'ensemble de la sculpture est harmonieuse.			
C'est d'une grande maîtrise.			
La figure est (a) sereine, (b) souriante, (c) concentrée.			

3 La construction d'une cathédrale

3.1 A l'aide d'un dictionnaire, repérez les éléments suivants sur l'image:

la pierre
le bois
les murs
les échafaudages
les cordes
les poulies
le dallage
le labyrinthe
la clef de voûte
les bras des voûtes
les berceaux de bois
les fenêtres
les poutres

3.2 Lisez le texte ci-dessous.

Le chantier d'une cathédrale durait très longtemps, souvent plusieurs dizaines d'années, parfois plusieurs siècles. Les bâtisseurs s'y succédaient de génération en génération et il était rare que l'œuvre entreprise par un homme soit terminée par le même.

29 CHARTRES

Les conditions de travail n'étaient pas celles des grands chantiers d'aujourd'hui et l'on peut comprendre cette lenteur. Il fallait tout d'abord aller chercher les matériaux, la pierre et le bois, quelquefois très loin de la construction. C'était le cas de Chartres où la carrière de Berchères, qui fournit pratiquement toutes les pierres de la cathédrale, était à plus de quinze kilomètres.

Sur le chantier, les maîtres maçons et leurs aides, les compagnons charpentiers, les tailleurs de pierre, les manœuvres ne paraissaient pas très nombreux face à ces gigantesques édifices. Ils venaient souvent de très loin, quelquefois même de pays étrangers, et s'engageaient sur un chantier l'espace d'une saison ou de quelques jours, reprenant ensuite leur voyage.

Les pierres apportées des carrières étaient hissées à bout de bras sur des plans inclinés ou à l'aide d'un système de cordes et de poulies. De la même façon, on montait les auges pleines de mortier que les morteliers préparaient à terre. Les maçons, armés de la truelle et du fil à plomb posaient chaque pierre à sa place. Les charpentiers, un peu funambules, un peu acrobates, travaillaient souvent à plus de cinquante mètres du sol.

La pose des clefs de voûtes était un des moments les plus délicats du chantier. En équilibre au-dessus du vide, on devait glisser cette énorme pierre entre les bras des voûtes pour qu'elle ferme la construction. Elle n'entrait pas toujours du premier coup et, tout là-haut dans le vent, le tailleur de pierre l'ajustait en faisant sauter quelques éclats. Lorsque les voûtes étaient terminées, on détruisait les berceaux de bois nécessaires à la construction, et ces lourdes pierres taillées restaient suspendues dans le ciel, serrées et bloquées les unes contre les autres pour des siècles.

3.3 Relevez les quatre métiers du bâtiment nommés dans les paragraphes 4 et 4 du texte. Parmi les quatre, lesquels travaillent avec la pierre? Lequel avec le bois?

3.4 A l'aide de l'image de la page 267 et du texte, expliquez ce que font les travailleurs que vous voyez sur l'image. Vous pouvez utiliser les verbes suivants: travailler, porter, traîner, hisser, poser.

Cette photo nous montre l'intérieur de la cathédrale telle qu'on la voit aujourd'hui. L'architecte qui l'a créée n'a pas appris son métier dans une école ou dans une université, mais en travaillant sur des chantiers. Nous ne connaissons pas son nom. Avant Chartres, les cathédrales et les églises étaient des édifices sombres et étroits. Le maître de Chartres a imaginé une vaste nef, haute et claire. Il a inventé un système de contreforts en arc-boutant à l'extérieur de la cathédrale qui aidaient à supporter les énormes voûtes et permettaient l'ouverture des fenêtres dans les murs de la cathédrale. C'est un des créateurs de l'art gothique.

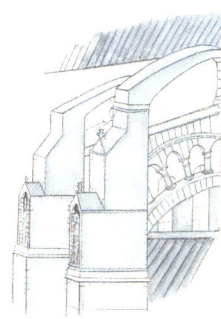

Contreforts en arc-boutant.

4   Les vitraux

Lorsque la construction de la cathédrale était achevée, il ne restait plus qu'à boucher les grandes fenêtres, afin que le vent et la pluie ne s'engouffrent pas dans la nef. C'était le travail des maîtres verriers, les créateurs de ces magnifiques vitraux apportant à l'édifice une ultime décoration, aux couleurs intenses et changeantes avec la clarté du jour et les rayons du soleil. La fabrication de ces vitraux coûtait très cher et, souvent, de riches personnages les commandaient aux maîtres verriers pour les offrir à la cathédrale en guise de pénitence. Les donateurs se faisaient représenter dans un médaillon de la partie inférieure du vitrail. Le sujet de ces vitraux est le plus souvent la vie des saints. On les lit comme des bandes dessinées, de gauche à droite et de bas en haut.

29 CHARTRES

4.1 Ci-dessous, vous trouverez la liste de quelques métiers donateurs de vitraux. Classez-les d'abord dans les catégories (a) artisan et (b) boutiquier ou marchand.

Les donateurs de vitraux

- [ ] les cordonniers
- [ ] les bouchers
- [ ] les vignerons
- [ ] les marchands de poisson
- [ ] les maçons
- [ ] les boulangers
- [ ] les drapiers
- [ ] les marchands de fourrures
- [ ] les tailleurs de pierre
- [ ] les tisserands
- [ ] les charpentiers
- [ ] les menuisiers
- [ ] les tonneliers
- [ ] les épiciers
- [ ] les apothicaires
- [ ] les fourreurs
- [ ] les marchands de vin
- [ ] les pâtissiers
- [ ] les marchands de tissus
- [ ] les laboureurs
- [ ] les taverniers
- [ ] les potiers
- [ ] les porteurs d'eau

CATHEDRALE DE CHARTRES
Marchand de Fourrures - XIIIe siècle

4.2 Faites un nouveau classement des métiers ci-dessus, cette fois dans les catégories suivantes:

les métiers du bâtiment
les métiers du vin
les métiers de l'alimentation
les métiers du vêtement

4.3.1 La fabrication d'un vitrail était une succession de longues et délicates opérations. Les étapes sont résumées ci-dessous:

1 Dessiner un modèle (…)
2 Colorier les verres (…)
3 Découper des morceaux de verre (…)
4 *Les* assembler (…)
5 *Les* fixer (…)
6 Dessiner les détails des sujets (…)
7 Démonter le vitrail par parties.
8 *Le* hisser (…) sur l'échafaudage.
9 *L'*assembler à sa place définitive.

4.3.2 A quoi se réfèrent les pronoms *les* (4 et 5) *le* (8) et *l'* (9)?

> Voir les pronoms objet direct, section grammaire, page 332.

4.3.3 Conjuguez les verbes dans les phrases ci-dessus à l'imparfait.

Le maître verrier dessinait un modèle.
On coloriait … etc.

4.3.4 Listen to document 2. As you listen, add a detail or details to each of your sentences 1, 2, 3, 4, 5, 6, 8 above in 4.3.1, wherever you see (…).

4.3.5 To complete your description, add the following time markers to your description: *tout d'abord, ensuite, puis, lorsque le montage était achevé, lorsque tout était prêt, enfin.*

5 Chartres: un lieu de pèlerinage

5.1 Sur le dessin, trouvez l'entrée du labyrinthe, et tracez le chemin jusqu'au centre. Ce labyrinthe se trouve dans la nef de la cathédrale de Chartres. Le labyrinthe était censé représenter l'itinéraire du pèlerinage de Terre Sainte.

29 CHARTRES

Chartres est, depuis très très longtemps un lieu de pèlerinage. Le culte de Notre-Dame y attirait des foules considérables.

A l'époque de sa construction, la cathédrale était assez grande pour contenir la population de la ville de Chartres et des campagnes alentour. Les jours de fête, toute la population venait assister aux cérémonies qui se déroulaient dans la cathédrale. Les pèlerins y assistaient aussi. Les marchands installaient leurs étalages dans les bas-côtés. Les représentants de la commune s'y retrouvaient pour parler des affaires. La nuit, une foule de pauvres et de mendiants dormaient dans la cathédrale. Le pavé de la nef avait été construit en pente, et chaque matin, on le lavait à grande eau et l'eau s'écoulait par un conduit aménagé. Les pèlerins malades étaient hospitalisés dans la crypte où ils passaient habituellement le temps d'une neuvaine.

De nos jours, la cathédrale de Chartres reçoit plus de deux millions de visiteurs par an. Chaque mois de juin il y a le pèlerinage des étudiants qui viennent à pied de Paris.

5.2 Dans le paragraphe 2, relevez tout ce qui n'est plus vrai aujourd'hui. Réécrivez les verbes au présent, comme dans l'exemple:

La cathédrale n'est plus assez grande pour contenir la population de la ville de Chartres et des campagnes alentour.

Ouvrages consultés et cités:
Les Bâtisseurs des cathédrales, Jean Gimpel. Editions du Seuil, 1958.

L'histoire et la vie d'une cathédrale, Jean-Jacques Brise-barre. Berger-Levrault, 1981. ISBN 2-7013-1437-7

Monographie de la cathédrale de Chartres, Etienne Houvet. Editions Houvet, 1970.

Now test yourself at www.my-etest.com

This is the last unit in the book, and it features Irish people who use French, some a little, some a lot, in their everyday adult lives.

30 ENVOI

1 Jim

1.1 Ecoutez d'abord Jim, sur le document 1. Notez les dix expressions françaises qu'il utilise. Les connaissez-vous? Elles sont toutes très courantes.

1.2 Faites correspondre les expressions à gauche avec leur définition à droite.

1 déjà vu	a person who attracts attention because of indiscreet or unruly behaviour
2 aide-de-camp	with one's family, at home
3 RSVP	a person under the protection or patronage of another
4 protégé	a lawsuit or an issue that attracts much public attention
5 raconteur	a feeling of having already experienced a present situation
6 enfant terrible	in relation to
7 en famille	a teller of anecdotes
8 avant-garde	an officer acting as confidential assistant to a senior officer
9 cause célèbre	a request to reply to an invitation
10 vis-à-vis	progressive

1.3 Vous connaissez certainement d'autres expressions que vous pouvez ajouter à celles que vous venez d'entendre et de lire. Faites-en une liste.

2 Willie

2.1 Sur le document 2 Willie parle de deux situations dans lesquelles on lui a demandé de parler français. C'était où? Il a parlé avec qui? Pourquoi?

2.2 In the first situation of which Willie speaks, think of at least three questions he might have asked the person, in order to find out what was wrong and to help her.

> Les deux expressions ci-contre seront suivies d'un verbe à l'infinitif.

2.3 In response to the second request, give the answer that you would give if the request was made to you. Give suggestions for (a) a fine day and (b) a rainy day in your area.

S'il fait beau, vous pourriez …
S'il fait mauvais, je vous recommande de …

Incorporez les expressions suivantes: le matin, l'après-midi, le soir, d'abord, ensuite, si vous n'êtes pas trop fatigués

3 Killian

3.1 Ecoutez le document 3, dans lequel Killian parle de ses connaissances en français.
A la première écoute, inscrivez V (vrai) ou F (faux) à côté de chaque phrase ci-dessous:

- [ ] Killian a appris le français à l'école.
- [ ] Avec sa femme, il parle toujours en français.
- [ ] La première fois qu'il est allé en France, c'était difficile.
- [ ] Le père de Pascale a dit une fois à un visiteur 'il comprend tout'.
- [ ] Killian a toujours quelques difficultés avec la grammaire.
- [ ] Maintenant il lit assez facilement en français.
- [ ] Il comprend bien les informations à la télé.
- [ ] Pour répondre au téléphone, il a des phrases toutes faites.
- [ ] Ils ont acheté une maison en Normandie.
- [ ] La maison qu'ils ont achetée est en très bon état, et il n'y aura pas de travaux à faire avant qu'ils s'installent.

3.2 A votre deuxième écoute du document 3, corrigez les phrases qui sont fausses.

3.3 A votre troisième écoute, notez des détails pour élaborer les phrases correctes.

4 Mary

4.1 Dans le document 4(a) Mary parle du travail qu'elle fait. Ecoutez-la, et complétez les phrases suivantes:

Mary travaille à .... au Conseil d'Europe quatre fois par an, pour une .... à la fois, lors des séances du .... Elle travaille comme .... dans l'administration, à la formation de rapports et de .... Elle travaille aussi comme .... en Irlande, normalement entre .... et septembre. Elle accompagne des groupes .... et francophones. Il y a beaucoup de travail en .... et juin. Il y a beaucoup de touristes et jamais .... de guides.

4.2 In document 4(b) Mary talks about the group she will be with next week. They are all employees of the same company. Listen to her, and note the following details:

- a the number of people in the group:
- b where they're coming from:
- c the length of their stay in Ireland:
- d where they'll stay:
- e what they'll be doing during their time in Ireland:
- f the benefits of a trip like this for the company:

4.3 In document 4(c), Mary talks about some of the difficulties of life as a tourist guide. What are they? What does she say on the positive side?

4.4 Listen to document 4(d) and outline the CERT training course as described by Mary.

4.5 Dans le document 4(e) Mary répond à une dernière question. Qu'est-ce qu'elle dit

- a des problèmes à Dublin?
- b de la durée normale des séjours?
- c de l'éventail d'âge des touristes?

4.6 Les touristes, comment trouvent-ils l'Irlande, en général? Notez trois commentaires, deux positifs et un négatif.

5 Charmian

5.1 Lisez le texte ci-dessous. C'est la transcription d'une interview avec Charmian, qui travaille, comme Mary, comme guide touristique. En même temps, écoutez-le sur le document 5.

– *Charmian, vous aussi vous êtes guide touristique, et je crois que vous avez souvent des groupes qui s'intéressent particulièrement à l'agriculture.*
– Oui, des viticulteurs par exemple. J'ai accompagné plusieurs fois des viticulteurs, par exemple du Beaujolais et de Bordeaux. Ce n'est bien sûr pas pour visiter des vignobles qu'ils viennent en Irlande, mais ils s'intéressent à l'agriculture en général, et ils ont beaucoup de plaisir à visiter des exploitations et à voir comment ça se passe en Irlande. Et il y a aussi des groupes d'éleveurs qui viennent, par exemple de Normandie et de Vendée.

– *Et qu'est-ce vous leur faites visiter en Irlande?*
– Ça dépend. Le programme de chaque groupe est décidé en fonction de ce qui les intéresse. On va d'abord dans des fermes. Par exemple j'ai emmené des groupes chez un éleveur près de Clifden qui a environ 300 moutons qui ont leur pâturage en montagne, sur une très grande surface. Il a aussi un élevage de Aberdeen Angus. C'est une race qui est bien adaptée à notre climat, et les animaux sont dehors tout le temps, même pour les vélages. Les Français ont été très étonnés de voir ça, parce que chez eux les vélages sont surveillés de très près, dans des conditions très contrôlées, comme dans la plupart des fermes en Irlande, d'ailleurs. On va aussi voir des élevages dans d'autres régions d'Irlande, et les Français trouvent que la vie est très belle pour ces bovins qui n'ont qu'à paître tranquillement toute la journée dans un pré herbeux. J'ai emmené des groupes voir une culture d'huîtres dans le comté de Cork, et voir comment on fume le saumon. J'ai aussi accompagné des groupes à la fabrique des Keenan à Borris, dans le comté de

Elevage d'huîtres

Carlow. Les Keenan ont inventé un système d'alimentation, et une machine qui va avec. Avec l'aide des conseillers, les éleveurs déterminent le régime alimentaire de leurs animaux. C'est un système basé sur l'utilisation de fourrages cultivés sur l'exploitation. Leur machine c'est une remorque mélangeuse. L'alimentation est mélangée sur l'exploitation même, selon les besoins de l'élevage, et la remorque la distribue aux animaux. C'est très intéressant. On emmène des groupes à Moorepark aussi. Là on fait des recherches très importantes sur toutes sortes de choses, entre autres sur la traite des vaches. Les salles de traite en Irlande sont parmi les meilleures du monde. J'emmène souvent des groupes visiter des exploitations laitières. Il y a beaucoup de choses vraiment intéressantes à voir: je pourrais vous en parler très longuement.

- *C'est très intéressant pour vous aussi de voir toutes ces choses, et de voir la réaction des touristes dans les endroits où vous les emmenez.*
- Oui, on n'apprécie pas toujours ce qu'on a, et comme vous dites c'est très intéressant de voir les réactions des gens qui voient tout d'un autre œil. Il faut dire qu'il y a aussi des réactions moins favorables. Par exemple ils sont choqués de voir le niveau d'épandage d'azote, qu'ils trouvent excessif. Ils trouvent aussi que nous avons tendance à utiliser trop de pesticides. Mais tout compte fait, ces visites sont des échanges très enrichissants à la fois pour les touristes et pour les Irlandais qui ont contact avec eux. Moi je trouve que mon travail est passionnant.

Ce qu'on va voir aussi avec les touristes qui s'intéressent à l'agriculture et à la campagne:

des chiens bergers
des cultures de céréales, d'orge, de maïs
des haras
des élevages de cerfs
une scierie
des cultures de pommes de terre et de légumes
des distilleries
des marchés de bétail
des écoles d'agriculture et d'horticulture
des jardins publics
des pépinières …

30 ENVOI

5.2 Ci-dessous, vous trouverez des extraits de cartes postales et de e-mails envoyés par des touristes qui ont participé à un voyage accompagné par Charmian. Choisissez-en quelques-uns et complétez-les, à l'aide de détails que vous trouverez dans le texte ci-dessus. (50 à 100 mots chacun)

> Aujourd'hui on a visité le centre de recherche de Moore Park.

> On est dans le Connemara.

> J'ai fait la connaissance d'un viticulteur de Bordeaux.

> Visite très intéressante pour les ostréiculteurs aujourd'hui.

> Je crois qu'on devrait penser à installer un système Keenan.

> Ils sont heureux, leurs bovins ...

> Je rêve d'avoir une salle de traite comme ça.

> Il y a des problèmes de pollution dans les rivières. Ça vient sans doute, en partie au moins, des fermes ...

6 Oliver

Oliver est routier. Il va dans plusieurs pays d'Europe, mais 80% de son travail est en France. De toutes façons, il faut passer par la France pour aller dans les autres pays. Pour se rendre en France, il prend normalement le tunnel sous la Manche, le shuttle. Il est absent de chez lui au moins quatre ou cinq jours de suite, ce qui n'est pas facile, parce qu'il a une jeune famille.

Oliver connaît quelques mots de français, et il n'arrive pas à faire des phrases compliquées, mais il se débrouille sans problème. Dans les ports, les agents de service parlent tous anglais, et les formalités ne sont pas lourdes. Comme il dort dans le camion, ça lui évite des contacts dans des hôtels où il serait peut-être obligé de parler français. Même dans les stations service, il se sert de gazoil à l'aide de sa carte de crédit, et il n'y a pas forcément un contact humain.

Les occasions de parler français? Quand il fait des livraisons, et dans les entrepôts où il va chercher les marchandises. Au restaurant des routiers. Aux péages, quand les gendarmes viennent voir le tachographe ...

6.1 The words below are some of the words in Oliver's vocabulary in French. From them, can you:

   a   make up the menu of a dinner in a *restaurant routier*?

   b   make a list of the items he transports to and from France? To find out which of these items are exports and which are imports, listen to document 6.

   c   make a list of the verbs? (There are very few. When we learn a language, we tend to learn names of things first.)

30 ENVOI

Son vocabulaire

Bonjour!	sièges de tracteur
Ça va?	gazoil
agneaux	abattoirs
bœufs	crème caramel
pommes	vin rouge
pêches	charcuterie
charger	jambon
décharger	repas
manger	pour l'Irlande
épinards	arbres
carottes	plâtre
frites	génératrices
livraison	jouets
shampooing	carreaux
brosses à dents	routiers
pâte dentifrice	balles de tennis
demain	vos papiers s'il vous plaît
huit heures	douche
palette	merci
tapis	Au revoir.
crème de beauté	

30 ENVOI

6.2 Below are the key words through which Oliver conveys that he wants four palettes of apples loaded for Ireland, and is told that they'll be loaded tomorrow morning at 8 o'clock. (An answer he dreads when he wants to load up the truck and get home.) Use them to make a full question and answer.

Bonjour - charger - quatre palettes - pommes - pour l'Irlande

Charger - huit heures - demain

To follow up

Talk to people who use French in their life and work, and write up their stories in your *journal*. Talk about times when you yourself speak French.

Now test yourself at www.my-etest.com

1 Jeunes et déjà citoyens

Près de 40 000 jeunes participent à des conseils conçus pour leur permettre d'agir et de se faire entendre par les habitants et les élus des collectivités.

'Il ne pourrait y avoir de cités si seul un petit nombre d'hommes y prenaient part …' La plupart des adolescents qui participent aujourd'hui à des conseils de jeunes connaissent bien cette phrase du philosophe grec Platon. Mieux, ils en expérimentent le sens.

Le conseil de Roubaix (59) compte 60 jeunes âgés de 13 à 24 ans, sélectionnés pour un mandat de deux ans.

Réunions hebdomadaires, rencontres avec des élus, initiatives proposées aux habitants des villes et des quartiers: ils sont près de 40 000 (âgés pour la plupart de 9 à 18 ans et soit selectionnés, soit élus par d'autres jeunes) à avoir choisi de mettre ainsi en pratique leur citoyenneté.

Nés d'expériences pionnières développées en France au début des années 60, les conseils de jeunes et d'enfants ont connu un fort développement au cours des années 80 et 90. Ils sont aujourd'hui au nombre de 1 200 à agir principalement au niveau des communes, mais aussi de quelques départements et régions. Leur vocation? 'Ces conseils ont pour principaux objectifs de représenter les enfants et les jeunes au niveau local, de mettre en place des actions pour améliorer la vie des habitants de la collectivité et de donner leurs avis sur des projets d'élus adultes', précise-t-on à l'Anacej (Association nationale des conseils d'enfants et de jeunes).

Les Clés de l'Actualité, du 1er au 7 mars 2001 (transcript texts are from the same article)

1. Translate the quotation from Plato into English.
2. How do people become members of youth councils?
3. At what level do the majority of youth councils operate?
4. What are the three objectives of youth councils, according to Anacej?

In document 1(a), you will hear Loïc, who has been a member of the youth council in Issy-les-Moulineaux (92) for several years. He is 16 years old. As you listen, answer the following questions:

- ✓ What class is Loïc in at school?
- ✓ How often does he attend youth council meetings?
- ✓ How long do meetings usually last?
- ✓ This year, the youth council is making three short films. On what themes?
- ✓ In the years he has been a member of the youth council, what has he learned about local government?

Nadia speaks in document 1(b). She is 17 years old, and a member of the youth council in Roubaix. Answer these questions:

- ✓ Mention four projects she and her colleagues have worked on in the last four years.
- ✓ Nadia uses the expression *'pour des prunes'* (for nothing) in her account. What point were she and her friends making when they sent a packet of prunes to the elected members of the town council? What happened as a result of this action?

2 Auto-moto

Journée sans voiture
Les transports urbains de demain

Imaginez … Vous êtes en 2010. Les bus, les tramways et les voitures n'ont pas disparu des villes mais ils sont devenus moins polluants, plus sûrs et surtout … intelligents!

1   Paris, 22 septembre 2010, 9h. Arnaud et Julie partent au travail. Comme d'habitude, ils commencent par se rendre dans un parc de location de voitures. Julie choisit une XML rouge, Arnaud une XW bleue. Après le traditionnel petit bisou, ils se séparent. Julie se dirige vers le périphérique, Arnaud reste dans la capitale.

Une fois sur la route, Julie programme le pilote automatique. Elle lui indique l'adresse où elle souhaite se rendre, puis se plonge dans la lecture de son quotidien. La voiture roule toute seule. Elle suit la courbe des virages, garde la distance avec le véhicule qui la précède, respecte les vitesses … C'est une voiture intelligente. Aujourd'hui, tous les véhicules sont équipés de capteurs et de caméras pour voir la route. Ils se déplacent en 'convois' avec un intervalle de deux mètres entre eux et roulent à 120 km/h en moyenne. Le système est bien rodé. Il existe déjà depuis 1997, date à laquelle des chercheurs américains l'ont expérimenté, du côté de San Diego, en Californie. Finis les carambolages et les excès de vitesse. Finie aussi la pollution. Désormais, les transports sont très peu polluants. Les constructeurs ont définitivement abandonné l'essence et le diesel pour l'électricité, le GNV (gaz naturel véhicule), le GPL (gaz de pétrole liquéfié), la pile à combustible et bien sûr l'énergie solaire.

2   Arnaud, de son côté, ne peut pas lire le journal. Il doit tenir le volant. En ville, la conduite automatique n'est pas encore au point. Trop difficile d'équiper toutes les rues de capteurs. Pour autant, il ne se retrouve pas seul. Il est aidé par un copilote électronique. Un petit bijou: il lui indique la durée du trajet et l'itinéraire le moins embouteillé, l'informe sur la météo, le taux d'occupation du parking le plus proche, les pharmacies de garde … Il lui lit même ses e-mails!

Si d'aventure Arnaud s'endormait au volant, un signal sonore l'avertirait. De même en cas de choc, un appel déclenché par l'Airbag préviendrait les secours (ces commandes peuvent aussi être actionnées manuellement).

Aujourd'hui, Arnaud profite pleinement de la petite XW. Il y a des jours où il ne peut pas prendre de voiture pour cause de pollution. Malgré des carburants plus propres, les pouvoirs publics ferment temporairement certains quartiers de Paris à la circulation. Arnaud opte alors pour les transports en commun. Ceux-ci restent très confortables. On est loin des années 2000! Bus et trams sont plus petits, avec des sièges individuels et la clim. Ils roulent sans conducteur grâce à des caméras thermiques qui détectent des bandes peintes au sol. Pour les arrêter, il suffit de causer dans les bornes interactives situées dans chaque station. 'Le tram c'est bien pour les petits trajets', se dit Arnaud, mais il préfère la voiture. Il faut reconnaître qu'elle ne présente plus les inconvénients d'autrefois (stationnement, entretien …). On l'utilise lorsqu'on en a besoin et le soir venu on la ramène au centre de location … Plus encore que les progrès techniques, le passage à un système de location pour les voitures est une vraie révolution. Il y a encore dix ans, cette idée semblait impensable.

Paula Pinto Gomes
Phosphore, 9/10/00

1. Relevez la phrase qui indique qu'Arnaud et Julie ne possèdent pas de voiture. (section 1)
2. Expliquez pourquoi il n'y a plus ni carambolages, ni excès de vitesse, ni pollution. (section 1)
3. Pourquoi Arnaud ne conduit-il pas une voiture automatique? (section 2)
4. A quoi se réfèrent les trois pronoms soulignés dans la section 2?
5. Quel a été le plus grand progrès dans les transports, selon Arnaud?
6. Which of the developments described in the article would you welcome most? Refer to the article in your response to the question.

3 La puce

Une puce prit le chien
pour aller de la ville
au hameau voisin
à la station du marronnier
elle descendit
vos papiers dit l'âne
coiffé d'un képi
je n'en ai pas
alors que faites-vous ici
je suis infirmière
et fais des piqûres
à domicile.

Robert Clausard, *Poésie* 1, © Ed. St-Germain-des-Prés.

4 Journal de voyage

Un groupe de Toulousains a visité l'Irlande. Le texte suivant est l'extrait du journal d'un des membres du groupe.

Nous partons à 12h10, heure française et prévue, pour Nantes où nous faisons escale sans descendre d'avion. Arrivée à Shannon, comté de

Clare à 14h30 (heure irlandaise - décalage d'une heure avec la France), où Germaine (Charmian), la guide et Brian, le chauffeur du minibus, nous accueillent.

Les valises dans le coffre, nous nous installons dans le minibus qui démarre vers la baie de Liscannor. Immédiatement, nous prenons contact avec la route ondulée par la tourbe en tressautant à chaque instant et je réalise de suite que je ne pourrai pas souvent écrire pendant les trajets … Ce qui me permet de profiter plus longuement du paysage qui s'offre à nous: les champs à perte de vue, découpés en parcelles inégales par des murettes en pierres sèches, qui deviendront 'dentelles' pour laisser passer le vent dans les régions particulièrement éprouvées par les bourrasques. Les moutons font d'innombrables tâches blanches sur le vert si vert des prairies; quelques vaches, aux pis gonflés.

Nous traversons le petit port estival de Lahinch, qui se situe au pied des falaises de Moher, où nous nous arrêtons. Grand vent, un peu frais. Les falaises de grès, sombres, impressionnantes, surplombent l'océan Atlantique de 200 mètres, en avancées majestueuses découpées sur près de 8 km, face aux îles d'Aran.

En repartant, nous longeons sur des kilomètres des terrains de golf verts émeraude légèrement vallonnés. Nous traversons ensuite le Burren, pays exclusivement de roches grises stratifiées et fissurées, sur environ 200 km^2, nous dit Germaine, entre lesquelles pousse miraculeusement une certaine végétation rase et souvent fleurie (petits œillets rose, mauves sauvages). La tourbe 'manteau' recouvre çà et là cette partie de la côte sauvage, en direction de la baie de Galway. Dans le petit port de Ballyvaughan, nous découvrons un bateau de pêche entièrement noir, même les voiles, un curragh, qui se découpe très nettement sur le bleu gris de l'eau.

Nous sommes dans le comté de Galway. Après la traversée de Moycullen aux marbres renommés, nous continuons vers Maam Valley, en passant par Maam Cross, aux quartiers résidentiels de grand standing, et innombrables terrains de golf.

Arrivée tardive à la ferme 'guesthouse' de Breege Gavin, où nous sommes chaleureusement reçus par Breege elle-même, qui nous mène à nos chambres très coquettes, quoique exiguës, où nous passerons deux nuits. Après un souper bien mérité, Breege apporte le gâteau aux nombreuses bougies pour fêter les 83 ans de Tata Rosette que tout le monde embrasse. La première bouteille de champagne dégustée avec le gâteau, café et thé sont servis au salon autour de la cheminée où nous attend notre premier feu de tourbe.

1   Relevez la phrase qui explique pourquoi l'auteur du journal ne pourra pas prendre de notes en cours de route.
2   Quels sont les éléments du paysage qu'elle remarque sur la route vers Lahinch?
3   Relevez les adjectifs qu'elle emploie pour décrire les falaises de Moher.
4   De quel miracle la guide parle-t-elle dans le Burren?
5   Dans le dernier paragraphe, relevez les mots/expressions qui signifient:
    a   accueillis
    b   petites
    c   bue
6   From your reading of the extract, what things do you suppose that the tour guide pointed out to the visitors from Toulouse during the day.
7   Imaginez que vous êtes Tata Rosette. Le soir, votre petit-fils vous téléphone pour vous souhaiter bon anniversaire. Entre le début et la fin de la conversation qu'on vous propose ici, inventez le reste.

Allô mamie? Bon anniversaire! Vous êtes bien arrivés là-bas?

Alors raconte …

Ah oui, on a passé une journée formidable! Et on est bien installés dans notre B and B.

Je t'embrasse, et je te souhaite bonne nuit et bon séjour!

Bonne nuit à toi et à très bientôt.

5   Histoire du français

Tout en lisant l'histoire ci-dessous, cherchez l'origine des mots dans les cercles dans un dictionnaire unilingue français.

La langue française est un mille-feuille, fourré de milliers de mots, dont les couches anciennes ont plus de deux mille ans: ce sont les mots gaulois qui constituent notre fond indigène.

trou
décombres
sillon   braie   truand
bourbeux   caillou
chemin   tonne
boue

Le gaulois est une langue celte.

L'esprit et la prononciation des Gaulois ont tranformé les mots latins. Par exemple, **rivalis** qui signifie *habitant sur la rive*, a donné l'actuel mot *rival*. En effet, lorsqu'on habite de part et d'autre d'une rivière on devient le rival de … l'autre rival. Le mot latin **bonum** a donné *bon*, mais aussi *bonbon*! **Articulum** qui signifie *articulation* a tortillé sa prononciation jusqu'à devenir *orteil*. **Regula** a donné *règle* et *rigole* mais aussi *rigolade*.

Mais la plupart des mots français nous viennent de nos autres ancêtres les Romains, qui parlaient latin.

Arrivés en Gaule avec l'armée de Jules César vers 52 av. J.-C. certains ne sont jamais repartis.

Depuis vingt siècles, les mots gallo-romains évoluent comme des êtres vivants, changeant lentement de forme et de sens.

Il faut dire que le latin des Romains était lui-même parfois emprunté au grec, les Romains ayant conquis la Grèce …

5 EN PLUS

Dès l'an 200, les Francs venus de la Germanie ravagèrent la Gaule romaine. Mais nos ancêtres francs ont adopté la langue de nos ancêtres gallo-romains vaincus. Les langues gauloise, latine et franque sont à l'origine du vieux français.

garçon
louche soupe
groseille danser trop
galoper guerre
crotte

alcool
café orange
épinard sirop
tarif
magasin

Les Sarrasins avaient envahi progressivement tout le sud du pays. Avant de repartir, ils nous ont laissé à leur tour quelques mots arabes, ainsi que l'algèbre et les échecs.

Les Italiens et les Français se sont rencontrés pour faire du commerce et pour marier leurs princes, souvent même pour se faire la guerre. Certains mots de la langue italienne sont passés dans la nôtre.

brigade
escadron

La guerre ou les échanges pacifiques avec d'autres voisins nous ont sans cesse apporté de nouveaux mots. Bien souvent, le commerce nous a apporté le mot avec la chose.

haricot
tomate
cacahuète cacao
ruban tricot
boulevard

288

En France, il y a cent ans, on parlait encore des langues et des patois très variés dont nous utilisons aujourd'hui certains mots.

boulanger
usine   cauchemar
balai   goémon
bijou
goéland

Lorsque les sciences ont nécessité de nouveaux mots, on les a fabriqués directement avec des racines grecques ou latines.

Aujourd'hui, la langue française, toujours vivante, se nourrit de certains mots anglais qu'elle digère.

Le livre de la langue Française, Agnès Rosenthal/Pierre Gay. Découverte Cadet, Gallimard 1985

TRANSCRIPTION

Unité 1

Document 1

1 Sarah:	J'ai travaillé dans un hôtel à Rosslare. J'ai passé mon temps libre à la plage.
2 Christophe:	J'ai travaillé à la ferme.
3 Anne:	J'ai gardé ma petite sœur à la maison. J'ai passé une semaine dans le Donegal.
4 Thomas:	Je suis parti au Portugal. J'ai travaillé dans un magasin à Ballyhaunis.
5 Robert:	J'ai passé deux semaines en France. Ensuite, j'ai travaillé dans une usine.
6 Deborah:	Je suis allée en France.

Document 2

1 Sarah:	Pour gagner de l'argent, j'ai travaillé dans un hôtel à Rosslare du premier juillet au 15 août. J'ai passé mon temps libre à la plage tous les jours.
2 Christophe:	J'ai travaillé avec mon père à la ferme pendant tout l'été. J'ai joué au hurling tous les week-ends.
3 Anne:	J'ai gardé ma petite sœur à la maison parce que mes parents travaillent. Pour me reposer au mois d'août, j'ai passé une semaine dans le Donegal avec mes amis.
4 Thomas:	Je suis parti au Portugal avec ma famille en juin. Après, j'ai travaillé dans un magasin à Ballyhaunis pendant deux mois.
5 Robert:	J'ai passé deux semaines en France au mois de juin pour apprendre le français. Ensuite, j'ai travaillé dans une usine pendant six semaines.
6 Deborah:	Au mois d'août, je suis allée en France pour un mariage.

Document 3: les Lavandière

Michel, le père, est entrepreneur dans la construction.
Sylvie, la mère, est professeur de gymnastique dans un lycée.
Annabelle, l'aînée, a dix-huit ans. Elle a passé son bac au mois de juin.
Charlotte, la cadette, a onze ans.
Ils habitent une maison moderne construite par Michel. C'est près de Châteaubriant, une ville à mi-chemin entre Rennes et Nantes.

Document 4: une journée à Saint-Michel-Chef-Chef

1 Les Lavandière ont une maison de plage au bord de l'Atlantique, à Saint-Michel Chef-Chef. Un jour ils m'y ont emmené avec mon copain Guillaume. Michel y est allé à vélo. Il a quitté la maison à huit heures du matin, et nous sommes partis plus tard en voiture.

2 A midi nous avons fait un barbecue. Nous avons mangé des fruits de mer, des huîtres et des praires.

3 Après le déjeuner, Guillaume et moi sommes allés en ville avec Charlotte et sa copine Juliette. Saint-Michel-Chef-Chef est une ville où il y a beaucoup de maisons secondaires, qui appartiennent pour la plupart à des Parisiens. Comme le mois de juin n'est pas encore la saison des vacances, il y avait beaucoup de maisons inoccupées. Sur la promenade du bord de mer, il y avait des jeunes qui faisaient du roller. Nous avons passé un moment à les regarder.

4 Ensuite, nous sommes allés à la plage. Il était interdit de se baigner. L'eau était toujours polluée par la marée noire de décembre dernier. On voyait qu'il y avait par endroits comme une couche fine de fioul sur l'eau. Plus tard, à la maison, Michel nous a montré des photos d'oiseaux mazoutés prises quelques jours après le naufrage du pétrolier Erika.

5   Le soir, nous sommes allés en boîte de nuit avec Annabelle. Il y avait beaucoup de monde, et nous nous sommes bien amusés. Nous y sommes restés jusqu'à quatre heures du matin.

6   Finalement, Guillaume et moi, nous avons dormi dans une caravane à côté de la maison.

Document 5
Veux-tu aller au cinéma? Oui.
Est-ce que tu aimes cette musique? Non.
Tu veux une cigarette? Oui.
C'est la première fois que tu viens en France? Non.
Ça va? Oui.

Document 6
a   Je suis arrivé vendredi dernier.
b   Je vais rester encore deux semaines.
c   Je rentre le 23 juin.
d   J'aime surtout la musique classique.
e   Je suis venue en avion jusqu'à Paris, et puis j'ai pris le TGV à Angers.
f   C'est au centre de l'Irlande, à 80 kilomètres de Dublin.

Unité 2

Document 1
On voit un jeu de football au moment d'un dribble vigoureux ou d'une percée de ballon. On voit les footballeurs, les corps désaxés et tordus par l'action, et les tribunes blanches et noires. C'est un tableau d'une grande vivacité.

Document 2
a   Je joue au hockey.
b   Je fais de l'athlétisme.
c   Je joue aux fléchettes.
d   Je fais de la natation.
e   Je fais de l'équitation.
f   Je pratique le karaté.
g   Je m'intéresse au ski.
h   Je pratique la gymnastique.
i   Je m'intéresse à la randonnée.
j   Je fais du patin sur glace.
k   Je joue à la marelle avec ma petite sœur.
l   Je fais des promenades à vélo.

Document 3(a): Georges parle de la pêche.
– Qu'est-ce que tu aimes faire pendant ton temps libre?
– J'adore la pêche. Il y a un lac près de chez nous, et j'y vais pêcher surtout en été, quand il fait beau. Je fais de la pêche à la ligne.
– Qu'est-ce qu'il y a comme poissons?
– Il y a des brochets, des perches et des brèmes.
– Et pour toi, c'est un sport solitaire?
– Pas toujours. Quelquefois je vais tout seul au lac, et quelquefois avec un copain.
– Tu participes aux compétitions?
– Non, je n'ai pas du tout l'esprit de compétition. Ça ne m'intéresse pas.
– Peux-tu dire pourquoi tu aimes la pêche?
– Je crois que c'est parce qu'on est en plein air. On peut observer les oiseaux, les animaux et les insectes. J'aime beaucoup la tranquillité.

Document 3(b): Marie parle du camogie.
– Marie, tu joues au camogie?
– Oui, je fais partie d'un club, et le terrain est à deux kilomètres de chez nous. On joue surtout en été. On s'entraîne deux fois par semaine, et on a un match presque tous les week-ends. Moi je fais partie de l'équipe des moins de 18 ans.
– Vous participez à des compétitions alors?
– Oui. Il y a un tournoi tous les ans.
– Peux-tu dire pourquoi tu aimes le camogie?
– C'est parce que toutes mes copines y jouent aussi, et on s'amuse bien. C'est aussi parce que je trouve que c'est un sport très intéressant, qui demande beaucoup d'adresse et de vitesse. Et puis je trouve en plus que ça me défoule.

Document 4: pays vainqueurs de la Coupe du Monde
En 1930, c'est le pays organisateur qui a gagné la coupe. En 1934 comme en 1930, c'est le pays organisateur qui a remporté. En 1938, le vainqueur de 1934 a remporté pour la deuxième fois. En 1950, l'Uruguay a gagné pour la deuxième fois. En 1954, les Allemands sont les vainqueurs. En 1958 et en 1962, le Brésil a gagné deux fois de suite.

En 1966, c'était le tour de l'Angleterre. En 1970, le Brésil a remporté pour la troisième fois. En 1974, c'était de nouveau le tour de l'Allemagne. En 1978, l'Argentine l'a remportée, en 1982, l'Italie, et en 1986, de nouveau l'Argentine. En 1990, l'Allemagne l'a remportée pour la deuxième fois. En 1994, c'était le Brésil, en 1998, la France. En 2002, vous savez bien que c'était … En 2006, ce sera qui?

Unité 3

Document 1

Sarah: Salut Dominique!

Dominique: Ah, c'est Sarah! Comment vas-tu? As-tu reçu mon message?

Sarah: Oui, et c'est pour ça que je te téléphone. Merci bien. C'est une idée géniale.

Dominique: Tu peux venir alors?

Sarah: Ecoute, c'est pas sûr. J'aimerais bien, c'est clair, mais je ne sais pas si je peux partir au mois de mai. Je suis complètement fauchée. En plus, j'ai des examens en juin, et je dois absolument étudier. Ce serait un peu risqué de partir en vacances trois semaines avant. Vous ne pourriez pas partir plus tard, fin juin, par exemple?

Dominique: Non, malheureusement. A partir du 15 mai, on doit travailler tout l'été.

Sarah: Vous avez de la chance de pouvoir partir en mai. C'est la saison des fleurs en montagne, il ne fera pas trop chaud, et il n'y aura pas trop de touristes.

Dominique: C'est vrai. Tu ne peux vraiment pas venir avec nous?

Sarah: Non, vraiment. Je regrette beaucoup, mais si je rate mes examens …

Dominique: Je comprends bien. On essayera de faire quelque chose à la Toussaint.

Sarah: D'accord. Bon, je vous souhaite quand même de bonnes vacances là-bas!

Dominique: Merci. On t'enverra une carte postale. Allez, salut!

Sarah: Salut Dominique!

Document 2

Bonjour Dominique, c'est Robert. Je suis ravi de ton invitation. J'ai déjà sorti mes chaussures de marche, et j'ai pris un billet d'avion pour le 1er mai. Arrivée à Toulouse à 18h30. Je suis impatient de vous voir, toi et Kevin. A très bientôt.

Document 3

05 61 64 31 51
05 61 64 48 39
05 61 64 60 60
05 61 64 46 88
05 61 64 48 04
05 61 44 45 51

Document 4

B: Allô, office de tourisme des vallées d'Ax.

A: Allô, bonjour. Je vous téléphone pour demander un renseignement. J'ai l'intention de passer quelques jours en Ariège au mois de mai avec des amis. Je voudrais savoir s'il y a des possibilités d'hébergement près du village d'Appy.

B: Il y a des chambres d'hôte à Appy même, et également à Unac, qui n'est pas très loin. Il y a aussi un hôtel à Luzenac. Je peux vous donner des numéros de téléphone, si vous voulez.

A: Volontiers. Pourriez-vous me donner un numéro pour les chambres d'hôte à Appy?

B: Bien sûr, c'est le 05 61 64 46 88.

A: Merci bien. On voudrait faire des randonnées dans la région. Est-ce qu'il est possible d'avoir un guide?

B: Oui, en principe, mais il faut réserver d'avance. Vous devrez vous adresser au bureau des guides et accompagnateurs. C'est au 05 61 64 31 51.

A: Je vous remercie beaucoup. Au revoir, Madame.

Unité 4

Document 1

1 Dans l'appartement 1, il y a la famille Charpentier. Fred, le père, a 35 ans. Il est chef de cuisine, et il travaille dans un restaurant. Sa femme Odile a 36 ans. Elle est photographe de profession, mais pour le moment elle passe la plupart de son temps à s'occuper de ses enfants qui sont assez petits. Robert, l'aîné, a six ans, Cécile a cinq ans, et le bébé, Pierre, a neuf mois.

2 Dans l'appartement 2, il n'y a que deux personnes. Michel Lynch est étudiant en musique. Il a 20 ans. Il habite avec sa grand-mère Anne Beauchamp. Elle était vétérinaire, mais comme elle a 79 ans, elle est en retraite.

3 Dans l'appartement 3, il y a Sylvie Breton et son mari Jacques Legrand. Ils ont tous les deux 42 ans. Il est carreleur, et elle est dessinatrice de jardins.

4 Dans l'appartement 4, il y a trois personnes. Carole Van Thian est chanteuse. Elle a 25 ans. Dominique Lenoir est chauffeur de taxi. Il a 27 ans. Laure, la sœur de Dominique, a 17 ans. Elle est lycéenne.

5 Dans l'appartement 5, il y a Paul Zidane. Il est médecin. Il a 26 ans.

Document 2

Carole est dans la cuisine de son appartement. Elle est en train de préparer le dîner, et elle chante en travaillant. Elle est assise à une grande table devant la fenêtre, et elle coupe des oignons en rondelles. Des carottes et des petits-pois sont posés sur la table devant elle. Il y a aussi une corbeille avec des cerises.

A l'évier, Dominique prépare la salade.

La pièce est très claire et très ensoleillée. Elle est peinte en jaune. La fenêtre est ouverte. Les meubles sont neufs: la table, les chaises, les placards, sont en bois clair. Le décor est très simple. Il y a un joli calendrier suspendu au mur. Le chat est couché par terre, endormi.

Document 3

a Dominique, c'est Paul. Est-ce que tu peux m'emmener à l'aéroport demain matin pour huit heures?

b Paul, c'est Odile qui te souhaite de bonnes vacances au Portugal. Envoie-nous une carte postale!

c Jacques, c'est Anne pour te dire que je suis très très contente du carrelage dans la salle de bains.

d Laure, c'est Michel. J'ai besoin de te parler. Est-ce que tu peux passer chez moi en rentrant du lycée?

e Paul, je te félicite de tes résultats. Bravo!

Document 4

1 Bon anniversaire!
2 Merci, c'est très gentil.
3 Est-ce que tu peux venir dimanche fêter l'anniversaire de ma grand-mère? Elle aura 80 ans.
4 Vous m'excuserez si j'arrive en retard. Je dois aller chercher Charles à l'aéroport.
5 Je te présente nos nouveaux voisins.
6 Est-ce que tu peux me prêter un tournevis?
7 Comment va votre mari?
8 Est-ce qu'il y a un bon dentiste dans le quartier?
9 Bravo!
10 Ah oui, avec plaisir!

Unité 5

Document 1

1 Pour lui, ce n'est pas le désordre, c'est un beau château.
2 Elle a peur que son enfant tombe.
3 Il est fatigué après sa longue journée à l'école.
4 Il est fier de lui, et sûr de lui, et il sait qu'il ne va pas tomber.
5 Il cherche à être indépendant de sa mère.
6 Il consulte ses parents.
7 Ce qu'elle pense ne correspond pas à ce qu'elle dit.
8 Elle a du mal à accepter que son fils grandit.
9 Il a du mal à accepter que son fils grandit.
10 Elle veut que son fils réussisse à l'école.
11 Il ne semble pas vouloir considérer la proposition de son fils.

Document 2

1. Ils me privent de sorties.
2. Ils discutent avec moi si j'ai un problème.
3. Ils ne veulent rien entendre de mon point de vue.
4. Ils me donnent de l'argent.
5. Ils me laissent faire.
6. Ils contrôlent mes achats.
7. Ils m'octroient un budget.
8. Ils crient plus fort qui moi.
9. Ils disent que je suis trop jeune.
10. Quand je sors, ils m'imposent une heure de retour.
11. Ils acceptent que j'invite des copains à la maison.
12. Ils se plaignent que je ne fais jamais rien.
13. Ils discutent le partage du travail avec moi.
14. Ils me refusent de l'argent de poche.

Document 3

a Tu veux que je donne à manger aux animaux?
   Je l'ai déjà fait. Merci quand même.

b Tu veux que je promène le chien?
   Volontiers. Il a été enfermé dans la maison toute la journée.

c Tu veux que je tonde la pelouse?
   Tu veux bien? Ça m'arrangerait. J'ai pas le temps de le faire.

d Tu veux que je sorte la poubelle?
   C'est trop tard. Les éboueurs sont déjà passés.

e Tu veux que je mette la table?
   Oui, si tu veux. Le dîner sera prêt dans cinq minutes.

f Tu veux que je fasse le repassage?
   Ah, ce serait gentil. J'ai besoin d'une chemise pour ce soir.

Unité 6

Document 1

1. Bon voyage!
2. Joyeux Noël!
3. Bonne année!
4. Je vous présente tous mes vœux de bonheur.
5. Je vous félicite de la naissance du bébé.
6. Bon courage!
7. Je te présente mes condoléances.
8. Bravo!
9. Je te souhaite bon rétablissement!
10. Bonne rentrée!

Document 2

Au mois de janvier il y avait bien sûr le Nouvel An, et puis le 17 on a fêté les 25 ans de mariage de mes parents.

Au mois de février, c'était la Saint-Valentin, et je l'ai fêtée en allant en discothèque avec ma copine.

Qu'est-ce qu'il y avait au mois de mars, ah oui, le 3, c'est l'anniversaire de ma sœur, alors on a fait un repas sympa à la maison, et je lui ai offert un billet de concert. C'est gentil hein?

En avril l'équipe de ma ville a gagné un tournoi de football. Alors on a fêté ça, bien sûr. Il y avait aussi la fête de Pâques.

En mai, alors le Premier Mai c'est la fête du travail, et on l'a fêté en passant une journée sans travailler.

En juin, est-ce qu'il y avait quelque chose, ah oui, on a fêté la fin de l'année scolaire avec une sortie au cinéma et en discothèque.

Juillet, eh bien en juillet il n'y a rien eu de spécial.

Au mois d'août on a déménagé, et on a invité des amis pour fêter notre installation, on appelle ça *pendre la crémaillère*. Et ma grande sœur a reçu les résultats de son bac, et comme ils étaient pas mal, on a fêté ça aussi.

En septembre, c'était la rentrée scolaire, et ça c'est vraiment pas à fêter. Tu es d'accord?

Fin octobre, eh bien c'était Hallowe'en. On s'est déguisé pour sortir à une fête organisée à la maison des jeunes.

Le premier novembre, c'est la Toussaint. C'est le jour où les gens vont mettre des fleurs au cimetière, au tombeau des membres de la famille qui sont décédés. On y met surtout des chrysanthèmes.

En décembre, ma grand-mère a fêté ses quatre-vingts ans, alors on a fait une réunion familiale avec tous les oncles et tantes, et les cousins, tous ses petits-enfants et même deux arrière-petits-enfants. C'était très sympa, et ma grand-mère a été ravie.

Document 3(a): Noël chez Anne-Claire

Alors avant Noël, il y a tous les préparatifs à faire: sortir la crèche et la mettre en place dans l'entrée de la maison, acheter des cadeaux, envoyer des cartes de vœux pour le Nouvel An, parce qu'en France on envoie des cartes pour le Nouvel An et pas pour Noël.

La veille de Noël, le 24 décembre, c'est le réveillon. Alors on va à la messe à minuit, et en rentrant on mange une brioche et on boit un lait au chocolat, et on fait l'échange de cadeaux.

Puis dans la nuit, les parents mettent le petit Jésus dans la crèche, et des cadeaux pour les enfants. Dans d'autres familles c'est le Père Noël qui apporte des cadeaux, mais chez nous, comme on est catholiques, c'est le petit Jésus.

Le jour de Noël, le 25 décembre, il y a un grand déjeuner de famille. Normalement c'est chez ma grand-mère, et on est une vingtaine à manger. Le menu, c'est pas tous les ans la même chose. Souvent il y a une dinde, mais pas toujours. Comme dessert il y a toujours une bûche de Noël. C'est un gâteau au chocolat qui a la forme d'une bûche.

Document 3(b): Le 14 juillet dans le village de La Puye

Le quatorze juillet chez nous, c'est un peu comme dans tous les villages. Le soir, dès qu'il fait noir, on fait la retraite aux flambeaux. Ça commence place du marché, et tous les habitants du village prennent un flambeau et on va à la plage de l'étang à l'extérieur du village. Les gens s'assoient sur la plage. Il y a une association du village qui organise une animation. Il y a des tableaux sur l'eau, alors il y a souvent un thème avec de la musique qui va avec, et ça change tous les ans. A l'arrière il y a le feu d'artifice. Sur l'eau c'est joli. On a de la chance d'avoir un étang. Et après, en général, les gens reviennent sur la place publique, à côté de la mairie et de l'école, et il y a une buvette, qui est installée dehors. Parfois il y a un méchoui. Alors on tue un mouton, un gros mouton, on le met sur une broche, et on fait cuire comme ça toute la journée. On le fait tourner sur sa broche pour rôtir, et après, chacun vient manger, mettre sa viande de mouton dans un sandwich. Il y a un bal aussi, c'est dehors, puis comme c'est le 14 juillet, il y a les enfants avec leurs pétards, qui courent partout, qui envoient des pétards dans les jupes des danseuses …

En Plus 1

Document 1

Robert parle de la première fois qu'il est allé en France.

— Robert, la première fois que tu es allé en France, je crois que tu étais dans une famille?
— Oui, j'étais dans une famille à Châteaubriant.
— Et comment tu t'es débrouillé en français?
— Au début c'était un choc d'entendre parler français autour de moi tout le temps. D'abord c'était difficile de comprendre les questions qu'on me posait. Et même si je comprenais, je ne savais pas toujours comment répondre. Je disais seulement oui ou non.
— Et les gens que tu as rencontrés, est-ce qu'ils parlaient lentement quand ils te parlaient?
— Oui, ils étaient très patients et très compréhensifs. Ils m'aidaient à trouver des mots.
— Est-ce que tu avais apporté un dictionnaire?
— Oui, et un carnet pour prendre des notes et écrire les mots que j'apprenais. Tous les soirs, je notais les mots que j'avais appris dans la journée. La fille aînée de la famille, Annabelle, m'a beaucoup aidé. Elle était déjà venue chez nous en Irlande, et elle comprenait les difficultés que j'avais. Quand j'avais des questions, elle m'a toujours expliqué des choses.
— Tu as fait des progrès pendant ton séjour?
— Oui. Deux semaines, c'est très court, mais je sais que j'ai fait des progrès. A la fin de mon séjour, j'avais beaucoup plus de confiance en moi, et je sentais que je comprenais mieux et que je parlais mieux.
— Est-ce que tu aurais des conseils à donner à quelqu'un qui va en France pour la première fois?
— Oui. Je crois qu'il faut d'abord bien se préparer avant de partir. Il faut savoir parler de toi, de ta famille, de la ville où tu habites, de ta région, de tes passe-temps, enfin de ta vie de tous les jours. Il faut penser aux questions

qu'on te posera. Il faut penser aussi aux questions que tu auras envie de poser toi-même. C'est une bonne idée d'apporter un dictionnaire, et un carnet pour écrire des mots que tu apprends. Moi j'ai trouvé ça très utile, et tous les soirs j'ai révisé les mots que j'avais appris pendant la journée. Pendant ton séjour, il faut écouter les gens avec beaucoup d'attention. Même si tu ne comprends pas tout, tu peux essayer de comprendre quelques mots … Si tu as des difficultés, n'hésite pas à demander de l'aide, ou à demander aux gens de parler plus lentement.

Document 2
Cathy parle de son séjour en France.

— Cathy, tu es allée en France pendant les grandes vacances. Tu étais où exactement?
— J'ai passé deux semaines formidables chez ma tante qui habite avec son mari à Bandol. C'est sur la Méditerranée, à mi-chemin entre Marseille et Nice.
— Tu as de la chance d'avoir une tante qui habite dans un endroit pareil!
— Je sais! Je vais presque tous les ans chez elle, quelquefois avec ma famille, et quelquefois avec une copine. Cet été il y avait mon frère et son copain, et ma copine Rachel et moi.
— Et comment se passe un séjour là-bas?
— D'abord ma tante et mon oncle, ils ont une belle villa avec une piscine et une vue magnifique sur la mer. On passe des heures à se baigner dans la piscine, on va à la plage, on fait des promenades en bateau aussi. Cette année j'ai fait de la plongée pour la première fois. L'eau était très très claire, et on voyait plein de poissons … C'était génial.
— Est-ce que tu as eu l'occasion de rencontrer d'autres jeunes?
— Oui, bien sûr. On avait souvent rendez-vous le soir à la plage. Là il y avait une fête foraine et une boîte de nuit. Ou bien on se baladait tout simplement sur la promenade.
— Dans la ville de Bandol qu'est-ce qu'il y a d'intéressant?
— Il y a le marché tous les mardis. Alors là on vend du savon, de la poterie, du fromage, des fruits, des légumes, des choses comme ça, et puis il y a aussi de la lavande. C'est un peu une spécialité de la région, on la cultive pour le parfum. Ça sent délicieusement bon.

Document 3

Maxime: Je fais huit heures de sport par semaine, du football et du tennis. Cela me permet de m'amuser, me muscler et me dépenser. Si je n'en fais pas, cela me manque, je m'ennuie. Selon moi, le sport est bon pour mon équilibre car il véhicule beaucoup de valeurs telles que l'amitié, la solidarité.

Aurore: Je ne fais pas de sport car je n'ai pas le temps. J'apprécie toujours l'EPS, cela me permet de brûler des calories. J'estime que certains sportifs sont agressifs car ils sont mauvais joueurs, c'est leur tempérament. Ils jouent pour gagner et non pas pour s'amuser.

Jérémy: Je pratique des activités sportives 11 heures par semaine (du football, du tennis et du ping-pong). C'est vital pour moi! Si je n'en fais pas je me sens mal dans mon corps, fatigué notamment, et dans ma tête car je m'ennuie. Le sport me permet d'entretenir ma condition physique et mes muscles. De plus, lorsqu'on ne fait pas de sport, on n'a pas d'amis. Je suis très lié avec mes coéquipiers, nous nous voyons tout le temps: le mercredi, le week-end.

Document 4
Vous allez entendre un extrait de *La cantatrice chauve*, pièce de théâtre d'Eugène Ionesco. Un homme et une femme se parlent.

M Martin: Mes excuses, madame, mais il me semble, si je ne me trompe, que je vous ai déjà rencontrée quelque part.

Mme Martin:	A moi aussi, Monsieur, il me semble que je vous ai déjà rencontré quelque part.
M Martin:	Depuis que je suis arrivé à Londres, j'habite rue Bromfield, chère madame.
Mme Martin:	Comme c'est curieux, comme c'est bizarre! Moi aussi, depuis mon arrivée à Londres, j'habite rue Bromfield, cher Monsieur.
M Martin:	Comme c'est curieux, mais alors, mais alors, nous nous sommes peut-être rencontrés rue Bromfield, chère madame.
Mme Martin:	Comme c'est curieux, comme c'est bizarre! C'est bien possible, après tout! Mais je ne m'en souviens pas, cher Monsieur.
M Martin:	Je demeure au no.19, chère madame.
Mme Martin:	Comme c'est curieux, moi aussi j'habite au 19, cher Monsieur.
M Martin:	Mais alors, mais alors, mais alors, mais alors, mais alors, nous nous sommes peut-être vus dans cette maison, chère Madame?
Mme Martin:	C'est bien possible, mais je ne m'en souviens pas, cher Monsieur.
M Martin:	Mon appartement est au cinquième étage, c'est le no.8, chère Madame.
Mme Martin:	Comme c'est curieux, mon Dieu, comme c'est bizarre! Et quelle coïncidence! Moi aussi j'habite au cinquième étage, dans l'appartement no.8, cher monsieur!
M Martin:	Comme c'est curieux, comme c'est curieux, comme c'est curieux, et quelle coïncidence! Vous savez, dans ma chambre à coucher j'ai un lit. Mon lit est couvert d'un édredon vert. Cette chambre, avec ce lit et son édredon vert, se trouve au fond du corridor, entre les waters et la bibliothèque, chère Madame!
Mme Martin:	Quelle coïncidence, ah mon Dieu, quelle coïncidence! Ma chambre à coucher a, elle aussi, un lit avec un édredon vert et se trouve au fond du corridor, entre les waters, cher monsieur, et la bibliothèque!
M Martin:	J'ai une petite fille, ma petite fille, elle habite avec moi, chère madame. Elle a deux ans, elle est blonde, elle a un œil blanc et un œil rouge, elle est très jolie, elle s'appelle Alice, chère Madame.
Mme Martin:	Quelle bizarre coïncidence! Moi aussi j'ai une petite fille, elle a deux ans, un œil blanc et un œil rouge, elle est très jolie et s'appelle aussi Alice, cher monsieur!
M Martin, même voix traînante, monotone:	Comme c'est curieux et quelle coïncidence! Et bizarre! C'est peut-être la même, chère Madame!
Mme Martin:	Comme c'est curieux! C'est bien possible cher Monsieur.

Un assez long moment de silence […]

M Martin:	Alors, chère Madame, je crois qu'il n'y a pas de doute, nous nous sommes déjà vus et vous êtes ma propre épouse … Elisabeth, je t'ai retrouvée!
Mme Martin:	Donald, c'est toi, darling!

Editions Gallimard

Unité 7

Document 1
1 Vous vous appelez Camille Benoît?
2 Votre prénom c'est bien Camille?
3 Vous avez environ vingt-cinq ans?
4 Vous êtes agent responsable du Service des Eaux?
5 Etes-vous né en Normandie?

6   Habitez-vous en Bretagne?
7   Est-ce que vous habitez au Vésinet?
8   Le Vésinet, c'est au centre de Paris?
9   Est-ce que vous habitez avec votre femme?
10   Est-ce que votre femme s'appelle Dodeline?

Document 2
Lecture l'extrait de *Pour ses beaux yeux*.
Voir la page 58.

Document 3
a   Il est énormément assuré, et très autoritaire. Il parle avec une politesse exagérée, au point d'être moqueur.
b   Elle ne dit pas grand-chose. Elle est très polie, très correcte, très discrète.
c   Il est indécis et timide, et pas très loquace.

Document 4
Vous vous appelez comment?
Vous habitez où?
Vous faites quoi comme travail?
Vous venez d'où?
Vous habitez à Paris depuis quand?
Vous avez quel âge?
Vous habitez avec qui?
Vous parlez de quoi?

Document 5
1   Quels sont les pays qui ont une frontière commune avec la France?
2   Quel est le participe passé du verbe *faire*?
3   Combien de cordes y a-t-il sur une mandoline?
4   Où se termine le Tour de France chaque été?
5   Comment s'appelle le musée de Paris dont l'entrée est une pyramide en verre?

Unité 8

Document 1
Je m'appelle Marion, et je suis étudiante à DCU à Dublin. Je fais des études de linguistique. Pour la licence, il faut aussi étudier l'allemand ou le français, et il faut passer une année soit en Allemagne, soit en France. Comme j'ai choisi d'étudier le français, c'est en France que je suis allée. Je viens de passer une année scolaire à Nancy. Je suis partie avec deux copines de ma classe à DCU.

Document 2(a)
Comment avez-vous fait pour trouver un logement?
L'administration à DCU nous a aidées. Il y avait plusieurs possibilités. On aurait pu louer un studio ou un appartement, mais il y a l'inconvénient qu'ils sont souvent pas meublés, et en plus le loyer est assez cher. Nous avons choisi de louer une chambre d'étudiant dans une résidence universitaire.

Document 2(b)
Elle était comment, votre chambre?
Elle faisait 3 mètres carrés: minuscule! Juste assez de place pour un petit lit, une table, une chaise, une armoire et une étagère.

Et les sanitaires?
On partageait les toilettes et les douches avec tous nos voisins de palier.

Vous aviez la possibilité de faire la cuisine?
Oui, il y avait une cuisine à chaque étage. Il n'y avait que deux plaques à cuisiner, alors on ne pouvait rien faire de compliqué, et il n'y avait pas de frigo. Il fallait donc faire les courses assez souvent, mais c'était pas un problème: il y avait une boulangerie et un petit supermarché tout près de la résidence. Dans la résidence il y avait aussi un restaurant universitaire où on pouvait manger.

Alors c'était une bonne décision d'habiter à la résidence universitaire?
Ah oui, c'était beaucoup mieux que d'habiter dans un appartement. D'abord, c'était nettement moins cher. Puis du point de vue rencontres, c'était très bien. On a fait la connaissance de tous nos voisins de palier.

Et c'étaient qui, vos voisins?
C'était une résidence mixte, avec des hommes et des femmes. A notre étage il n'y avait qu'un seul Français: les autres locataires étaient des Allemands, des Nord-Africains, et des Irlandais.

Document 3: la routine journalière
Racontez-nous une journée typique.
On se levait normalement entre huit et neuf heures.

On descendait à la boulangerie acheter du pain ou des croissants pour le petit déjeuner, et on se préparait un café à la cuisine. Ensuite on partait à la fac pour nos cours. C'était à quinze minutes à pied. Les cours duraient deux heures. A midi on rentrait à la résidence pour manger un sandwich. L'après-midi, on avait cours. Le soir on mangeait normalement au restaurant universitaire. Et après, on passait la soirée avec nos amis, à jouer aux cartes, à bavarder, à jouer de la guitare, à regarder la télé. Quand on sortait, on sortait tard, vers minuit. On était à vingt minutes à pied du centre-ville. On avait nos bars préférés où on rencontrait plein de gens et où l'ambiance était géniale. Une de mes copines irlandaises qui joue de la guitare a trouvé des musiciens qui jouaient de la musique irlandaise, et elle est souvent allée jouer avec eux.

Document 4: les études

Et les études, ça s'est bien passé?
C'était différent, et c'était assez difficile de tout faire par l'intermédiaire du français, mais on s'est habitué.

A Nancy, il y avait quarante étudiants dans notre classe, tandis qu'à Dublin on n'était que dix-huit. On avait moins d'heures de cours par semaine à Nancy: dix à douze, par rapport à dix-sept à DCU.

Est-ce que vous aviez beaucoup de travail à faire en dehors des cours?
A Dublin on devait faire du travail autonome sur ordinateur en dehors des cours. A Nancy on n'avait pas de tâches particulières à faire. On révisait nos notes. On devait aussi lire des livres à la bibliothèque. C'était difficile au début parce que tout était en français, et on dépendait vraiment de nos notes de cours.

Vous avez dû passer des examens?
Oui, il fallait passer six examens au cours de l'année. On en a passé trois à la fin de chaque semestre. Ce n'était pas très facile, mais on a réussi quand même.

Comment étaient vos contacts avec les professeurs et avec les autres étudiants?
A Dublin on a de bons contacts avec les professeurs. C'est plus facile, parce qu'on est moins nombreux dans la classe et on a la possibilité de discuter de notre travail. A Nancy tous les cours étaient des cours magistraux, et on avait moins l'occasion de parler avec les profs.

On avait de bons contacts avec les autres étudiants, à Nancy comme à Dublin. Il y a quand même une différence. A Nancy, les étudiants avaient tendance à partir chez eux après les cours, tandis qu'à Dublin on passe pas mal de temps ensemble en dehors des cours. Il faut dire qu'à Nancy nos camarades de classe étaient très gentils, et ils nous aidaient si nous avions besoin de quelque chose.

Document 5

a *Est-ce que tu as eu le mal du pays?*
Un tout petit peu au mois de novembre. Au début tout était neuf, et on n'avait pas le temps d'avoir le mal du pays. Je suis rentrée en Irlande à Noël, et après Noël, le temps a passé très vite.

b *Tu as eu des problèmes de communication?*
Au début, c'était difficile pour les études et aussi pour les contacts en dehors des cours, mais je crois que ça, c'est normal!

c *Est-ce que tu as fait beaucoup de progrès en français?*
Ah oui! Au début, j'avais du mal à comprendre et à m'exprimer, mais maintenant je me sens capable de soutenir une conversation.

d *Et est-ce que tu as trouvé que la vie coûte plus cher en France?*
Non. Au contraire, la vie coûte moins cher en France. Le loyer à la résidence universitaire n'était vraiment pas cher, et comme on était près de la fac et du centre-ville, on n'avait pas de frais de transport. Et j'avais toujours ma bourse.

e *Tu t'es ennuyée loin de tes amis?*
Non, pas du tout. On s'écrivait un peu, et on s'est vus à Noël. J'étais avec deux copines irlandaises à Nancy, et puis on s'est fait plein de nouveaux amis.

f *Est-ce que tu as profité de ton séjour?*
C'était une très bonne expérience. Quand j'y pense maintenant, je vois qu'il y a des choses que j'aurais aimé faire. Visiter un peu plus la région, par exemple. Mais je peux dire que j'ai vraiment profité de mon séjour.

g Tu as eu envie de rentrer en Irlande à la fin de l'année?

Oui et non. Bien sûr que j'avais envie de revoir mes amis et ma famille, mais j'étais triste aussi de quitter les amis que je m'étais faits.

Unité 9

Document 1
Les matières scolaires proposées au Leaving Certificate en Irlande

comptabilité	gaélique
commerce	anglais
économie	français
histoire économique	allemand
	espagnol
génie	italien
dessin technique	latin
études de construction	grec
sciences agricoles	hébreu
économie agricole	études classiques
sciences sociales/arts	
ménagers	mathématiques (maths)
histoire	physique
géographie	chimie
arts plastiques	physique-chimie
musique	biologie
	maths appliquées

Document 2(a)
a Qu'est-ce que ça veut dire 'S'?
b Qu'est-ce que vous faites en cours de sport?
c Qu'est-ce que vous faites en travaux pratiques?
d Est-ce qu'il y a beaucoup d'élèves qui font latin?
e Qu'est-ce que tu fais à midi?
f Est-ce que tu trouves que la journée scolaire est longue?
g Est-ce que tu as beaucoup de devoirs le soir?
h Qu'est-ce que tu fais le mercredi après-midi?

Document 2(b)
a Qu'est-ce que ça veut dire 'S'?
Alors 'S' c'est la filière que je prends pour le bac. Dans un lycée général, comme le mien, il y a trois filières possibles. S c'est scientifique, L c'est littéraire, et ES, c'est économique et social. Si on va dans un lycée technique, il y a d'autres possibilités …

b Qu'est-ce que vous faites en cours de sport?
Il faut expliquer qu'en France le sport est une matière pour le bac. Au début de l'année on choisit trois sports, et on fait un sport différent tous les trimestres. A la fin du trimestre on a une épreuve, et c'est ça qui compte pour le bac. C'est une épreuve pratique et théorique. Le choix des sports, ça dépend du lycée. Dans certains lycées, par exemple, la danse est une option, mais pas chez nous. Moi j'ai choisi volley, natation et athlétisme.

c Qu'est-ce que vous faites en travaux pratiques?
On fait des expériences scientifiques.

d Est-ce qu'il y a beaucoup d'élèves qui font latin?
C'est une option, alors ce n'est pas obligatoire. Il y a quand même vingt élèves dans ma classe de latin. On a le choix entre latin et grec, ou on peut également choisir de faire ni l'un ni l'autre.

e Qu'est-ce que tu fais à midi?
Moi, comme j'habite à dix minutes à pied du lycée, je rentre déjeuner à la maison à midi. Pour ceux qui ne rentrent pas, il y a une cantine.

f Est-ce que tu trouves que la journée scolaire est longue?
Oui, je la trouve très longue. Les jours où les cours finissent à cinq heures et demie, je suis très fatiguée à la fin de la journée. Et on commence tôt le matin. Si seulement il n'y avait pas cours le samedi, ce serait plus facile.

g Est-ce que tu as beaucoup de devoirs le soir?
Pas mal. J'en ai normalement pour deux heures environ, plus s'il y a une épreuve le lendemain.

h Qu'est-ce que tu fais le mercredi après-midi?
Normalement je me repose un peu. Puis de quatre à cinq heures, j'ai un cours de danse classique. C'est mon seul passe-temps, je fais de la danse depuis l'âge de sept ans, et j'aime beaucoup ça.

Document 3

– Qu'est-ce que vous avez eu comme cours aujourd'hui?
– D'abord, on a eu un cours de géographie.
– Et qu'est-ce que vous avez fait en géographie?
– On a regardé un documentaire sur la pêche à la morue en Norvège. Après, on a discuté des problèmes relevés dans le documentaire. J'aime beaucoup la géographie. Le programme est chargé, mais c'est très très intéressant. Ensuite, c'était deux cours de génie. J'ai travaillé sur mon projet pour le Leaving Cert.
– Qu'est-ce que tu fais pour ton projet?
– Je fais une maquette de carburateur. Pour moi, je crois que le génie c'est la matière qui me passionne le plus. J'aime bien les travaux pratiques qu'on fait.
  Puis après la récréation, on a eu un cours de gaélique. On a lu la suite d'un conte qu'on avait commencé hier.
– Tu es fort en gaélique?
– Assez fort, oui. Je trouve que la grammaire est compliquée, mais j'aime bien les cours.

  Alors après le gaélique, on a eu un cours de dessin technique. En ce moment, on étudie les formes. Alors on a démonté une boîte en carton pour la voir à plat. J'aime bien l'aspect concret de cette matière. On en voit l'application, comme dans le génie.

  Finalement on a eu un cours d'anglais. Là le prof nous a rendu un devoir qu'elle avait corrigé. C'était l'explication d'un poème qu'on avait étudié en cours. J'aime bien l'anglais. Je trouve que le programme est intéressant: on fait des pièces de théâtre, des romans, des films, des poèmes, on a des débats très animés sur toutes sortes de choses.

Document 4

1 Fabrice: Depuis que je suis interne, je ne perds plus de temps en transport. Il y a aussi l'avantage que l'internat organise des activités intéressantes: il y a un ciné-club et un club photo. Je fais partie du club photo, on se réunit tous les mardis, et ça me plaît beaucoup. Si je devais rentrer tous les jours à la maison, je ne pourrais pas faire ça.

2 Corinne: Il y a des horaires structurés, ce qui me convient bien parce que j'avais du mal à me mettre au travail à la maison. Le soir on a des études encadrées, tandis qu'à la maison je faisais tout sauf mes études: je surfais l'Internet, je discutais au téléphone, je regardais la télé. Je suis contente d'être interne.

3 Alain: Il faut dire que je trouve la vie collective un peu pesante. On est ensemble avec des jeunes du même âge 24 heures sur 24. Pas moyen de s'échapper! Comme l'internat est assez loin de chez moi, je ne peux pas rentrer à la maison tous les week-ends et je ne vois plus beaucoup ma famille. J'adore mes grands-parents, et quand j'étais à la maison je les voyais presque tous les jours. Ils me manquent beaucoup.

4 Cécile: Je me sens plus indépendante depuis que je suis en internat. Il n'y a pas ma mère derrière moi pour penser à mes affaires, et je dois me prendre en charge. Je pense que ça me fait du bien. J'étouffais un peu à la maison, et là j'ai plus de marge de manœuvre.

Unité 10

Document 1: chiffres
1 vendredi 21 juillet
2 19 ans
3 06h15
4 1999
5 lundi 14 mai
6 une minute
7 cinq ans

8   10 kilos
9   01h15
10 5,9 sur l'échelle de Richter

Document 2

1   – C'est bien ta valise?
    – Ah non, tiens! C'est la même valise, mais la mienne n'avait pas d'autocollants. La mienne est peut-être toujours dans le train.
    – Bon, je vais aller voir.

2   – Ta valise n'y est plus. Qu'est-ce qu'on fait maintenant?
    – Il faut le signaler au service de sécurité.
    – T'as raison. On y va, c'est là-bas.

3   – Excusez-moi Monsieur, on a un problème.
    – Qu'est-ce qu'il y a?
    – En descendant du train, je croyais prendre la valise de ma femme, mais je me suis trompé, et celle-ci n'est pas la sienne.

4   – On va l'ouvrir, pour voir si par hazard il y a les coordonnées du propriétaire dedans.
    – D'accord. Comme ça on pourrait prendre contact pour récupérer notre valise.
    – Mais qu'est-ce que c'est? Mon Dieu! Regardez-moi ça!

5   – On va l'ouvrir.
    – D'accord.
    – Mais qu'est-ce que c'est? C'est du linge de femme? Mon Dieu! Regardez-moi ça!

6   – Mais quel imbécile! Tu avais même vu la valise! De tes yeux vu! Et les deux autocollants!
    – Je ne sais pas quoi dire!
    – Ça m'étonne pas!

7   – Il y a une chose qui est certaine. C'est qu'on ne va pas vous rendre votre valise.
    – Oui, ça c'est sûr!

Document 3

1   Je lis le journal régional toutes les semaines. C'est un hebdomadaire. Ce qui m'intéresse surtout, c'est la section sport et les petites annonces.

2   Je regarde les infos à la télé tous les jours pour être au courant de ce qui se passe.

3   Chez nous, la radio est toujours allumée dans la cuisine. Il y a les titres d'informations toutes les heures.

4   J'aime lire le journal. Je n'ai pas toujours le temps, mais normalement je le lis trois ou quatre fois par semaine. Tout m'intéresse sauf le sport.

5   Je n'écoute presque jamais les infos. Quelquefois je regarde le journal, mais c'est surtout pour les revues de films et de jeux vidéo.

Unité 11

Document 1

a   Ma ville est en Haute-Savoie, dans la région Rhône-Alpes. Elle s'appelle Annecy, et elle est près de la frontière Suisse. C'est une ville moyenne, je crois qu'il y a 50 000 habitants. J'habite un appartement près du lac.

b   Mon village est en Indre-et-Loire. Il s'appelle Restigné, et il est à cinq kilomètres de Bourgueil, une petite ville de 4 000 habitants. Il est tout près de la Loire. J'habite une vieille maison en pierre au centre du village.

c   Ma ville se trouve dans le département des Bouches-du-Rhône. Elle est très connue. Elle s'appelle Marseille. Marseille est la capitale de la région Provence-Alpes-Côte-d'Azur, et elle a une population d'environ 800 000 habitants. J'habite un lôtissement en banlieue.

d   Ma ville est dans le comté de Leitrim. Elle s'appelle Carrick-on-Shannon, et elle est un point de départ pour les croisières sur le Shannon. Elle a environ 2 000 habitants. J'habite une maison jumelée à un kilomètre du centre-ville.

e   Ma ville est dans le comté d'Antrim, dans le nord-est de l'Irlande. Elle s'appelle Lisburn. Elle a une population de 42 000 habitants. J'habite un pavillon dans la banlieue.

f   Ma ville, c'est la préfecture du département de la Vienne, et c'est aussi la capitale de la région Poitou-Charente. Elle s'appelle Poitiers. C'est une ville universitaire, je crois qu'il y a depuis plus de cinq cents ans une université, parce que François Rabelais et Descartes étaient à l'université de Poitiers. A Poitiers il y a 80 000 habitants, et pendant l'année il y a encore 30 000 étudiants qui viennent de La Rochelle, d'Angoulême et de Niort, de tout le Poitou-Charente.

Document 2
La ville d'Annecy s'étend jusqu'aux abords du lac.
Les eaux du lac ont été régénérées par l'action concertée des communes riveraines.
La ville a développé des industries non-polluantes.
C'est une ville touristique.
Il y a des services de bateaux sur le lac.
On peut y faire du nautisme, du canoë-kayak, des baignades.
Dans la région on peut faire du ski en hiver et de très belles promenades en été.

Marseille est une ville cosmopolite.
C'est le premier port de France et le troisième d'Europe.
C'est aussi une ville industrielle.
Il y a des chantiers navals, et des installations de stockage et de trafic commercial.
On y trouve des usines où on fait des produits chimiques et agro-alimentaires, et des produits oléagineux.
On y fabrique des matériaux de construction.
Il y a des savonneries.
On peut y pratiquer tous les sports.
Il y a de nombreux stades.

Document 3
Lecture du dialogue dans 1.6, à la page 88.

Document 4(a)
– Alors qu'est-ce que tu proposes?
– J'ai pensé que vendredi on pourrait aller au Futuroscope.
– C'est quoi, le Futuroscope?
– Le Futuroscope, c'est le parc européen de l'image. Il est à 15 kilomètres de Poitiers.
– Et qu'est-ce qu'il y a?
– Je crois qu'il y a dix-huit ou vingt attractions. Qu'est-ce qu'il y a, il y a le kinémax, l'omnimax, images en 3D donc cinéma en relief, il y a un cinéma à 360°, des choses comme ça. Donc c'est que des films. Par exemple il y a un film sur le Grand Canyon, sur le plus grand écran du monde. C'est un grand écran qui fait deux fois deux terrains de tennis. Il y a un écran qui est en demi-sphère, et là il y a un film sur les étoiles, sur le système solaire. Des choses comme ça, et puis il y a quelques activités sur le cinéma et les nouvelles technologies du cinéma et puis le soir il y aura un feu d'artifice. Il y aura un spectacle le soir.
– Tous les soirs?
– Oui tous les soirs en été. Il y a un laser et un feu d'artifice. On pourra manger quelque chose sur place.
– Alors on va rester là toute la journée?
– Ah il faut au moins toute la journée. Il faudra partir tôt, il faudra y être pour l'ouverture à 8h du matin et le feu d'artifice, c'est le soir à 10h30 je crois, une fois qu'il fait nuit. Il y a beaucoup de choses. Si tu veux, tes activités préférées on pourra y retourner, le cinéma dynamique par exemple.
– Ça marche comment?
– Le cinéma dynamique, t'es dans un fauteuil, et le film c'est par exemple une descente en bobsleigh. Alors le siège bouge et t'as l'impression d'y être. Il y en a un comme ça en relief. On est dans l'espace, dans une navette spatiale, et il y a des astéroïdes qui arrivent vers toi et le siège bouge. C'est assez effrayant. Ça dure que trois ou quatre minutes. Alors on y retourne.
– Et comment on fait, on paie l'entrée et puis?
– Oui, on paie un forfait à l'entrée, et on y passe toute la journée et on fait les activités, dix fois de suite si on veut. On peut avoir un passeport sur deux jours, mais je pense qu'une journée ça suffira.
– On va faire autre chose le lendemain alors?
On peut passer une journée à Poitiers?

Document 4(b)
– Oui la journée à Poitiers ce sera samedi. Ce serait sympa parce que c'est le jour du marché. Donc le matin on pourra voir un peu le marché et puis faire du lèche-vitrines dans les rues piétonnes.
– Qu'est-ce qu'il y a au marché?
– Qu'est-ce qu'il y a, il y a une partie qui fait marché nourriture, tous les produits frais, alors c'est assez

sympa parce qu'il y a tous les marchands qui crient … et puis il y a une partie avec les tissus, et une partie avec des vêtements, des sacs en cuir, des choses comme ça. On peut faire de bonnes affaires, ce serait une bonne idée d'y acheter tes souvenirs. C'est souvent moins cher que les magasins. Et puis après on ira dans les rues piétonnes, il y a plein de magasins, c'est sympa les rues piétonnes. Parfois il y a des jongleurs, il y a des choses, des activités dans les rues, des gens qui chantent, des choses comme ça. On ira prendre un pot en terrasse, sur une terrasse de la place du Maréchal Leclerc. Il y a tous les cafés. En général moi j'aime bien aller au Café du Théâtre, sous les parasols, et puis on voit tout le monde passer. On rencontrera peut-être des copains à moi. Sinon on pourrait aller faire un billard aussi si tu veux dans l'après-midi.
– C'est dans un bar?
– Oui, il y a un bar avec trente billards et deux grands billards français et quatre tables de snooker. C'est très sympa.
– Ça on pourra le faire en début d'après-midi quand il fait chaud dehors.
– Pas de problème, et puis le soir si tu veux avant de sortir on ira manger une crêpe, une crêpe salée, une crêpe sucrée, et le soir on retrouvera peut-être des amis avant de sortir. En général on se retrouve vers 9 heures, et puis on ne sort pas avant onze heures et demie - minuit.
– On peut aller en discothèque?
– Voilà. La discothèque, c'est jusqu'à cinq heures du matin, et en rentrant de la discothèque on achètera des croissants dans la boulangerie de Poitiers qui s'appelle La Poésie.
– C'est ouvert 24 heures sur 24?
– C'est ouvert à partir de cinq heures du matin, alors il y aura des croissants chauds …
– Et puis après on fera la grasse matinée.
– C'est sûr.
– On peut aller chez tes parents aussi?
– Mais justement, on fera la grasse matinée chez moi, parce que chez mes parents on ne peut pas faire la grasse matinée, et puis après on ira chez mes parents. Ils habitent dans un tout petit village à trente-cinq kilomètres de Poitiers.

Unité 12

Document 1: Vous aimez comment?
1 J'aime énormément
2 J'aime beaucoup
3 J'aime bien
4 J'aime assez
5 Je n'aime pas trop
6 Je n'aime pas beaucoup
7 Je n'aime pas tellement
8 Je n'aime pas vraiment
9 Je n'aime pas du tout
10 Je n'aime absolument pas

Document 2: Vous aimez qui et quoi?
1 J'aime énormément les voyages.
2 J'aime beaucoup aller à la pêche.
3 J'aime bien le fromage.
4 J'aime assez la géographie.
5 Je n'aime pas trop me lever le matin.
6 Je n'aime pas beaucoup regarder la télé.
7 Je n'aime pas tellement la viande.
8 Je n'aime pas vraiment le sport.
9 Je n'aime pas du tout la musique pop.
10 Je n'aime absolument pas les films violents.

Document 3
Lecture de l'extrait de La Fée carabine, 3.1, page 97.

Document 4
Lecture de l'extrait de Au Bonheur des ogres, 4.1, page 101.

Document 5
Louise Labé est née à Lyon. On ne connaît pas exactement la date de sa naissance, mais on voit par un de ses poèmes qu'elle avait seize ans lors du siège de Perpignan en 1542. On peut supposer donc qu'elle est née en 1525. Son père, Pierre Labé, était cordier, comme son mari. D'où son surnom, la belle cordière. Ils étaient tous les deux riches. Louise a reçu une excellente éducation. Elle était très belle. Elle avait une voix ravissante. On dit qu'elle jouait admirablement du luth, et qu'elle tissait et brodait d'une manière parfaite. Enfin, elle était poète. Ses vers sont des vers d'amour d'une mélodie et d'une puissance lyrique … Elle a écrit peu: trois élégies et vingt-trois sonnets. La maison de Louise Labé à Lyon était le rendez-vous de la société la plus distinguée. Quand elle a perdu son mari, elle s'est retirée sur sa terre à Parcieu, où elle est morte le 28 avril 1565.

En Plus 2

Document 1
1 Balade sous les étoiles
Avis aux astronomes en herbe. Naturaid organise une sortie nocturne sur le massif du Semnoz le 9 juin prochain. Cette initiation a pour but de faire découvrir le fonctionnement de l'espace, des planètes et des étoiles, de lire le ciel et ses constellations. Au travers de jeux, de questions–réponses, et d'observations à la lunette astronomique, les participants pourront prendre conscience de la beauté du spectacle mais aussi de la dimension de l'homme dans l'univers. Inscriptions auprès de Naturaid au (0033) 450 69 84 14.

2 Marché des potiers-céramistes
L'association 'd'Argiles' qui regroupe une quarantaine des meilleurs potiers, et céramistes de Rhône-Alpes et de Bourgogne animera un grand marché, samedi et dimanche, de 9 heures à 19 heures, sur la place des Trois Fontaines de Divonne. Une animation modelage sera proposée aux enfants.

3 Excursion à la mine de sel de Bex
L'Office de tourisme de Divonne organise, samedi après-midi, une visite guidée de la mine de sel de Bex. Grâce à un parcours en train minier à travers les galeries et un chemin piétonnier de 800 mètres, les participants pourront découvrir un site fabuleux dans les entrailles de la terre. Un spectacle audiovisuel leur permettra également de découvrir toutes les étapes de la saline ouverte en 1864 et toujours en fonctionnement. Inscriptions au (0033) 450 20 01 22.

Document 2
L'espace multimédia est équipé de quatre ordinateurs en réseau, deux imprimantes, deux webcams, un scanner et deux graveurs de CD. Philippe Marcel, 73 ans, ne manque jamais le rendez-vous des mardis et mercredis après-midi sur l'Internet. 'J'avais déjà vu des ordinateurs, mais Internet, ça m'intriguait. Les jeunes m'ont montré comment ça fonctionne, et je m'y suis mis. Maintenant, je viens ici pour faire mes recherches généalogiques. Mais, vous savez, il faut faire attention, car si on ne se limite pas, ça devient une drogue.'

Document 3
J'avais onze ans ou je n'allais pas tarder à les avoir. Je voulais être grande pour affronter l'école, pour dépasser la plupart des enfants. Ils avaient un point commun: ils étaient en retard dans leur scolarité. Moi, je n'étais même pas en retard, je n'étais rien, je venais de loin, d'une montagne haute où jamais un mot de français ne fut un jour prononcé. Sinon, les pierres l'auraient retenu et je l'aurais appris. Le premier jour, mon père m'accompagna. On retrouva la brave Mme Simone à l'entrée, avec un dossier sous le bras. Elle nous présenta à la directrice qui nous fit un grand sourire et me prit par la main. En quelques minutes, je passai d'un monde à un autre. Je me trouvai seule et j'étais fière. Ma salle de classe était au rez-de-chaussée. Il n'y avait pas de tables, mais de petits tabourets autour d'un tas de cubes, en bois ou en plastique.

J'étais la plus âgée des enfants, mais je n'en avais pas honte. Contrairement à l'école coranique, garçons et filles étaient ensemble et l'instituteur n'avait pas de bâton. Je me disais: 'Mais avec quoi va-t-il nous frapper?' Dans mon esprit, il n'y avait pas d'école sans coup de bâton. Le maître était drôle. Il se mettait à quatre pattes pour nous expliquer comment placer les cubes et les compter. On apprenait les chiffres avant les lettres. Pour moi, c'était facile. Je comptais en berbère, puis j'allais le lui dire. Il éclatait de rire et continuait à me parler en français.

Le soir, mon père vint me chercher. J'étais excitée et je lui racontai tout. En arrivant à la maison, je sortis de mon cartable trois cubes de couleurs différentes et les offris à ma mère:

– C'est pour mettre tes épices. Tu reconnaîtras vite le cumin du gingembre …

Ma première journée d'école se conclut par un vol. Le lendemain, j'avais honte en rapportant les cubes.

Le deuxième jour, je mordis le bras d'une Espagnole qui m'avait pris mon ardoise.

Le troisième jour, j'étais triste. Je regardais faire les autres et je ne bougeais pas.

Le quatrième jour, j'appris à dire les couleurs en français. Le soir, j'introduisis les nouveaux mots dans la conversation avec mes parents.

Au bout d'un mois, je connaissais l'alphabet et j'écrivais mon nom. J'avais une boulimie de lecture. Dans la rue, je ne regardais plus les gens, mais j'essayais de lire les inscriptions sur les panneaux et sur les affiches. C'était devenu pour moi un exercice automatique. Le dimanche, je demandais à mon père de sortir avec lui pour lui lire les noms des cafés, hôtels et magasins. 'Café de la Mairie', 'Hôtel de la Terrasse', 'Tati', 'Monoprix', 'Boucherie Halal', 'Moulin Rouge' (là, l'écriture était compliquée). Ainsi, je faisais la lecture à mon père qui s'amusait de mes découvertes.

Les yeux baissés, Tahar ben Jelloun. Editions du Seuil

Unité 13

Document 1
Notez l'erreur dans chaque phrase.
1. La France a une superficie de 55 000 km^2
2. Les plaines constituent un tiers de la superficie totale.
3. La France dispose de 5 000 km de rivages côtiers.
4. En l'an 2000, la France comptait 604 millions d'habitants.
5. La France compte 54 aires urbaines de plus de 150 000 habitants.
6. Paris a une population de 12,6 millions.
7. Toulouse a une population de plus d'un million d'habitants.
8. La métropole française est divisée en 22 régions et 86 départements.
9. La Martinique est un des cinq départements d'outre-mer.
10. La Réunion est un territoire français d'outre-mer.

Document 2
Au quatrième siècle de notre ère, les Arawaks venus du Venezuela arrivent à la Martinique.

Au neuvième siècle, la Martinique est envahie par les Caraïbes qui anéantissent les Arawaks.

Christophe Colomb a découvert la Martinique en 1494.

En **1635**, des Français ont débarqué à la Guadeloupe et la Martinique. Une langue mixte est née des contacts entre les Français et les Caraïbes. C'est le franco-caraïbe ou le baragouin.

En **1680**, l'importation d'esclaves africains noirs a commencé. Ils étaient destinés à travailler dans les plantations de canne à sucre.

En **1848**, 72 000 esclaves deviennent des hommes libres.

En **1853**, on voit l'arrivée des premiers travailleurs indiens (Koulis) et chinois à la Martinique. Ils remplacent les esclaves libérés qui refusent de travailler dans les champs de canne.

Les Indiens et les Chinois sont suivis en 1875 par des commerçants syriens.

La montagne Pelée a fait éruption en 1902, détruisant la ville de Saint-Pierre. Plus de 30 000 personnes sont mortes.

En **1946** la Martinique devient un département français.

Document 3
Et voici les enfants du pays
Les voici
Les voici érigés au pays
Au cœur même de la mer
Au cœur même du soleil
Ils sont là
 peaux noires
   peaux jaunes
      peaux rouges
         peaux échappées
            peaux blanches
Quelle importance!
Ce sont, nous le savons, les fils de ce pays
Leur sueur nourrit la terre de ce pays …

Unité 14

Document 1
Après le bombardement, Kim est transportée d'urgence à l'hôpital de Saïgon. Elle y passe longtemps entre la vie et la mort. Elle repart vers son village. Elle veut devenir médecin et s'accroche à ses études. Elle est envoyée étudier à Cuba. Elle se marie avec Toan. Ils demandent l'asile politique au Canada.

Document 2
Après le bombardement, trop grièvement atteinte pour être soignée sur place, Kim est transportée d'urgence à l'hôpital de Saïgon. Elle y passe longtemps entre la vie et la mort. Pendant quatorze mois, 17 greffes et opérations diverses remodèlent son corps. Elle repart vers son village, où l'attendent ses parents et ses huit frères et sœurs. Elle veut devenir médecin et s'accroche à ses études. Elle est envoyée étudier à Cuba. Pendant sept ans, Kim restera sur son île. Elle se marie avec Toan. Leurs amis organisent la fête de mariage, même la lune de miel à Moscou. A Gander, sur la route de retour vers Cuba, l'avion fait une escale de ravitaillement en carburant. Ils quittent le groupe de passagers, et ils demandent l'asile politique au Canada.

Unité 15

Document 1
1 Il pleut.
2 Il a fait très mauvais temps.
3 Il neigera.
4 Il y avait beaucoup de vent.
5 Il y a du brouillard.
6 Il fait frisquet.
7 Il y aura des orages.
8 Il fera un temps ensoleillé.
9 Il y a eu du verglas.
10 Il faisait chaud.

Document 2(a)
Ripailles champêtres sur la Méridienne verte
La météo n'est guère souriante pour ce 14 juillet, où la pluie dominera sur la plupart des 337 communes qui longent les quelques 1 000 kilomètres du Méridien, de Dunkerque (Nord) à Prats-de-Molio (Pyrénées-Orientales).

Si Météo-France annonce un peu de soleil ou, à défaut, des éclaircies dans l'après-midi, le baromètre reste désespérément plombé pour la matinée, où de Saint-Omer à Carcassonne, l'imperméable sera de rigueur, et de préférence doublé en raison de températures plutôt fraîches (minimum 11, maximum 22).

Document 2(b)
Pierre Clavreuil, secrétaire général de la Mission 2000 en France, espère rallier le long de l'incroyable nappe à carreaux rouges et blancs de 600 kilomètres, entre deux et quatre millions de convives …

Au total, 300 lieux de pique-nique s'égrèneront, environ tous les trois kilomètres, le long de la ligne immatérielle. Les organisateurs soulignent qu'il faudra apporter son manger, rappelant que si l'incroyable nappe en tissu papier est fournie, chacun doit composer son incroyable panier et apporter son incroyable pliant.
(*Ouest-France*, 14.07.00 (adapté))

Document 3
Une météo exécrable tempère le succès de l'incroyable pique-nique
A **Dunkerque** il faisait un temps à ne pas mettre un panier d'osier dehors. Il n'y avait guère, en fin de matinée, que quelques dizaines d'imprudents à renifler sous l'immense tente à l'enseigne du *'terroir des associations'*. Mais le vent s'est mis de la partie. Si fort que les convives, ayant un mal fou à dérouler la nappe, ont fini par s'asseoir dessus. Puis est tombée une première *'drache'*, version locale de l'averse.

A **l'Ile-Saint-Denis**, ce fut un déjeuner extrêmement arrosé. Seules quelques centaines de convives, sur les trois mille attendus, ont affronté les averses. Marie-George Buffet, le ministre de la Jeunesse et des Sports, est demeurée stoïque sous son parapluie.

A **L'Hay-les-Roses (Val-de-Marne)** le gazon du parc départemental a accueilli des milliers de pique-niqueurs, sur une longueur de nappes dépassant le kilomètre. L'ambiance était au partage et à l'échange, café contre hydromel.

Gazon comble à **Sainte-Geneviève-des-Bois (Essonne)** où 3 000 personnes se sont déplacées. *'C'est la première fois qu'on a autant de monde'*, a remarqué Julien Dray, le député socialiste. La foule a accompagné l'accordéon sur l'air de *'petit vin blanc'*, se trémoussant, en anorak et dans le crachin, au rythme des danseuses brésiliennes.

A **Sully-sur-Loire (Loiret)**, tous égaux sous la pluie, les pique-niqueurs ont beaucoup regardé le ciel. Par milliers, ils ont investi la pelouse du château, propriété du conseil général. La nappe mesurant quelques 200 mètres, 25 à peine ont été couverts, avant d'être rincés par une sacrée radée.

A **Treignat**, dans **l'Allier**, autrefois point de jonction entre les langues d'oc et d'oïl, les retrouvailles, dans la soirée, des équipes de sportifs partis des deux bouts de la Méridienne verte constitue le véritable événement. Deux mille à trois mille personnes, sur les dix mille attendues, ont quand même tenu bon sous une pluie battante. Le concours de pétanque a été annulé.

Dans la **Creuse**, les 21 communes traversées par la Méridienne verte ont festoyé. Au **Chauchet**, un marché fermier a permis de concocter des pique-niques et de s'approvisionner en produits du terroir. En soirée, plus de 800 personnes se sont inscrites pour déguster une génisse limousine élevée sur la commune et cuite à la broche. Folklore, jeux d'enfants, sports, montgolfière, bal et feu d'artifice: *'Nous avons bien eu six mois de préparation,'* a commenté un élu.

A **Ussel**, comme un peu partout en **Corrèze**, la météo a été exécrable. Comme des milliers d'amateurs, Anna et Franck, venus de Clermont-Ferrand, ont pique-niqué sur le stade. Ils ont profité du marché pour s'approvisionner en cochonnailles, avant de s'abriter de la pluie. De nombreux participants ont découpé un morceau de nappe pour rentrer déjeuner à la maison.

A **Ayrens**, ville de 494 habitants dans le **Cantal**, le pique-nique prévu sur le stade s'est retiré dignement, dans un froid de canard, vers la salle des fêtes. Même manœuvre, plus au sud, près d'Ytrac, mais en direction d'un chapiteau. Avec quelques consolations: accordéon, viande de Salers, superbes fromages et *'vin de Fel'*, un petit cru méconnu qui a fait oublier l'hiver. Sur vingt-et-une communes participant à la fête, deux ont été contraintes à l'annulation par les intempéries. Selon la préfecture, le département n'a guère compté plus de 4 000 à 5 000 pique-niqueurs.

Le Monde Intéractif, samedi 15 juillet 2000 (www.lemonde.fr)

Unité 16

Document 1: la planète bleue
Les trois-quarts de la surface du globe sont recouverts d'eau.

Les grands réservoirs d'eau, ce sont les océans, les glaciers, les eaux souterraines, les lacs et les mers intérieures, les fleuves et les rivières, l'humidité des sols et de l'air.

Le volume total de toutes les eaux sous forme de liquide, de glace et de vapeur est évalué à 1 385 millions de kilomètres cubes. Cette quantité est constituée à 98% pour cent d'eau salée.

Document 2
La consommation domestique
— L'eau? D'abord, on la boit.
— Oui, et ensuite on l'utilise dans la cuisine pour faire la cuisine, pour faire la vaisselle, pour laver le linge.
— Oui, et pour nettoyer aussi, on utilise de l'eau.
— Dans la salle de bains, on utilise l'eau dans les WC pour la chasse d'eau. On l'utilise pour se doucher, pour se laver, dans la baignoire.
— Et dehors, on l'utilise pour laver la voiture, pour arroser le jardin. Oui, et dans la piscine si on a une piscine.

Document 3(a)

a D'où vient l'eau que vous utilisez chez vous?
Comme on habite à la campagne dans un endroit assez isolé, on n'a pas l'eau municipale. On a un puits au fond du jardin, et une pompe électrique pour faire venir l'eau dans la maison.

b Comment les eaux usées sont-elles traitées?
Nous avons une fosse septique.

c Est-ce que vous payez l'eau?
Oui, dans un sens, parce que c'est nous qui avons installé le système d'approvisionnement. Nous avons creusé le puits, installé la pompe, et fait construire la fosse septique. Il y avait quand même une subvention du gouvernement pour le puits et la pompe.

d Est-ce qu'il y a quelquefois des pénuries d'eau dans votre région en temps de sécheresse?
Non, je n'en ai pas connues.

e Est-ce qu'il y a quelquefois des inondations chez vous ou dans votre région?
Oui, ça arrive, pas chez nous, mais dans la région. On habite pas loin du Shannon, alors il y a des terres qui sont assez souvent inondées en hiver. C'est très difficile.

Document 3(b)

a D'où vient l'eau que vous utilisez chez vous?
Elle vient d'un réservoir, à Blessington, je crois.

b Comment les eaux usées sont-elles traitées?
Dans une station d'épuration, dans la baie de Dublin.

c Est-ce que vous payez l'eau? Quel est le tarif?
Non, pas pour le moment. Mais on parle d'introduire des tarifs.

d Est-ce qu'il y a quelquefois des pénuries d'eau dans votre région en temps de sécheresse?
Quelquefois en été, mais ce n'est jamais la catastrophe. S'il y a pénurie, on nous demande de ne pas arroser nos jardins.

e Est-ce qu'il y a quelquefois des inondations chez vous ou dans votre région?
Il arrive que les petites rivières débordent, comme la Dodder, mais c'est assez rare, heureusement.

Unité 17

Document 1(a)

Sur ce tableau on voit les membres de la famille Bazille sur la terrasse devant leur maison. C'étaient des gens aisés: de grands propriétaires de vignoble à Montpellier, au sud de la France. Le peintre, Frédéric, s'est mis dans le tableau lui-même: c'est l'homme qu'on voit à l'extrême gauche au fond de la toile. Les parents du peintre sont assis sur un banc.

Document 1(b)

Les personnages sont immobiles. C'est comme sur une vieille photo pour laquelle les gens ont posé pendant très longtemps. On sent que c'est un instant figé. La jeune femme au centre s'est retournée pour regarder le peintre. Maintenant, on dirait que c'est nous qu'elle regarde, comme d'ailleurs les autres personnages nous regardent. C'est drôle, nous sommes spectateurs, nous regardons le tableau, et nous avons l'impression d'être regardés à notre tour.

On sent qu'il fait bon à l'ombre de l'arbre, et qu'il fait chaud au soleil.

Je trouve que ce tableau a beaucoup de charme. Il est raide, mais sa raideur fait partie du charme. Ce qui me fascine le plus, c'est cette impression qu'on nous regarde.

Je me demande aussi ce que les personnages feraient si jamais l'instant figé passait… Je crois que la femme assise derrière la table en fer reprendrait son travail, sa couture ou sa broderie… Après presque 150 ans d'inactivité. C'est vraiment quelque chose!

J'aimerais bien voir ce tableau au musée d'Orsay à Paris.

Document 2

Lecture du texte de la section 3.2, page 148.

Document 3

– Allô musée d'Orsay, service de réservations.

– Allô bonjour Madame, je voudrais faire une

réservation de groupe pour une visite du musée.
- Oui, c'est quel genre de groupe?
- C'est un groupe de lycéens irlandais, il y aura environ 25 personnes.
- Et ce serait pour quelle date?
- Pour le 13 février, si c'est possible. Autrement le 14 ou le 15.
- Vous savez que nous proposons plusieurs visites différentes?
- Oui. Vous pourriez me dire quelles sont les possibilités?
- Je crois que le mieux c'est de consulter l'Internet. Le site du musée c'est le www.musée-orsay.fr. Là vous verrez toutes les possibilités. Et vous pourriez nous rappeler quand vous aurez vu et réfléchi.
- Ça c'est une bonne idée. Alors je vous rappelle demain. Merci beaucoup, Madame.
- Il n'y a pas de quoi. Au revoir Monsieur.

Unité 18

Document 1

On va commencer à l'arc de Triomphe. On peut monter au sommet, mais attention, il faut y monter à pied parce qu'il n'y a pas d'ascenseur. Mais ça vaut la peine. Au sommet il y une vue merveilleuse. On voit dans le même axe, la Défense d'un côté et de l'autre les Champs-Elysées. On voit aussi d'autres points de repère, comme Montmartre, la tour Montparnasse et la tour Eiffel, et en bas, on voit bien la forme de l'Etoile. En descendant on verra le tombeau du Soldat Inconnu et la flamme du souvenir qui est toujours allumée, et les gerbes de fleurs qu'on met sur le tombeau.

Ensuite, on descendra les Champs-Elysées jusqu'à la place de la Concorde. On prendra le métro peut-être, parce que l'avenue des Champs-Elysées est longue et il faudra conserver nos forces. On traversera la place de la Concorde et le Louvre à pied. On n'entrera pas dans le Louvre, parce que pour vraiment apprécier il faudrait au moins une journée entière. En passant dans la Cour Napoléon on verra la Pyramide, qui est très belle. On sortira du Louvre, et on ira au Forum des Halles. Là je crois qu'on va s'asseoir un moment dans le jardin et peut-être regarder un peu les magasins. Après, on ira voir le centre Georges Pompidou. On se contentera de voir l'extérieur. Il se passe toujours des choses intéressantes sur le parvis du centre - des jongleurs, des musiciens, du théâtre, toutes sortes de spectacles. Là on pourra manger quelque chose aussi - il y a des gens qui vendent des merguez et des sandwiches dans la rue. C'est un quartier très animé.

Après, on ira voir la cathédrale de Notre-Dame sur l'Ile de la Cité, et puis on traversera le fleuve, et on longera les quais jusqu'au musée d'Orsay. On va passer quelques heures dans le musée d'Orsay, parce que c'est très intéressant. Et voilà le programme. On sera bien fatigués à la fin de la journée. C'est une longue promenade, et c'est juste un premier aperçu de Paris. Ça va vous donner une idée de quelques uns des monuments principaux, anciens et modernes.

Document 2

a Moi j'adore aller sur les marchés. Dans le 5e arrondissement, il y a par exemple le marché Maubert. C'est dans le quartier Latin, sur la rive gauche de la Seine, près du boulevard Saint-Germain. Là il y a un marché trois fois par semaine. C'est très animé: il y a beaucoup de gens, des touristes ainsi que les habitants du quartier. On y trouve du fromage, des huîtres, des saucisses, de la choucroûte, des fruits, des légumes, des fleurs. C'est un très vieux marché: il a été fondé en 1547!

Si on veut avoir une idée du côté cosmopolite de Paris, il faut aller voir le marché Barbès, par exemple. C'est dans un quartier qui s'appelle la Goutte d'Or, c'est près de Montmartre, et c'est un quartier où il y a des habitants originaires surtout d'Afrique du Nord et de l'Afrique de l'Ouest aussi. Alors comme on peut s'y attendre, on y trouve des aliments exotiques: tous les ingrédients des plats maghrébins, des épices, des fruits secs. Mais il faut signaler qu'il y a des foules énormes, et si vous êtes en groupe, il faut faire attention à ne pas perdre vos camarades.

b   Moi j'adore le musée d'Orsay. On y voit des quantités de peintures célèbres qu'on reconnaît à force de les avoir vues reproduites dans des livres, en carte postale, en calendrier, et je trouve que c'est époustouflant de les voir toutes réunies sous un même toit.

c   Moi si j'allais à Paris j'essayerais d'assister à un événement sportif. Il y a par exemple le prix de l'arc de Triomphe à Longchamp au début d'octobre. Il y a aussi tous les deux ans le match de rugby France-Irlande du Tournoi des six nations. Ça c'est au Parc des Princes. Ou bien on pourrait aller à un match de foot, aller voir Paris Saint-Germain, par exemple.

d   Moi, j'aime aller à la cité des Sciences. C'est un des sites les plus visités de Paris, et les expositions sont vraiment intéressantes: il y a des expériences, des jeux interactifs, des maquettes, il y a aussi un planétarium, et on peut voir des films en relief au cinéma Louis-Lumière. Il y a aussi un cinéma dans la Géode, avec un écran hémisphérique. On peut facilement y passer une journée entière, même plus.

e   Il y a une place où j'aime bien m'asseoir. C'est à côté du centre Pompidou, et il y a un plan d'eau avec des sculptures et des fontaines qui bougent, très doucement. Il y a par exemple une grande bouche aux lèvres rouges qui crache de l'eau, et des structures en métal qui font des mouvements d'horloge. C'est amusant, et le mouvement c'est reposant. On peut s'y asseoir à une terrasse de café et regarder passer les gens.

Document 3

Il faut téléphoner à l'ambassade d'Irlande pour signaler la perte de votre passeport. Le numéro, c'est le 01 44 17 67 00. Ensuite, il faudra vous présenter à l'ambassade où on vous donnera un papier pour vous permettre de retourner en Irlande. L'adresse de l'ambassade, c'est 4 rue de Rude, R-U-D-E. C'est près de l'arc de Triomphe. Vous le verrez sur un plan.

En Plus 3

Document 1

Je suis née au Vietnam en 1950.

Nous avions un grand nombre de malles que mon père repeignait avec application, pour y inscrire une nouvelle destination. En 1957, je pouvais lire sur chacune d'elles que nous allions partir pour Dakar, au Sénégal, en Afrique … Mon problème à l'époque était de savoir laquelle de mes poupées supporterait le voyage, et comment les autres allaient vivre une si longue séparation! Nous partions pour deux ou trois ans, autant dire que c'était presque pour toujours.

Du Vietnam je n'ai presque pas de souvenir. Je me souviens d'avoir vu des oies, et des voitures flottant dans le lac de Dalat à cause des inondations. Cela aurait pu être dans n'importe quel pays. Ce sont les photos et les films que mon père faisait qui me racontent cette enfance sur 'la terre des dix mille printemps'.

Comme mon père travaillait dans les montagnes pour faire des relevés topographiques (il était géographe) ma mère restait seule pendant plusieurs mois. Alors il avait engagé deux jeunes Vietnamiennes: Lien qui avait 18 ans et Amouilh qui avait 14 ans. 'C'étaient vos deux gardes de corps', disait maman qui gardait un très bon souvenir de ces deux jeunes filles, ainsi que des familles de l'une et de l'autre, toujours prêtes à rendre un service.

Le père d'Amouilh était un excellent cuisinier. Lorsque mes parents offraient une réception, avec tout le faste qui accompagnait la vie coloniale, Amouilh courait chez ses parents et prévenait son père qui s'occupait de tout … Jusqu'à la somptueuse décoration des tables.

Ah! C'était la belle vie! disait ma mère en évoquant tous ces souvenirs. Puis on l'entendait soupirer. 'A savoir ce qu'elles sont devenues?' Elle pensait alors à ses deux grandes fille de là-bas, car elles vivaient vingt-quatre heures sur vingt-quatre avec nous. Elle pensait à cette interminable guerre. 'Qui sait si nous n'aurions pas dû les ramener avec nous en France lorsque nous sommes rentrées? Elles voulaient venir, voir la France et rester avec nous bien sûr … Ton père n'a pas voulu. Je les ai vu pleurer toutes les larmes de leurs corps …

Quand ma mère racontait, j'entendais les silences, ses mains ou ses yeux en dire un peu plus long encore, sur l'extraordinaire beauté des paysages, l'extrême gentillesse des personnes et leur raffinement, et le déchirement de partir pour toujours, en laissant la guerre continuer son œuvre dévastatrice, là où avaient surgi des routes, des ponts, des établissements scolaires, des hôpitaux et la rencontre de deux cultures qui avaient tant à se dire.

Document 2

Le temps aujourd'hui, région par région Bretagne, Pays de la Loire, Normandie. Le temps restera très nuageux, avec des pluies faibles sur la Bretagne. Il fera 9°C à Brest et 7°C à Nantes l'après-midi.

Nord-Picardie, Ile-de-France. Les nuages bas et les brouillards givrants seront fréquents le matin. De belles éclaircies reviendront l'après-midi. Les températures maximales avoisineront 3°C à Lille, et 4°C à Paris.

Nord-Est, Bourgogne, Franche-Comté. Il faudra se méfier des brouillards givrants le matin, mais l'après-midi le soleil fera de belles apparitions. Le thermomètre marquera 2°C à Strasbourg et 3°C à Dijon.

Poitou-Charentes, Centre, Limousin. Le ciel sera couvert le matin puis très nuageux l'après-midi avec de timides éclaircies. Les températures maximales avoisineront 8°C à Cognac et 5°C à Tours.

Aquitaine, Midi-Pyrénées. Les nuages resteront nombreux avec quelques pluies faibles le matin. Sur les Pyrénées, il neigera faiblement au-dessus de 900 mètres. Il fera 9°C à Bordeaux et 9°C à Toulouse l'après-midi.

Auvergne, Rhône-Alpes. En Auvergne, il neigera faiblement le matin, puis des éclaircies reviendront. Sur Rhône-Alpes, le soleil brillera largement. Les températures maximales avoisineront 3°C à Clermont-Ferrand, et 5°C à Lyon.

Pourtour Méditerranéen, Corse. De la Côte d'Azur à la Corse, il y aura encore quelques averses, et de la neige au-dessus de 500 mètres sur le relief. Ailleurs il fera beau. Les températures maximales avoisineront 11°C à Nice, et 10°C à Bastia.

Document 3

Explora

1. L'exposition comprend: un jardin avec des plantes cultivées hors sol, un espace de consultation sur les enjeux des biotechnologies végétales et des œuvres d'art.
2. Découvrez le Soleil, le Système solaire et l'Univers, la vie et la mort des étoiles, la théorie du big bang, les outils de l'astronomie.
3. Exercer notre capacité à écouter et à identifier les sons qui nous environnent, comprendre la nature physique du son, expérimenter les nouvelles technologies du son en manipulant les derniers outils des laboratoires de recherche, jouer avec le son musical … c'est à cette découverte qu'invite l'exposition.
4. De la rivière au robinet, de l'évier à la rivière. Vous allez suivre le cycle domestique, de la production d'eau potable à l'épuration des eaux usées.
5. Deux thèmes vous sont présentés: l'exploration scientifique et le travail sous la mer.
6. Des approches théoriques aux applications contemporaines, il y a une partie 'géométrie, nombres et mouvements', et une partie 'complexité et prédiction' qui propose quelques aspects des mathématiques contemporaines.
7. Vous allez découvrir l'histoire de l'aventure spatiale, les satellites et les lanceurs, la vie des spationautes.
8. Plus de 60 jeux et expériences pour comprendre la formation des images, l'origine de la perception des couleurs, la vision en relief, les illusions d'optique …

Unité 19

Document 1: les travaux de la vigne

En janvier et février, on taille les sarments de la vigne, à la main. En mars, on fait les premiers labours, en avril, c'est la plantation des jeunes vignes, et la remise en état du palissage qui organise la conduite de la vigne. En mai et en juin, on traite la vigne contre les maladies. En juillet, on poursuit les traitements s'il le faut. Les sarments trop longs sont taillés. En août on fait les derniers traitements.

En septembre et octobre on fait les vendanges. En novembre, on met de l'engrais et on fait les labours. Et en décembre, on débute la taille de la vigne et les traitements d'hiver.

Document 2
1. Est-ce que vous pourriez me donner le numéro de téléphone de l'ANPE de Montélimar, s'il vous plaît?
2. Je voudrais travailler à la cueillette de pêches cet été. Où est-ce que je devrais m'adresser?
3. J'ai dix-sept ans. Est-ce que j'ai le droit de travailler à la cueillette de fruits?
4. Le numéro de téléphone de l'ANPE de Riom, c'est bien le 04 73 38 09 68?
5. Pour le travail agricole, est-ce qu'on est rémunéré au SMIC?
6. Si on fait la cueillette de fruits, est-ce qu'il y a normalement la possibilité d'être hébergé sur place?
7. Pourriez-vous me donner l'adresse de Jeunesse et Reconstruction?
8. Le numéro de téléphone de l'ANPE de Pierrelatte, c'est bien le 04 75 04 31 32?

Unité 20

Document 1
1 Alain: Je m'intéresse beaucoup à la restauration. Pendant les vacances et les week-ends, je travaille dans un restaurant, et à la maison j'aime bien expérimenter et créer des plats. Pour moi c'est une passion. Après l'école, je vais d'abord faire un diplôme en restauration dans un institut de technologie. J'aimerais être chef de cuisine. J'aimerais bien faire des stages dans d'autres pays. La cuisine asiatique m'intéresse beaucoup, surtout la cuisine indienne.

2 Thérèse: Moi j'aimerais faire des études de droit. En même temps j'aimerais aussi continuer mes études de français, et faire, éventuellement, une année de mes études en France. Ce qui m'intéresse surtout c'est le droit des affaires. J'aimerais travailler plus tard dans une société, dans les services juridiques. J'ai fait un stage de travail dans une entreprise, justement dans le service juridique, et j'ai trouvé ça très intéressant.

3 Sylvain: Je n'ai pas encore décidé ce que je veux faire. Je sais que je ne veux pas passer tout mon temps devant un écran. Je sais aussi que j'aimerais travailler dans un domaine qui me permettrait d'être dehors, en plein air. J'aimerais aussi que ma vie soit équilibrée. Je vois beaucoup de gens de l'âge de mon frère par exemple qui gagnent beaucoup d'argent mais qui ne font que travailler. Je crois qu'il faut avoir assez d'argent pour vivre correctement, mais il faut aussi avoir le temps de voir les amis, la famille, de faire des choses ensemble, de faire des choses intéressantes. Je m'intéresse beaucoup au jardinage, et je pense à des études d'horticulture. Je me vois peut-être travailler indépendamment comme paysagiste, où simplement comme jardinier. Comme ça, je crois que je pourrais équilibrer ma vie, travailler dans un cadre qui me convient.

4 Pierre: Je ne vais pas continuer mes études. Ça fait douze ans que je suis à l'école, et j'ai envie de faire autre chose. Mon père est routier, et c'est un métier qui m'intéresse aussi. Je l'accompagne quelquefois quand il va en France et dans d'autres pays. Je vais pouvoir passer mon permis pour conduire un poids lourd quand j'aurai 21 ans. En attendant, je vais travailler dans une usine près de chez nous.

5 Valérie: Moi je voudrais travailler dans les soins thérapeutiques. Ce qui m'intéresse vraiment, c'est la kinésithérapie. J'ai demandé une place à l'université pour l'année prochaine. A l'école, la matière que je préfère c'est la biologie. Une chose qui m'a influencée aussi dans mon choix c'est que j'ai eu un accident il y a trois ans, et j'ai reçu les soins d'un kinésithérapeute. J'ai pensé que ce travail serait très intéressant. J'aimerais aussi faire de l'acuponcture. Je trouve que les deux disciplines se complètent, et je sais qu'il est possible d'étudier les deux en même temps.

Document 2
1. J'habite à Bordeaux, et je serai libre tout le mois de juillet.
2. Je vous téléphone suite à votre annonce dans FranceSoir d'aujourd'hui. C'est pour le poste de plombier/chauffagiste.
3. En fait, l'anglais, c'est ma langue maternelle.
4. Vous aussi, vous êtes là pour les sandwiches?

5   C'est pour la rénovation d'une vieille maison à Versailles.
6   Vous pourriez venir me voir, et m'apporter une série de questions que vous aurez rédigées sur, disons, les oiseaux?
    – Pas de problème.
7   Qu'est-ce que vous avez comme moto?
8   Vous êtes étudiante? – Oui, je fais des études d'écologie.
9   C'est pour quel jeu?
10 Les tournées, elles seraient dans quels quartiers?

Unité 21

Document 1
Les alignements de Ménec s'étendent sur une longueur de 1 187 mètres et une largeur de 100 mètres. Ils comptent 1 099 menhirs disposés sur 11 lignes. Ils débutent par un cromlech de 70 menhirs qui entoure, en partie, le hameau du Ménec.

Les alignements de Kerlescan se trouvent dans un champ de 880 mètres sur 139 mètres. On y voit 540 menhirs rangés sur 13 lignes. Au bout il y a un cromlech de 39 menhirs.

L'alignement indique le point où le soleil apparaît au moment de l'équinoxe.

A Kermario on trouve 982 menhirs disposés en 10 lignes sur une superficie grande comme celle des alignements de Ménec. Il est orienté vers le lever du soleil au solstice d'été.

Le tumulus de Kercado fait 30 mètres de diamètre et 3,5 mètres de hauteur. Il recouvre un dolmen. Au sommet du tumulus se trouve un menhir. Il est orienté vers le point où le soleil se lève au moment du solstice d'hiver.

Document 2
Lecture de l'extrait du poème de Guillevic, 2.1, page 193.

Document 3
Compare your own translation of these lines of Guillevic's poem with John Montague's.

Where the wind, the sun, the salt,
The iodine, the bones, the sweet water of streams,
The dead seashells, the grasses, the slurry,
The saxifrage, the warmed stone, the bilge,
The still-wet linen, the tar of boats,
The byres, the whitewashed walls, the fig trees,
The old clothes of the people, their speech,
And always the wind, the sun, the salt,
The slightly disgusting loam, the dried seaweed.

Unité 22

Document 1
Les peuples qui vivent dans et autour des forêts en dépendent très largement pour la nourriture, les médicaments, les vêtements et le bois de construction. Ils comprennent souvent mieux la valeur des forêts que ceux qui en sont éloignés. Ceux-ci en effet n'y voient en général qu'une source de bois d'œuvre: ils oublient que la forêt donne aussi des fruits, des noix, du caoutchouc, du liège, des teintures, des huiles et des médicaments.

Document 2
la production, le consommateur, la pollution, le polluant, le gaspillage, l'utilisation, la productivité, le producteur, la consommation, la dégradation, le produit

Document 3
Le mode de consommation non-durable consiste à gaspiller les ressources naturelles et à utiliser des modes de production sans tenir suffisamment compte de leur effet sur l'environnement. Donc, les comportements du consommateur et du producteur favorisent une dégradation de l'environnement comme la pollution de l'air et de l'eau, la déforestation ou l'épuisement des ressources.

Les inégalités de l'organisation du commerce dans le monde font en sorte que les populations des pays riches consomment les ressources des pays pauvres.

Le mode de consommation durable est fondé sur les modes de production et de consommation pouvant durer sans dégrader l'environnement humain ou naturel. C'est favoriser la consommation responsable, par le choix de produits sains, favorables à l'environnement et produits dans des conditions sociales respectueuses des droits de l'homme.

Mais la course à la productivité exclut un grand nombre d'hommes et de femmes: la production n'accorde pas d'importance au gaspillage des matières premières et les conditions de travail ont tendance à se détériorer.

Par nos choix de consommation, nous pouvons décider d'encourager un développement durable sur notre planète et le bien-être de tous ses habitants.

Unité 23

Document 1
1. A: C'est une fille ou un garçon? B: C'est un petit garçon.
2. A: Mais comment tu as fait? B: C'était en courant dans un champ. Je me suis retourné le pied sur une touffe d'herbe, et en tombant je me suis cassé le tibia. Je l'ai entendu craquer!
3. A: Comment tu as fait? B: D'abord j'ai arrêté de grignoter entre les repas. Avant, je prenais du coca, des chips, des bonbons, du chocolat, n'importe quoi …
4. A: Tu veux aller manger quelque chose? B: Ah oui, volontiers.
5. A: C'est après la promenade d'hier? B: Oui, j'ai mis mes nouvelles bottes et elles ne sont pas bien rodées. J'aurais dû mettre les vieilles.
6. A: C'est que tu es stressé en ce moment. Ça va passer. B: J'espère.
7. A: Pourquoi, tu n'as pas bien dormi? B: Non, je ne dors pas bien du tout en ce moment.
8. A: Ne t'inquiète pas. Tu veux que je t'aide à réviser? Je peux te filer mes notes de cours. B: Je crois que c'est trop tard. J'aurais dû écouter le prof.
9. A: Tu as pris rendez-vous chez le dentiste?
10. A: Ça s'est passé comment? B: Ça faisait un moment qu'on ne s'entendait plus comme avant. Et puis je l'ai vue hier avec quelqu'un d'autre, et je savais tout de suite que c'était fini entre nous.

Document 2
A: Ça va, Xavier? Tu as l'air en forme.

B: J'ai perdu 4 kilos, et je me sens beaucoup mieux.

A: Comment tu as fait?

B: D'abord j'ai arrêté de grignoter entre les repas. Avant, je buvais des boissons gazeuses, je mangeais des chips, des bonbons, du chocolat, n'importe quoi, n'importe quand. Maintenant, je mange plus correctement. Des repas réguliers, à des heures plus ou moins fixes. J'ai découvert des goûts que je n'appréciais pas du tout avant.

A: C'est vrai? Quoi, par exemple?

B: Des fromages, des fruits, des légumes, du bon pain. Même l'eau. Je n'ai plus envie de manger de cochonneries.

A: Et tu te sens mieux?

B: C'est sûr. J'ai aussi décidé de passer moins de temps devant l'ordinateur. Alors du coup je fais beaucoup plus de sport. Je vais à la piscine presque tous les jours, et je joue au foot. Je fais aussi du yoga. Je sens que tout ça me fait beaucoup de bien. J'ai plus d'énergie pour tout ce que je fais, et je trouve que je suis beaucoup plus éveillé à l'école.

A: C'est vrai? Je devrais penser à faire comme toi.

Document 3
1. C'est vrai que 60% des hommes ronflent?
2. Qu'est-ce qu'on peut faire pour arrêter de ronfler?
3. Où est-ce qu'on peut trouver le nom d'un psychologue ou d'un psychiatre?
4. Est-ce qu'il faut payer les soins qu'on reçoit dans un C.M.P.P.?
5. En décibels, qu'est-ce qui représente un niveau sonore important?

6   Je vais à un concert ce soir, mais j'ai peur d'avoir mal aux oreilles. Qu'est-ce que je peux faire?
7   C'est vrai que 8% des enfants en France sont obèses?
8   Qui est-ce qui dit que les jeux vidéo rendent les adolescents plus agressifs?
9   C'est vrai que les cigarettes légères sont moins néfastes que les autres?
10 On dit que la vitamine C aide à couper l'envie de fumer. Comment est-ce qu'il faut la prendre?

Unité 24

Document 1

a Est-ce que tu manges quelquefois au restaurant?
Non, jamais. On est nombreux dans la famille, et c'est vraiment trop cher pour mes parents d'emmener toute la famille au restaurant.

b Et toi?
Oui, de temps en temps on va en famille prendre le déjeuner du dimanche au restaurant.

c Oui, très souvent. A des moments c'est tous les soirs. Comme je travaille dans un restaurant pendant les vacances, j'y mange toujours quand je suis de service.

d Quelquefois, oui, pour des fêtes de famille, par exemple une première communion, des anniversaires, des choses comme ça.

e Non. Moi quand je sors avec mes copains c'est pour aller au cinéma ou en discothèque. Quelquefois on va à un fastfood prendre un hamburger ou une pizza, mais c'est rare.

Document 2.

Serveur: Vous avez décidé, Mesdames, Messieurs?
Client 1:   Je crois, oui. Janine, qu'est-ce que tu prends?
Cliente 2:   Moi je prends le fromage de chèvre pour commencer. Qu'est-ce que vous proposez comme plat végétarien? Ah oui, je prends les tagliatelles.
Serveur: Très bien. Et vous, Madame?
Cliente 3:   Je ne peux pas me décider entre les escargots et les fruits de mer … Je vais prendre les escargots …, non, les fruits de mer. Oui, les fruits de mer.
Serveur: Et après?
Cliente 3:   C'est quoi, le poisson du jour?
Serveur: C'est du John Dory, dans un pesto de tomates. C'est très très bon.
Cliente 3:   Je vais essayer ça.
Serveur: Et vous, Monsieur?
Client 4:   Moi je prends une salade Napoléon, suivie d'un steak.
Serveur: Vous l'aimez comment, votre steak?
Client 4:   Bien saignant, s'il vous plaît.
Serveur: Et vous, Monsieur?
Client 1:   Comme entrée je voudrais essayer le pâté de foie de canard, et après je vais prendre un steak aussi, mais bien cuit.
Serveur: Très bien.

Document 3(a)

Pour la salade Napoléon on fait d'abord une vinaigrette qui est un mélange d'huile de tournesol, d'anchois, de sel et de poivre, et d'un peu de mayonnaise. Alors on mélange cette vinaigrette avec de la salade, bien sûr. Par-dessus on met des croûtons, du parmesan, des oignons rouges cuits à froid dans du vinaigre de vin, et au dernier moment on ajoute des anchois.

Document 3(b)

Le John Dory est servi avec un pesto de tomates. D'abord on enlève les filets du poisson, et on le poêle. On débarrasse le poisson dans une plaque qui servira pour le réchauffage pour le dresser. Puis on fait la sauce. On prend de l'huile d'olive, des tomates écrasées, du thym. On mixe tout ça et c'est ça qui fait le pesto. On peut ajouter des condiments, du sel et du poivre.

Document 3(c)
La mousse au chocolat est tout simplement un mélange de chocolat et de crème liquide. On fait monter la crème, on fait fondre le chocolat, et on mélange les deux. On sert la mousse avec une sauce orangée. Pour un litre de jus d'orange il faut un kilo de sucre et puis un litre d'eau. On fait réduire d'un bon tiers, d'une bonne moitié, et ça devient un peu confiture, un peu marmelade. Après on ajoute des morceaux de zeste d'orange préalablement bouillis dans de l'eau, et en tout dernier on ajoute le safran.

Document 4(a)
Il y a d'abord le chef de cuisine qui assure le bon fonctionnement de l'équipe et de la cuisine, et qui est aussi celui qui fait l'interface entre le patron et son équipe. Puis il y a le second qui supervise les chefs de partie, les commis, les plongeurs, le personnel et la nourriture en général. Après il y a les chefs de partie qui ont chacun leur poste, en froid, en dessert, en légumes, en viande ou en poisson. Ensuite il y a les commis. Les commis sont là pour aider les chefs de partie à réaliser les plats et pour préparer la mise en place.
Enfin le plongeur, c'est celui qui fait la plonge: la batterie, la vaisselle, les verres, les assiettes, les couverts.

Document 4(b): Voir la transcription dans 4.3, à la page 220.

Document 5
a – Allô! Bonjour. C'est Claire Lenoir. On a réservé une table pour huit heures, et on est coincés en plein embouteillage à la sortie de la ville. Alors on **sera** en retard. Je pense qu'on n'arrivera pas avant neuf heures. Est-ce que vous aurez toujours une table pour nous?
– Ne vous inquiétez pas. On a beaucoup de réservations ce soir, mais on **se débrouillera**.
– C'est vraiment gentil. A tout à l'heure alors.
– Oui, à tout à l'heure.

b – Allô, ici c'est Christine Leblanc. Je suis désolée, mais je **suis** obligée d'annuler notre réservation pour ce soir. Il y a mon fils qui ne se sent pas bien et on ne veut pas le laisser avec le babysitter.
– Ah j'espère qu'il ira mieux demain. Mais en fait ça nous **arrange** parce qu'il y a des gens qui viennent de téléphoner pour dire qu'ils seront en retard. Alors on leur donnera votre table.

c – Allô. C'est Fred. Ecoute, je ne **pourrai** pas livrer le pain avant quatre heures cet après-midi.
– Oh là là, ça ne nous **arrange** pas du tout. On est ouvert à midi aujourd'hui, et on n'a plus de pain. On comptait sur toi.

d – Allô, ici c'est Xavier Lebrun. J'ai dîné chez vous hier soir, et je crois que j'ai laissé ma carte de crédit au restaurant, et je me demande si vous l'**avez** trouvée.
– Oui, en fait, on l'**a** trouvée ce matin en passant l'aspirateur.

e – Allô, c'est Anne-Marie Leroux. On a une réservation pour vendredi soir. J'ai oublié de vous demander si on **peut** avoir un gâteau d'anniversaire parce que le dîner, c'est pour fêter les quatre-vingts ans de ma grand-mère.
– Bien sûr, il n'y **a** pas de problème. Vous l'aimeriez comment, votre gâteau?

f – Allô, Gérard? C'est Bruno. Je voulais juste te dire qu'on **a** beaucoup beaucoup apprécié le dîner hier soir.
– Ah, c'**est** gentil de téléphoner. Je suis content que ça vous ait plu.

g – Allô. Je **veux** réserver une table pour le déjeuner de dimanche. C'est possible?
– Oui, bien sûr que c'**est** possible. C'est pour combien de personnes?

En Plus 4

Document 1
– Christof, vous êtes ingénieur forestier. Vous travaillez dans quelle région de la Suisse?
– J'habite dans le Valais, c'est un des états francophones de la Fédération Suisse. Et c'est là que je travaille aussi.

— C'est une région montagneuse?

— Oui, et en montagne il faut toujours lutter contre les dangers naturels, comme les avalanches, les chutes de pierres et les glissements de terrain. Alors la fonction de la forêt en montagne c'est surtout celle de la protection. Il faut essayer de protéger les villages, les infrastructures publiques …

— C'est à dire les routes, les lignes de chemin de fer …

— Oui, et aussi les conduites d'énergie comme les gazoducs et les lignes à haute tension, et les centrales et les barrages électriques.

— Et quel est le travail d'un ingénieur forestier dans cette lutte contre les dangers naturels?

— Il y a deux choses à faire. D'abord des ouvrages de protection temporaires, en bois dans la zone potentielle de forêt, ou en métal si le problème se situe en amont de la zone potentielle de forêt. Ensuite la plantation de nouvelles forêts pour fixer le sol et réduire le risque d'avalanches et de glissements.

— Vous travaillez indépendamment?

— Oui, et j'obtiens mes mandats soit des propriétaires forestiers, soit des communes ou de l'Etat du Valais lui-même. J'ai des mandats dans la protection, comme j'ai déjà dit, et aussi dans la gestion des forêts. Là il faut par exemple faire des études pour voir les interventions qu'il faut faire dans les unités de forêt du point de vue de leur âge, du mélange des essences. Il faut planifier des routes et des chemins en forêt pour les coupes, pour les soins, et aussi pour la prévention d'incendies. Il faut aussi veiller à ce qu'on protège la biodiversité en forêt.

Document 2
Nous avons, vous le savez, une exploitation de quarante hectares environ. Et nous avons un élevage laitier, d'environ 30-32 vaches. Nous avons aussi un taureau, un bleu belge. Et on a aussi des bœufs qu'on vend normalement à l'âge de deux ans, deux ans et demie, sur le marché. Chaque année on garde 7 ou 8 génisses pour la reproduction.

Alors au début de l'année, en janvier et en février, les animaux sont dans les étables pour la plupart, et il faut les nourrir. C'est le moment des vélages.

Vers la fin mars, normalement, on les met dehors. Mais avant, on remet en état les clôtures, s'il le faut. Ça fait partie du travail du printemps.

En avril, les animaux sont dehors. On cultive un peu de céréales, de l'orge et de l'avoine, et le mois d'avril c'est le mois des semences. On plante aussi des pommes de terre, juste suffisamment pour la maison.

En mai, fin mai début juin, selon le temps qu'il fait, on fait la première coupe d'herbe pour l'ensilage.

En juin-juillet on peut faire du foin, et fin juillet on fait une deuxième coupe pour l'ensilage.

En août on emmagasine le fourrage, le foin et l'ensilage, pour l'hiver. On met les animaux dans les prés où l'herbe a été coupée. L'herbe qui repousse est très appétissante, et on remarque une augmentation dans le rendement du lait.

En septembre on moissonne les céréales, et s'il faut resemer un pré, on le fait aussi en septembre.

En octobre il n'y a pas vraiment de travaux spécifiques. A partir de novembre, selon le temps qu'il fait, on commence à nourrir les animaux.

Document 3
Lecture de l'extrait de Knock, page 231.

Document 4
Lecture de l'extrait de Tartuffe, page 234.

Unité 25

Document 1
1 Tous les villages que nous avons eu à traverser étaient abandonnés, complètement abandonnés. C'est comme ça dans les guerres tribales: les gens abandonnent les villages où vivent les hommes pour se réfugier dans la forêt où vivent les bêtes sauvages. Les bêtes sauvages, ça vit mieux que les hommes.

A l'entrée d'un village abandonné, nous avons aperçu deux mecs qui ont immédiatement filé comme des filous et ont tout de suite disparu. Nous les avons pris tout de suite en chasse. Parce que c'est la guerre tribale qui veut ça. Quand on voit quelqu'un et qu'il fuit, ça signifie que c'est quelqu'un qui te veut du mal. Il faut l'attraper. Nous nous sommes lancés à leur poursuite en tirant. Ils avaient bien disparu dans la forêt. Nous avons tiré intensément et longtemps. […]

2   Il y avait parmi les soldats-enfants un gosse qui était unique et que tout le monde appelait capitaine Kik le malin. Capitaine Kik le malin était un drôle de gosse. Pendant que nous attendions du côté de la route, le capitaine Kik le malin rapidement s'enfonça dans la forêt, tourna à gauche et voulut couper la route du village aux fugitifs. C'était malin. Mais, brusquement, nous avons entendu une explosion, suivie d'un cri de Kik. Nous avons tous accouru. Kik avait sauté sur une mine. Le spectacle était désolant. Kik hurlait comme un veau, comme un cochon qu'on égorge. Il appelait sa maman, son père, tout et tout. Sa jambe droite était effilochée. Ça tenait à un fil. C'était malheureux à voir. Il suait à grosses gouttes et il chialait: 'Je vais crever! Je vais crever comme une mouche!' Un gosse comme ça, rendre l'âme comme ça, c'était pas beau à voir. Nous avons fabriqué un brancard de fortune.

Kik fut transporté sur le brancard de fortune jusqu'au village. Il y avait aussi parmi les soldats un ancien infirmier. L'infirmier pensa qu'il fallait tout de suite amputer Kik. Au village on le coucha dans une case. Trois gaillards ne suffirent pas pour tenir Kik. Il hurlait, se débattait, criait le nom de sa maman et, malgré tout, on coupa sa jambe juste au genou. Juste au genou. On jeta la jambe à un chien qui passait par là. On adossa Kik au mur d'une case.

3   Et on commença à fouiller les cases du village. Une à une. Bien à fond. Les habitants avaient fui en entendant les rafales nourries que nous avions tirées. Nous avions faim, il nous fallait à manger. Nous avons trouvé des poulets. Nous les avons pourchassés, attrapés, nous leur avons tordu le cou et puis nous les avons braisés. Des cabris se promenaient. Nous les avons abattus et braisés aussi. Nous prenions tout ce qui était bon à grignoter. Allah ne laisse jamais vide une bouche qu'il a créée.

Unité 26

Document 1
Les résultats du référendum

inscrits	39 581 463
votants	12 001 133
abstentions	69,18%
blancs ou nuls	16,18%
exprimés	10 059 938
oui	7 359 108
non	2 700 830

Document 2

1   Samedi on est allés à un mariage. On est rentrés au petit matin. On s'est levés tard, il faisait grand beau. On est montés en alpage pour récupérer les enfants qu'on avait laissés à ma mère. On lui a raconté le mariage et on a aussi parlé de ma belle-mère qui s'est cassé la jambe. Et le soir, en regardant les infos, on s'est dit 'zut', on a oublié d'aller voter. Pourtant, c'est pas dans nos habitudes. On aime bien donner notre avis.

2   L'après-midi, j'ai pris le temps d'aller voter. C'était mon devoir de citoyen de me rendre aux urnes. Comme père de trois filles et grand-père de quatre petits-enfants, je devais aussi le faire.

3   J'ai pris un bon café, puis je suis allé directement au bureau de vote. C'était la première fois de ma vie que je votais. Ça peut sembler bizarre ou faire rigoler certains potes, mais voter, c'était l'objectif premier de ma journée. J'ai une voix, je l'utilise. Même si je suis déçu de le faire pour un référendum qui est à mon avis un coup de bluff. J'ai voté blanc en mettant deux bulletins dans l'enveloppe. Parce que septennat ou quinquennat, je m'en fiche un peu …

Document 3

La menace s'appuierait sur la mondialisation économique, le développement des réseaux d'information et l'accroissement du pouvoir des gouvernements 'supranationaux'. Elle se nourrirait du développement de l'abstentionnisme lors des élections, du désintérêt pour l'action publique ou syndicale, et de l'augmentation de la toute-puissance de la télévision.

Unité 27

Document 1
- Tu aimes aller au cinéma?
- Non, pas tellement.
- Il y a un cinéma dans ta ville?
- Il y a un multiplexe, et j'y vais avec mes copains deux ou trois fois par an, très rarement.
- Tu peux expliquer pourquoi tu n'y vas pas plus souvent?
- Je n'aime pas du tout l'ambiance. Il y a des fastfood, des cafés, une salle de jeux vidéo, du popcorn, du Coca à portée de main. Je sais qu'il y a plein de gens qui aiment ça, mais moi j'aime pas tellement. Je préfère les passe-temps moins passifs: jouer de la musique, faire du sport, faire des promenades à vélo, surtout en été. Mais je dois dire que quand il y a un film qui m'intéresse, j'aime aller voir.
- Il y a combien de salles de cinéma?
- Il y en a sept. Mais même avec sept films différents à l'affiche, je trouve que souvent il n'y a rien d'intéressant.

Document 2

1
- Tu veux aller au cinéma ce soir?
- Pas ce soir, j'ai un match de volley.
- Tu ne veux pas aller à la séance de minuit, après le match?
- Ah non, je m'endormirais. On peut y aller demain?
- D'accord.

2
- Ça te dit d'aller au ciné?
- Ah non! Il fait trop beau. Je préfère être dehors.
- Alors on fait une promenade?
- Si tu veux. Le long du canal, par exemple. On se donne rendez-vous au pont?
- D'accord.

3
- Si on allait au cinéma?
- Oui, volontiers. On va à la séance de 9 heures?
- D'accord. Je viens te chercher alors vers 8h30?
- Oui, ou si tu veux manger avec nous avant le film, tu peux venir vers 7h30.
- D'accord.

4
- Tu ne veux pas qu'on aille au cinéma?
- C'est pas que je ne veux pas, c'est que je ne me sens vraiment pas bien. J'ai la tête qui tourne.
- Tu vas te reposer, et on remet ça à la semaine prochaine quand tu iras mieux.
- Oui. Jeudi soir, par exemple.
- D'accord.

Unité 28

Document 1

1 Pour aller au lycée? Alors là je n'ai vraiment pas de problème, parce que mon lycée est à dix minutes de chez moi. J'y vais toujours à pied. C'est très commode.

2 Moi j'habite à la campagne assez loin de mon lycée. Il y a un car de ramassage scolaire que je prends tous les jours.

3 Pour faire les courses on va à un centre commercial un peu en dehors de la ville, et on prend toujours la voiture pour y aller.

4 Moi je travaille en ville. Comme j'habite en banlieue, je vais en voiture jusqu'au parking-relais qui se trouve à l'entrée de la ville. Ensuite je prends le tram. Il y a un forfait parking-tram qui comprend le stationnement de la voiture pour la journée, et un ticket aller-retour sur le tram pour chaque passager. C'est très intéressant.

5   Le week-end on va souvent chez mes grands-parents qui habitent à la campagne. On y va en voiture, et le vendredi soir en partant et le dimanche soir en rentrant il y a souvent des embouteillages. C'est pénible.
6   Je prends des leçons de guitare tous les mercredis à la MJC. J'y vais en bus avec mes copains.
7   Le week-end je sors souvent faire une promenade à vélo avec mes amis.
8   Je suis routier - c'est mon métier, alors je suis toujours en déplacement. Je conduis un semi-remorque.

Document 2
Dans le premier paragraphe, soulignez les trois institutions européennes qui sont mentionnées.

Dans le deuxième paragraphe, soulignez (a) le nombre d'habitants de l'agglomération de Strasbourg et (b) le nombre de personnes qui y convergent chaque jour.

Dans le troisième paragraphe, soulignez les quatre problèmes créés par un trop grand nombre de voitures en ville.

Dans le quatrième paragraphe, soulignez l'expression qui signifie 'transport policy'.

Dans le quatrième paragraphe aussi, soulignez les trois types de déplacements qui sont favorisés par la discrimination positive à Strasbourg.

Unité 29

Document 1
Les principales dimensions de la cathédrale de Chartres:
La cathédrale a une longueur de 130 mètres.
La façade principale fait 47,65 mètres de large.
Les trois roses ont un diamètre de 13,36 mètres.
La voûte est haute de 37 mètres.
Le clocher neuf fait 115 mètres. C'est l'équivalent d'un immeuble de 30 étages.
Les vitraux ont une superficie de 2 600 mètres carrés.

Document 2
Tout d'abord le maître verrier dessinait un modèle grandeur nature sur une table blanchie à la craie. Ensuite il coloriait les morceaux de verre avec des poudres à base de plantes et de minéraux. Les procédés étaient tenus secrets, transmis de père en fils, et jalousement gardés jusqu'à nos jours. Ainsi on ignore leurs recettes pour obtenir cette magnifique couleur bleue si célèbre à Chartres. Les morceaux de verre étaient découpés avec un fer rouge et des pinces, puis assemblés suivant le modèle. On fixait ensuite ces différentes petites pièces par des rubans de plomb soudés les uns aux autres. Lorsque le montage était achevé, on dessinait les détails des sujets, les yeux, les moustaches, les cheveux, avec une peinture spéciale, passée au four pour être plus solide. Enfin, lorsque tout était prêt, on démontait le vitrail par parties, puis on le hissait avec mille précautions jusque sur l'échafaudage où les maîtres verriers l'assemblaient à sa place définitive.

Unité 30

Document 1
I never learned French at school, but I use it every day. I often have a *rendez-vous* with someone, or a *tête-à-tête* with a good friend. I am generally full of *joie de vivre*. When I eat in a restaurant, I choose an *hors-d'œuvre*, and then a *plat de résistance* from the *à la carte* menu. When I send a letter out of the country, it goes *par avion*. I sometimes drive down a *cul-de-sac*, but I know that in France they don't use that expression. When I listen to the news I often hear that negotiations have reached an *impasse*. I sometimes hear that a *coup d'état* has taken place in a distant country. I live in Ireland but I have a *pied-à-terre* in Spain.

Document 2
Willie: J'ai appris le français à l'école. Quelquefois j'ai l'occasion de parler en français. Les voisins de mes parents ont des chambres d'hôte, ou un 'B and B'. Ils m'appellent quand il y a des Français qui ont un problème, qui ne parlent pas anglais. Par exemple, une fois il y avait une fille qui était malade. Ils ne

savaient pas quoi faire, et ils m'ont demandé de lui parler. Quelquefois aussi ils me demandent d'expliquer aux touristes ce qu'on peut faire et visiter dans la région.

Document 3
— Killian, vous avez appris le français à l'école?
— Non, je n'ai pas appris à l'école.
— Jamais jamais?
— Pour une année seulement.
— Et maintenant, votre femme est française, est-ce que vous parlez en français quelquefois avec elle?
— Oui je parle avec elle un peu, juste de choses … everyday … de tous les jours. Elle est prof de français, et après une journée à l'école elle est fatiguée et elle préfère parler en anglais.
— Et comme elle parle parfaitement l'anglais alors …
— Ah oui elle parle parfaitement l'anglais. Et vous allez quelquefois en France?
— Oui, je suis allé … je vais en France. Je parle avec la famille, la mère, le père, la famille.
— La première fois que vous êtes allé en France, c'était comment?
— C'était très très très très difficile parce que je n'ai … je n'avais pas de mots, peut-être dix mots de français et c'était dur, pour la première semaine, les deux premières semaines, j'ai essayé mais c'était trop difficile. Et pour la famille c'était difficile aussi. Je crois qu'ils croisaient, qu'ils croyaient que je suis un imbécile. Le père de Pascale dit une fois à un visiteur, il est Irlandais, il comprend rien. J'ai compris ça! Ça c'était au début mais maintenant je crois que j'ai des mots en plus.
— Oui, beaucoup plus de vocabulaire.
— J'ai beaucoup de vocabulaire, mais je n'ai pas assez de grammaire pour parler facilement.
— Mais vous devez apprendre un petit peu plus tous les ans.
— Un petit peu plus, oui. Dans l'été et pendant l'hiver j'apprends avec les cassettes.
— Est-ce que vous lisez facilement?
— Euh … non. Oui aussi. Je lis les journaux … Non!
— Et quand vous regardez la télé, vous arrivez à comprendre?
— Oui, quelques programmes sont plus faciles, comme les infos parce que il y a des images avec. Mais les films sont difficiles.
— Surtout que souvent les gens parlent vite ou parlent avec un accent.
— Oui. C'est pas l'accent qui est le problème, c'est la vitesse.
— Et comment ça se passe au téléphone, par exemple quand votre belle-mère téléphone?
— C'est plus difficile de parler au téléphone parce que tu ne vois pas la personne qui parle avec toi. J'ai des phrases.
— Ah, des phrases toutes faites?
— Oui, comme un instant s'il vous plaît, elle approche, elle arrive, il fait beau ici, il fait gris, comme ça.
— Et vous la passez à Pascale le plus vite possible!
— Oui.
— Maintenant que vous avez acheté une maison en Bretagne, vous allez apprendre tout le vocabulaire de la construction?
— Oui, j'espère. Maintenant c'est nécessaire. Ce n'est pas comme pour les vacances. C'est nécessaire parce qu'il y a des constructeurs, des artisans, il y a un maçon aussi, et l'électricité, pour parler avec l'EDF. Maintenant c'est sérieux.

Document 4(a)
— Mary, vous utilisez le français pour votre travail.
— Oui, je travaille à Strasbourg au Conseil d'Europe, pas à plein temps mais seulement quatre fois par an, pour une semaine à la fois. C'est au moment des séances du Conseil. Je travaille comme assistante dans l'administration, à la formation de rapports et de documents.

Je travaille aussi comme guide touristique en Irlande, normalement entre avril et septembre. J'accompagne des groupes anglophones ou francophones. Il y a beaucoup de travail en mai/juin. Là il y a beaucoup de touristes et jamais assez de guides francophones.

Document 4(b)
Ces jours-ci il y a souvent des groupes qui viennent en voyages organisés par les comités d'entreprise. La semaine prochaine, par exemple, je serai avec un groupe qui vient de Bruxelles pour 15 jours. Il y aura 200 personnes dans le groupe - c'est très grand. Ils seront hébergés dans un hôtel à Galway. Alors ils auront leur propre travail, et ils auront aussi un programme d'activités tous les jours: un voyage aux îles d'Aran, des promenades à vélo, du sport, des jeux, des compétitions. Pour des gens qui travaillent dans la même entreprise, c'est un moyen de se rencontrer dans un cadre différent, et les psychologues trouvent que ça les rapproche, ils se comprennent mieux, et ils travaillent mieux en équipe. Alors finalement c'est intéressant pour l'entreprise.

Document 4(c)
– Et vous, Mary, comment trouvez-vous ce travail?

– C'est intéressant, surtout au début. Mais c'est vrai qu'on finit par le trouver fatigant. C'est pas un travail qu'on aurait envie de faire toute sa vie. On fait les mêmes circuits, alors il y a de la répétition. Et puis pendant la saison il faut toujours être disponible, et comme ça on n'a vraiment pas de vie privée, les projets de sortie avec les amis sont constamment remis à une autre fois, ce qui est parfois difficile. C'est surtout difficile si on a deux groupes l'un tout de suite après l'autre - ça arrive quelquefois, mais normalement on a quelques jours de repos. Il faut dire aussi que ce travail a des aspects très intéressants.

Document 4(d)
– Qu'est-ce qu'on fait comme formation pour pouvoir travailler comme guide?

– C'est CERT qui assure la formation. C'est l'agence qui s'occupe de tout ce qui est hôtellerie, restauration, tourisme. Les stages de formation ont lieu entre janvier et mai. On a cours deux ou trois fois par semaine, et le week-end on fait des excursions. On apprend un peu sur beaucoup de choses, histoire, géographie, économie.

Document 4(e)
– Et une dernière question. Les touristes que vous accompagnez, comment trouvent-ils l'Irlande?

– Il faut dire d'abord que de plus en plus, les touristes préfèrent éviter Dublin. D'abord les hôtels sont très chers, et puis il y a tellement de problèmes de circulation que c'est très difficile de respecter les horaires, et on passe beaucoup trop de temps en car. C'est vraiment pénible. La plupart des séjours ce sont des séjours de huit jours qui se font dans l'ouest ou le sud-ouest, et on accueille les groupes très souvent à Cork ou à Shannon. Alors, pour répondre à la question comment ils trouvent l'Irlande. Ils trouvent que les gens sont accueillants en général. Ils adorent le paysage, la tranquillité. Normalement les gens qui font des voyages comme ça, ils ont entre 35 et 70 ans, c'est pas des très jeunes, alors ce sont des choses qu'ils apprécient. Il faut dire qu'ils sont étonnés par les prix. Ils trouvent que tout coûte très cher.

Document 5
Interview avec Charmian, page 276.

Document 6
Quand il part en France, Oliver transporte du shampooing, de la crème de beauté, des brosses à dents, de la pâte dentifrice, des balles de tennis. Avant, il conduisait des camions frigorifiés, avec de la viande, du bœuf et de l'agneau, mais pas maintenant. Au voyage de retour, il rapporte toutes sortes de choses: des sièges de tracteur, des tapis, des génératrices, du plâtre, des jouets, des carreaux, des arbres, en été des pommes et des pêches …

En Plus 5

Document 1(a)
Loïc, 16 ans
Membre du conseil communal de jeunes d'Issy-les-Moulineaux (92)

'Je suis en seconde et membre du conseil communal de jeunes (CCJ) depuis la classe de sixième. Au début, c'est ma mère qui m'a inscrit. Puis je me suis mis au jeu et j'ai souhaité poursuivre. Nous nous réunissons une fois par semaine pendant environ deux heures et nous discutons de l'état de nos projets. Cette année, par exemple, nous travaillons en commissions pour réaliser des courts métrages sur trois thèmes de société: les drogues, le rapport entre les générations et la violence urbaine.

Avant de pouvoir voter, cette action au sein du CCJ est pratiquement la seule chose que l'on peut faire quand on est jeune et que l'on souhaite exprimer son opinion.

Je trouve que le fait de travailler comme ça, concrètement, sur des questions liées à la ville et à ses habitants, ça permet d'avoir les yeux en face des trous.

Cela nous montre que les choses ne sont pas simples à régler et que la fonction de maire est lourde de responsabilités.'

Document 1(b)
Nadia, 17 ans
Membre du conseil municipal de jeunes de Roubaix (59)

'Je suis au conseil depuis 1996. C'est mon deuxième mandat mais nous ne sommes pas élus, mais sélectionnés. En quatre ans, nous avons travaillé sur de nombreux projets: soutien à la campagne des Restos du cœur, recherche de jeunes talents parmi les groupes de musique locaux, aide à une région sinistrée au Sénégal, sensibilisation de jeunes électeurs pour qu'ils prennent conscience de l'importance du vote, etc.

Au début, les élus ne nous écoutaient pas trop. En 1998, nous leur avons envoyé un paquet de prunes avec un slogan: 'Nous les jeunes, on compte pas pour des prunes.' Depuis, nous avons deux conseils d'administration par an avec eux et je crois qu'ils sont plus sensibilisés qu'avant aux préoccupations des jeunes. Pour moi en tout cas, cette expérience au conseil me permet de vivre dans le monde et dans ma ville autrement.'

LES CHIFFRES

1 un	41 quarante et un	81 quatre-vingt-un
2 deux	42 quarante-deux	82 quatre-vingt-deux
3 trois	43 quarante-trois	83 quatre-vingt-trois
4 quatre	44 quarante-quatre	84 quatre-vingt-quatre
5 cinq	45 quarante-cinq	85 quatre-vingt-cinq
6 six	46 quarante-six	86 quatre-vingt-six
7 sept	47 quarante-sept	87 quatre-vingt-sept
8 huit	48 quarante-huit	88 quatre-vingt-huit
9 neuf	49 quarante-neuf	89 quatre-vingt-neuf
10 dix	50 cinquante	90 quatre-vingt-dix
		91 quatre-vingt-onze
11 onze	51 cinquante et un	92 quatre-vingt-douze
12 douze	52 cinquante-deux	93 quatre-vingt-treize
13 treize	53 cinquante-trois	94 quatre-vingt-quatorze
14 quatorze	54 cinquante-quatre	95 quatre-vingt-quinze
15 quinze	55 cinquante-cinq	96 quatre-vingt-seize
16 seize	56 cinquante-six	97 quatre-vingt-dix-sept
17 dix-sept	57 cinquante-sept	98 quatre-vingt-dix-huit
18 dix-huit	58 cinquante-huit	99 quatre-vingt-dix-neuf
19 dix-neuf	59 cinquante-neuf	
20 vingt	60 soixante	

21 vingt et un	61 soixante et un
22 vingt-deux	62 soixante-deux
23 vingt-trois	63 soixante-trois
24 vingt-quatre	64 soixante-quatre
25 vingt-cinq	65 soixante-cinq
26 vingt-six	66 soixante-six
27 vingt-sept	67 soixante-sept
28 vingt-huit	68 soixante-huit
29 vingt-neuf	69 soixante-neuf
30 trente	70 soixante-dix
	71 soixante et onze
31 trente et un	72 soixante-douze
32 trente-deux	73 soixante-treize
33 trente-trois	74 soixante-quatorze
34 trente-quatre	75 soixante-quinze
35 trente-cinq	76 soixante-seize
36 trente-six	77 soixante-dix-sept
37 trente-sept	78 soixante-dix-huit
38 trente-huit	79 soixante-dix-neuf
39 trente-neuf	80 quatre-vingts
40 quarante	

> In the numbers up to 100, which are a combination of two or more smaller numbers? If there is no *et*, how are the combinations connected?

> Why are 60–79 grouped together, and 80–99?

> De quels chiffres s'agit-il?
> *a* 60+11
> *b* 4x20+14
> *c* 4x20+3
> *d* 10+7
> *e* 20+1

Et après?

100 cent	1 000 mille
200 deux cents	1 000 000 un million
201 deux cent un	1 000 000 000 un milliard

Les numéros de téléphone s'écrivent et se disent par deux
01 23 45 67 89

L'heure se dit et s'écrit:
huit heures (08h00)
huit heures cinq (08h05)
huit heures et quart ou huit heures quinze (08h15)
huit heures et demie ou huit heures trente (08h30)
neuf heures moins le quart ou huit heures quarante-cinq (08h45)
neuf heures moins dix ou huit heures cinquante (08h50)

La date se dit et s'écrit: le 23 novembre.

Les ordinaux (qui indiquent l'ordre):
premier, première
deuxième
etc.

Les pourcentages:
Trente-cinq virgule cinq pour cent (35,5%)

Les fractions:
1/4: un quart   1/3: un tiers
1/2: la moitié, un demi 2/5: deux cinquièmes
3/4: trois-quarts   etc.

Plus ou moins:
une dizaine
une douzaine (hence *a dozen*)
une quinzaine
une vingtaine
une quarantaine (hence *quarantine*)
une centaine, des centaines
un millier, des milliers

Quelques expressions populaires:
J'ai deux mots à vous dire.
Jamais deux sans trois.
Je suis payé trois fois rien. (très peu)
Il coupe les cheveux en quatre. (Il complique tout)
Il est tiré à quatre épingles. (Il est très bien habillé)
Il n'y a pas trente-six solutions. (Il y a une solution)
Je l'ai dit cent fois.

LES CHIFFRES

GRAMMAIRE

Nouns: les noms

1   Nouns in French are either masculine or feminine. When you learn a noun, learn its gender too. The guidelines below will help.

The following nouns are masculine (with exceptions!)

Category	Exceptions
males	The following are gramatically feminine, even if the person referred to is masculine: *connaissance, personne, recrue, sentinelle, vedette, victime*
days, months, seasons	*l'automne* (f)
points of the compass	
decimal weights and measures	
names of countries not ending in *-e*	*le Mexique*
languages	
most nouns ending in *-acle, -age, -amme, -asme, -aume, -é, -eau, -ège, -ême, -ier, -ige, -isme, -oire, -tère*	*cage, image, nage; gamme; bonté, vérité, amitié* (abstract nouns ending in *-té* or *-tié*); *eau, peau; crême*
most nouns ending in a consonant	*dent, faim, fin, fleur, fois, forêt, main, mer, mort, nuit, paix, plupart, soif, voix*

The following nouns are feminine (with exceptions!)

Category	Exceptions
females	The following are gramatically masculine, even if the person referred to is female: *amateur, auteur, bébé, écrivain, ingénieur, médecin, peintre, professeur, sculpteur, témoin*
most abstract nouns	*le vice*
most branches of science and learning	*le droit*
countries ending in *-e* mute	*le Mexique*
most nouns ending in *-ade, -aie, -aille, -aine, -aison, -ance, -ée, -elle, -ence, -ense, -esse, -ette, -eur* (abstract nouns), *-ie, -ière, -ille, -ine, -ion, -ise, -té, -ité, -itié, -tude, -ue, -ule, -une, -ure*	*lycée, mausolée, musée, silence, bonheur, malheur, honneur, génie, incendie, parapluie, cimetière, avion, camion, champion, lion, million, côté, pâté, traité, comité, comté, été, véhicule, murmure*

Some nouns have both masculine and feminine forms

Masculine ending	Feminine ending	Examples (m)	Examples (f)
-	-e	commerçant	commerçante
-eau	-elle	jumeau	jumelle
-eur	-euse	chanteur	chanteuse (exception: mineure)
-eur	-rice	acteur	actrice
-er	-ère	boulanger	boulangère
-n	-nne	Breton, Italien	Bretonne, Italienne
-f	-ve	Juif, sportif	Juive, sportive
-x	-se	époux	épouse
-et	-ette	cadet	cadette
-ain	-ine	copain	copine

Some nouns can be masculine or feminine, depending on the gender of the person referred to.

un(e) artiste   un(e) élève   un(e) malade
un(e) camarade   un(e) enfant

Some nouns have two genders, each with a different meaning. Below are the most common ones

Noun	Masculine meaning	Feminine meaning
livre	book	pound (weight or currency)
manche	handle	sleeve
mémoire	thesis	memory
mode	method, mood (of verb)	fashion
moule	mould	mussel
œuvre	complete works	a work (eg book)
page	page-boy	page
pendule	pendulum	clock
poêle	stove	frying-pan
politique	politician	policy, politics
poste	post, job, set (eg TV)	post-office
somme	nap, sleep	sum
tour	turn, trick, tour	tower

2   Forming the plural (le pluriel) of nouns.

Pattern	Examples	Comments
Most nouns form their plural by adding -s to the singular form	un livre - des livres	The -s at the end of a plural noun is generally not pronounced The following words ending in -ou have -x instead of -s in their plural: *bijou(x), caillou(x), chou(x), genou(x), hibou(x), joujou(x), pou(x)*
With nouns ending in -s, -x and -z, there is no change in the plural	le fils, les fils un os, des os une noix, des noix un gaz, des gaz	Fils: In both singular and plural forms, the s is pronounced and the *l* is not Os: the s is pronounced in the singular, but not the plural
Nouns ending in -ail: the plural form sometimes ends in -aux	un détail, des détails un travail, des travaux	
Nouns ending in -al: the plural form ends in -aux	un animal, des animaux	Exceptions: bals, carnavals festivals
Nouns ending in -au, -eau, -eu: add x to form the plural	un tuyau, des tuyaux un bateau, des bateaux un jeu, des jeux	Exceptions: pneus
Some special cases	le ciel, les cieux un œil, les yeux madame, mesdames mademoiselle, mesdemoiselles monsieur, messieurs	

Pronouns: les pronoms

> Pronouns are words which represent or replace nouns

Personal pronouns: les pronoms personnels
First person pronouns represent a speaker, speaking for himself or herself (*je*) or on behalf of two or more people (*nous*). Second person pronouns represent the person or people spoken to (*tu, vous*). A third person pronoun represents a person or people spoken about, or replaces a noun (*il, elle, ils, elles*).

The pronoun *on* is a special case. It can sometimes be translated as 'one'. It can be used
- to mean 'we' when the speaker is part of a group referred to: *On va au cinéma ce soir.* (We're going to the cinema this evening.)
- to mean 'they' when the speaker is not part of the group referred to: *En France on parle français.* (In France they speak French.)
- where we would normally use a passive in English: *Ici on parle français.* (French is spoken here.)
- where we would normally say 'you' in English: *On peut manger à la cantine.* (You can eat in the canteen.)

As in English, personal pronouns change according to their function in a sentence.

subject	direct object	indirect object (replace names or nouns which are preceded by à)	reflexive (used with reflexive verbs)	emphatic, also called stressed or disjunctive (see note below)
je (I)	*me, m'* (me)	*me, m'* (to me)	*me (m')* (myself)	*moi*
tu (you)	*te, t'* (you)	*te, t'* (to you)	*te (t')* (yourself)	*toi*
**il* (he, it)	*le, l'* (him, it)	*lui* (to him)	*se (s')* (himself)	*lui*
elle (she, it)	*la, l'* (her, it)	*lui* (to her)	*se (s')* (herself)	*elle*
on (one)			*se (s')* (oneself)	*soi*
nous (we)	*nous* (us)	*nous* (to us)	*nous* (ourselves)	*nous*
vous (you plural or polite singular)	*vous* (you)	*vous* (to you)	*vous* (yourselves)	*vous*
***ils* (they)	*les* (them)	*leur* (to them)	*se (s')* (themselves)	*eux*
elles (they)	*les* (them)	*leur* (to them)	*se (s')* (themselves)	*elles*

*Sometimes 'il' does not refer to a specific person or object: *il faut* (it is necessary); *il pleut* (it's raining); *il paraît que…, il semble que…* (it seems that)
**If the nouns to be replaced are a combination of masculine and feminine, use a masculine pronoun.

> **Emphatic pronouns** can be used
> to emphasise subject pronouns: *Moi je trouve que …*(I find that …) or in the emphatic form *moi-même* (myself).
> after a preposition: *chez nous, pour toi, selon lui, avec eux …*
> on their own, in answer to a question: *Qui a fait ça? Moi.* (Who did that? Me).
> after *c'est, ce sont*: *C'est moi* (It's me).
> to express possession: *C'est à moi* (It's mine).
> in comparisons: *Elle est plus grande que moi* (She's taller than me).

Y and *en*
Y (there) replaces *à* + a place name:
  Tu vas à Paris? Oui, j'y vais demain.

En (from there, some, of it, of them) replaces *de/du/de la/des* + a noun.
  Il y a du fromage? Non, il n'y en a plus.

> *Il y a* means *there is, there are*. It can also mean *ago*.

Word order

It's possible to have up to three pronouns in one clause or sentence. The table below indicates the order in which pronouns are placed relative to each other and to the verb in a sentence.

subject	ne (in a negative sentence)	1st or 2nd person, reflexive, direct or indirect object	3rd person direct object	3rd person indirect object,	y	en	verb	pas (or other negative word)	past participle, if using a compound tense
je		me							
tu		te							
il/elle/on	ne	se	le/la	lui	y	en	verb	pas	p.p.
nous		nous							
vous		vous							
ils/elles		se	les	leur					

To test how the above table works, read the following sentences against it:
Il n'y en a pas: There aren't any (of them).   *Je l'y ai vu:* I saw him there.
Il me l'a donné: He gave it to me.   *Je t'aime:* I love you.
Je te le donne: I'm giving it to you.

Note: with the imperative (in a positive command), the verb goes before the pronoun(s):
Allez-y! Go on!   *Donne-le lui!* Give it to him!
Demande-lui de venir ici! Ask him to come here!

Possessive pronouns: les pronoms possessifs. A possessive pronoun agrees in number and gender with the noun it replaces.

	Masculin singulier	**Féminin singulier**	**Masculin pluriel**	**Féminin pluriel**
mine	le mien	la mienne	les miens	les miennes
yours	le tien	la tienne	les tiens	les tiennes
his/hers/its	le sien	la sienne	les siens	les siennes
ours	le nôtre	la nôtre	les nôtres	les nôtres
yours	le vôtre	la vôtre	les vôtres	les vôtres
theirs	le leur	la leur	les leurs	les leurs

Demonstrative pronouns: les pronoms démonstratifs.

	Masculin singulier	**Féminin singulier**	**Masculin pluriel**	**Féminin pluriel**
the one(s)	celui	celle	ceux	celles

The demonstrative pronouns above can be followed by:
de to indicate possession: *La moto que vous voyez, c'est celle de Pierre.* (The motor bike you see is Peter's.)
-ci or *-là* to point out which one: *Tu préfères celui-ci ou celui là?* (Do you prefer this one or that one?)
a relative clause beginning with *qui, que* or *dont.* (See below)

Relative and interrogative pronouns: les pronoms relatifs et interrogatifs. A relative pronoun represents a noun or an idea, and introduces a new clause in a sentence. The pronouns below marked * can be used to introduce a question.

*qui (who, which) When used as a relative pronoun, *qui* refers to a person or thing already mentioned, and is the subject of the verb which follows it.	le livre *qui* est sur la table C'est Pierre *qui* me l'a dit. *Qui* est là?
*que (whom, which) When used as a relative pronoun, *que* refers to a person or a thing already mentioned, and is the object of the verb which follows it.	Le livre *que* je cherche est sur la table. C'est Pierre *que* j'ai vu hier. *Que* veux-tu?
dont (of which, of whom, whose)	l'homme *dont* j'ai peur l'homme *dont* la fille a été kidnappée
*où (where, in which)	la ville *où* j'habite
ce qui (what), **ce que** (what), **ce dont** (about which), can be used at the beginning of a relative clause	*Ce qui* est intéressant, c'est le film. Tu te rappelles *ce dont* j'ai parlé?
*lequel/laquelle/lesquels/lesquelles (the one which) **auquel/à laquelle/auxquels/auxquelles** (to which) **du quel/de laquelle/desquels/desquelles** (of which)	Tu a vu ce film? Lequel? Celui dont j'ai parlé hier. La ville *à laquelle* je vais … Les films *desquels* j'ai parlé

Adjectives: les adjectifs

> Adjectives are used with nouns or pronouns to describe or identify, to quantify, or to express an opinion. An adjective can be used:
>
> a with the verb *être*, as an attribute: Il est *gentil*.
>
> b with a noun, as an epithet: C'est une *belle* maison.

The position of adjectives

1 Most adjectives are normally placed after the noun they qualify.

2a Some common adjectives, like the ones below, are placed before a noun:

bon	jeune	méchant	vaste
grand	joli	nouveau	vieux
gros	long	petit	vilain
haut	mauvais	premier (and numerical adjectives)	

2b There are certain set expressions where the adjective goes before the noun: le *Moyen* Age; un *fol* espoir.

2c Sometimes an adjective is placed before the noun for emphasis: C'est une *excellente* idée.

3 Some adjectives change their meaning according to whether they are placed before or after a noun. The following are among the most common examples.

Adjective	Meaning before a noun	Meaning after a noun
ancien	l'*ancien* président: the former president	une église *ancienne*: an ancient church
brave	un *brave* homme: a good, decent man	une femme *brave*: a brave woman
certain	*certaines* personnes: some people	une chose *certaine*: a sure thing
cher	*cher* ami: dear friend	un restaurant *cher*: an expensive restaurant
dernier	le *dernier* album: the latest album	la semaine *dernière*: last week
grand	un *grand** écrivain: a great writer	un homme *grand**: a tall man
même	la *même* chose: the same thing	ce jour *même*: this very day
pauvre	*pauvre* petit: poor little thing (indicating pity)	un homme *pauvre*: a poor man
propre	ma *propre* chambre: my own room	une chambre *propre*: a clean room
seul	le *seul* problème: the only problem	une personne *seule*: a person alone
vrai	un *vrai* plaisir: a real pleasure	une histoire *vraie*: a true story

* In certain expressions, when placed before a noun, the word *grand* loses the meaning *big = physical size*. In the following expressions, *grand* means *great*, *significant* or *famous*: un grand homme, un grand sportif, un grand écrivain, une grande vedette, un grand événement etc.

> **Note!** After the expressions in italics below, *de* is used to introduce an adjective.
> J'ai rencontré *quelqu'un* de très gentil.
> J'ai entendu *quelque chose* de très intéressant.
> Je n'ai fait *rien* de spécial.
> Je ne connais *personne* d'autre.

An adjective agrees with the noun it qualifies in gender and number.

The table below sums up the rules for forming the feminine and plural of adjectives.

Category	m. and f. singular	m. and f. plural	Exceptions
general rule	petit, petite	petits, petites	
adjectives ending in -e	simple, simple	simples, simples	
adjectives ending in -s	gros, grosse	gros, grosses	
adjectives ending in -eil, -el, -en, -on	pareil, pareille traditionnel, traditionnelle moyen, moyenne bon, bonne	pareils, pareilles traditionnels, traditionnelles moyens, moyennes bons, bonnes	
adjectives ending in -x	heureux, heureuse	heureux, heureuses	faux, fausse, roux, rousse doux, douce

Rules for forming the feminine and plural of adjectives, continued.

Category	m. and f. singular	m. and f. plural	Exceptions
adjectives ending in -er	cher, chère	chers, chères	
adjectives ending in -f	sportif, sportive	sportifs, sportives	bref, brève
adjectives ending in -et	inquiet, inquiète	inquiets, inquiètes	net, nette coquet, coquette muet, muette
adjectives ending in -c	blanc, blanche public, publique	blancs, blanches publics, publiques	grec, grecque sec, sèche
adjectives ending in -teur	conservateur, conservatrice	conservateurs, conservatrices	
adjectives ending in -al	égal, égale	égaux, égales	fatal, fatals final, finals glacial, glacials natal, natals, naval, navals
compound adjectives, made up of more than one word	bleu marine: invariable - no change for f. or pl.		
colours, when a noun is used as an adjective	orange, marron: invariable - no change for f. or pl.		
Irregularities: some adjectives have a special masculine singular form (in brackets) which is used before a noun beginning with a vowel or mute h	aigu, aiguë beau (bel), belle favori, favorite fou (fol), folle frais, fraîche long, longue nouveau (nouvel), nouvelle vieux (vieil), vieille	aigus, aiguës beaux, belles favoris, favorites fous, folles frais, fraîches longs, longues nouveaux, nouvelles vieux, vieilles	

Pour faire des comparaisons: making comparisons

1 Le comparatif (more than, less than, as...as)

Comparing equals	Expressing superiority	Expressing inferiority
aussi... que Pierre est aussi grand que Richard.	plus... que Pierre est plus grand que Paul.	moins... que Paul est moins grand que Pierre Paul n'est pas aussi grand que Pierre.
Ce livre est aussi bon que l'autre. Anne est aussi bonne étudiante que Sarah. Il fait aussi mauvais temps que ce matin.	Ce livre est meilleur que celui-là. Anne est meilleure étudiante que Barbara. Hier, il a fait plus mauvais. Hier, c'était pire.	Ce film est moins bon que celui que j'ai vu hier. Barbara n'est pas aussi /si bonne étudiante qu'Anne. Avant hier, il a fait moins mauvais.

2 Le superlatif: use *le, la, les* (or a possessive adjective) with the comparative expression.
C'est *le plus beau* pays du monde.
C'est la personne *la plus amusante* que je connaisse.
Ce sont *mes meilleurs amis*.
C'est le film *le moins intéressant*.

> **Note!** Some adjectives can be used as nouns.
> *un pauvre*: a poor man
> *L'important, c'est...*: The important thing is...   *Le plus facile, c'est...*: The easiest thing is...
> *L'essentiel, c'est de...*: The main thing is to...   *les jeunes*: young people
>   *les vieux*: old people

Adverbs and adverbial phrases: les adverbes et les locutions adverbiales

> Adverbs and adverbial phrases are used to say how, where, when, how often something happens. They can be used to make the meaning of an adjective, adverb or a verb stronger or weaker. They can be used to colour a whole sentence, showing what the speaker thinks.

Adverbs of manner (les adverbes de manière), to answer the question *how*?
Many adverbs of manner are formed from their corresponding adjective, by adding *-ment* to the feminine form of the adjective (*-ment* is the equivalent of *-ly* in English).

Rule	Examples
To form an adverb from a corresponding adjective, the general rule is to add *-ment* to the feminine form of the adjective	*heureux - heureuse - heureusement*
With some adverbs, *-é* is inserted before *-ment*.	*aveugle - aveuglément* *précis - précisément* *énorme - énormément* *profond - profondément* *obscure - obscurément*
Adjectives ending in *-ant* and *-ent* change to *-amment* and *-emment*.	*constant - constamment* *évident - évidemment* (exceptions: *lent, lentement; présent, présentement*)
The adverbs on the right are exceptions to the general rule.	*bref - brièvement* *meilleur - mieux* *gentil - gentiment* *mauvais - mal* *gai - gaîment, gaiement* *moindre - moins* *bon - bien* *pire - pis*
Certain adjectives can be used as adverbs (usually in set expressions, as on the right). As adverbs, they are invariable.	*parler bas, marcher droit, sentir bon, travailler dur, coûter cher, sentir mauvais, s'arrêter court, frapper juste, voir clair*

An adverbial phrase of manner can consist of adjective introduced by one of the following expressions: *de façon, d'une façon; de manière, d'une manière; d'un air; d'un ton; d'une voix…*	Il a parlé *d'une manière impolie*
	            d'un ton ironique
	            d'une voix douce

Adverbial phrases of manner can also be introduced by a preposition followed by a noun.	*avec clarté, sans peur, par avion,* etc.

Adverbs of manner, quantity and degree (les adverbes de manière, de quantité et d'intensité)

ainsi, si (so)	*Ainsi* soit-il: so be it.
assez (quite, enough)	Il est *assez* fort en maths. Il a *assez* d'argent.
aussi (as) autant (as much)	Il est *aussi* fort qu'elle. Il a *autant* d'argent qu'elle.
beaucoup (much)	Je t'aime *beaucoup*.
bien, fort, très (very)	Elle est *bien* riche.
*combien (how much, how many)	Je ne sais pas *combien* il pèse. Tu as *combien* de sœurs?
*comment (how)	Je ne sais pas *comment* il a fait. *Comment* veux-tu que je sache
encore (more)	Tu veux *encore* des tomates?
ensemble (together)	Ils sont sortis *ensemble*.
environ (about)	à *environ* deux kilomètres de Galway
même (even)	vingt ans, *même* plus
moins (less)	Il fait *moins* beau qu'hier.
plus (more)	Il fera *plus* beau demain.
peu (little) peu à peu (gradually)	Il a *peu* d'espoir. Il a abandonné *peu à peu* ses projets.
*pourquoi (why)	Je ne sais pas *pourquoi* il a fait ça.
surtout (especially)	J'aime tous les fruits, *surtout* les pommes.
tant (so much, so many)	J'ai *tant* d'ennuis …
tellement (so)	Je suis *tellement* fatigué que je vais me coucher.
un peu (a little)	Je suis *un peu* fatigué.
tout (quite)	Il est *tout* content de son séjour.
trop (too much)	Je dors *trop*.

* These adverbs can be used to introduce questions.

Adverbs of place (les adverbes de lieu): to answer the question *Where?*

ailleurs, autre part (elsewhere)	devant (in front)	là-bas (over there)
çà et là (here and there)	en arrière (backwards)	loin (far)
(là-)dedans (inside)	en avant (forwards)	nulle part (nowhere)
(en) dehors (outside)	en bas (below, downstairs)	*où (where)
derrière (behind)	en haut (above, upstairs)	partout (everywhere)
(là-)dessous (underneath)	ici (here)	quelque part (somewhere)
(là-)dessus (above)	là (there)	y (there)

* May be used to introduce a question.

Adverbs of time (les adverbes de temps): to answer the questions *When? How often?*

à présent, maintenant (now)	bientôt (soon)	hier (yesterday)
à temps (in time)	cependant (meanwhile)	jamais (ever)
alors (then)	d'abord (first)	le lendemain (the next day)
après (after)	de bonne heure, tôt (early)	longtemps (a long time)
après-demain (the day after tomorrow)	demain (tomorrow)	parfois, quelquefois (sometimes)
aujourd'hui (today, nowadays)	de temps en temps (from time to time)	puis (then, next)
aussitôt, sitôt, tout de suite (immediately)	depuis (since, for)	*quand (when)
autrefois, dans le temps, jadis (formerly, in the old days)	dernièrement, récemment (lately, recently)	soudain (suddenly)
avant (before)	encore (still, yet)	souvent
avant-hier (the day before yesterday)	enfin (at last)	toujours (always, still)
	en retard, tard (late)	la veille (the day before)

* May be used to introduce a question.

Negative adverbs to say no! (les adverbes de négation)

negative	with a simple tense	with a compound tense
ne… aucun(e) (not any)	Je *n*'ai *aucune* idée.	Je *n*'ai eu *aucune* idée.
ne… guère (hardly)	Je *ne* parle *guère* à mon frère.	Je *n*'ai *guère* parlé à mon frère.
ne… jamais (never)	Je *ne* vais *jamais* en ville.	Je *ne* suis *jamais* allé à Paris.
ne… jamais rien (never anything)	Je *ne* vois *jamais* rien.	Je *n*'ai *jamais rien* vu de pareil.
ne… ni… ni (neither… nor)	Je *n*'ai *ni* frères *ni* sœurs.	Je *n*'ai vu *ni* Paul *ni* Julie.
ne… pas (not)	Je *n*'ai *pas* peur.	Je *n*'ai *pas* eu peur.
ne… personne (nobody)	Je *ne* vois *personne*.	Je *n*'ai vu *personne*.
personne…ne	*Personne ne* me voit.	*Personne ne* m'a vu.
ne…plus (no more)	Je *ne* fume *plus*.	Je *n*'ai *plus* fumé depuis l'année dernière.
ne… point (not at all)	Je *ne* veux *point* le voir.	Je *n*'ai *point* voulu le voir.
ne… rien (nothing)	Je *ne* fais *rien*.	Je *n*'ai *rien* fait.
rien…ne	*Rien ne* m'intéresse.	*Rien ne* m'a intéressé.
ne… nulle part (nowhere)	Je *ne* le vois *nulle part*.	Je *ne* l'ai vu *nulle part*.

Prepositions: les prépositions

> Prepositions are used to indicate position, or to introduce a noun or a verb.

Preposition	Meaning/Function	Examples
*à **to the:** **au** (masculin singulier) **à l'** (m. ou f. singulier, devant une voyelle ou h-muet) **à la** (f. singulier) **aux** (pluriel)	to, in, at (place) at (time, distance, rate) by (instrumentality) after certain verbs between some verbs and an infinitive	Il va au cinéma à Paris. Il habite à Paris. à huit heures; à dix kilomètres du centre; à huit euros le kilo; à cent km à l'heure à pied La maison est chauffée au gaz. Je joue au foot. J'ai réussi à mes examens Je commence à avoir faim.
avec	with	Tu viens avec moi?
chez	at home/ at someone's house or place/ among	chez moi; chez le dentiste; chez les Irlandais
dans	in (place) in (a time from now)	dans la cuisine Il sera là dans une heure.
derrière, devant	behind, in front of	Il y a un jardin devant la maison.
de **of/from/with/by the** **du** (m. singulier) **de l'** (m. ou f. singulier, devant une voyelle ou h-muet) **de la** (f. singulier) **des** (pluriel)	of (to indicate possession) of (to indicate association) from by, with after certain verbs between some verbs and an infinitive	la mère de ma copine des nouvelles de Sandrine Il est de Tours. couvert de feuilles Je joue du piano. Il a décidé de partir.
en	to, in (a) a country which is feminine; (b) in some set expressions in (time) by made of	Il va en France. Il habite en France. en ville, en discothèque en 2000 en deux minutes (within two minutes) en voiture, en avion un pantalon en coton; un sac en plastique
en face de	opposite	J'habite en face de Paul.
entre	between	entre nous
jusqu'à	until, as far as	jusqu'à minuit, jusqu'à Caen

Preposition	Meaning/Function	Examples
par	by	par avion, par le train Le but a été marqué par lui.
	to indicate place	par terre, par ici
	to indicate time	par un beau jour d'été
pour	for	pour trois jours pour toi
	to indicate purpose	pour acheter des disques
près de	near	J'habite près de Paris.
sous	under	sous la table
sur	on	sur la table
	about	un documentaire sur la forêt
	out of (fractions)	un sur cinq
vers	towards about	On va vers Paris. vers quatre heures

Going to/ being in and coming from a country:

	When the name of the country is masculine	When the name of the country is feminine	When the name of the country is plural
à (to, in)	au Maroc	en France	aux Etats-Unis
de (from)	du Maroc	de France	des Etats-Unis

Determiners: les déterminants

> Determiners are words which introduce a noun.

The table below sets out the various types of determiners.
A noun in a sentence is almost always introduced by one of these words.

	Masculin singulier	Féminin singulier	Pluriel
l'article défini (definite article: the)	le (l')	la (l')	les
*l'article indéfini (indefinite article: a/some)	un	une	**des
* **l'article partitif (partitive article: some)	du (de l')	de la (de l')	des
l'adjectif possessif (possessive adjective: my, your, etc.)	mon (See table below)	ma (mon)	mes
l'adjectif démonstratif (demonstrative adjective: this, these)	ce (cet)	cette	ces
l'adjectif interrogatif ou exclamatif (interrogative or exclamatory adjective: what, which)	quel	quelle	quels/quelles
adjectif numéral (number)	un, deux trois etc.		
adjectif indéfini (adjectives which go with a noun to give an idea of quantity, quality, identity … Some examples are given here. Not all have singular and plural forms.)	chaque (each) quelque (some) tout (all)	quelque toute	certains (certain) différents (different) plusieurs (several) quelques toutes

Below is the full table of possessive adjectives.

Les adjectifs possessifs	Masc. Singulier	Fém. Singulier	Pluriel
my	mon	ma (*mon* before a vowel)	mes
your (singular, familiar)	ton	ta (*ton* before a vowel)	tes
his, her, one's	son	sa (*son* before a vowel)	ses
our	notre	notre	nos
your (plural, polite)	votre	votre	vos
their	leur	leur	leurs

> **Note!**
> *De* or *d'* replaces *un, une, du, de la, de l'* or *des* in negative expressions:
> Je n'ai pas *de* stylo.   Je n'ai pas *d'*argent.
>
> ***De* or *d'* replaces *du, de la, de l'* or *des*
> a   when a quantity or container is specified: un kilo *de* bananes; une boîte *de* chocolats. This rule applies even when the quantity is imprecise: *beaucoup de, peu de*
> b   when an adjective comes between the article and the noun: *de* beaux arbres.

Articles are not always used in the same way in English as in French. Translate the sentences below.

Elle a **les** yeux bleus et **les** cheveux blonds.
Elle va à 80 km à **l'**heure.
Ça coûte 20 euros **le** kilo.
La France a une frontière commune avec **l'**Espagne.

Le football est un sport d'équipe.
J'aime **le** fromage.
J'étudie **l'**histoire et **la** géographie.
Il y a **des** arbres autour de la maison.

Conjunctions: les conjonctions

> Conjunctions can link two words, two parts of a sentence, two sentences.

With **co-ordinating conjunctions** (les conjonctions de coordination), each word or part or sentence linked has equal status. The table below shows the most common.

alternatives	ou, soit…soit…	Tu veux un thé *ou* un café? J'y vais *soit* samedi, *soit* dimanche.
cause	car	Je ne suis pas sorti *car* il pleuvait.
consequence	donc, ainsi, par conséquent, alors	Il pleuvait, *donc* elle est restée à la maison.
explanation	c'est-à-dire	Le jour de l'an, *c'est-à-dire* le premier janvier
linking	et, ni, ainsi que, comme	*ni* toi *ni* moi *Comme* moi, elle est Sagittaire.
opposition, limitation	mais, pourtant, par contre, d'ailleurs, au moins	Il ne veut pas chanter. *Pourtant*, il a une belle voix. Elle est fatiguée. *Au moins*, c'est ce qu'elle dit.
sequencing	puis, ensuite	Je vais prendre ma douche. *Ensuite*, je vais déjeuner.

Subordinating conjunctions link a clause with a clause. The subordinate clause depends on the main clause.

Function	Conjunctions	Examples in use
cause	comme, parce que, vu que, puisque	*Comme* elle ne veut pas sortir, j'irai seul au cinéma.
purpose	afin que*, pour que*, de façon que*, de manière que*, de sorte que*	Je répare la voiture ce soir *pour que* je puisse l'utiliser demain.
consequence	de sorte que, de façon que, de manière que, si bien que, tellement… que	J'ai dépensé *tellement* d'argent *que* je suis complètement fauché.
concession, opposition	bien que*, quoique*, tandis que, alors que	*Bien qu*'il soit malade, il veut sortir.
condition, supposition	si, au cas où, pourvu que*, à condition que*, à moins que* (+ ne)	Je te prête la voiture *à condition que* tu fasses attention en conduisant.
time	quand, lorsque, avant que*, après que, pendant que, depuis que, aussitôt que, jusqu'à ce que*	Je veux te parler *avant que* tu partes. J'attendrai *jusqu'à ce que* tu arrives.

*These conjunctions are followed by a verb in the subjunctive.

Verbs: les verbes

1 You can give verbs a subject (*je, tu, il, elle, on, nous, vous, ils, elles*), and make them agree with their subject. You can put them in a mood or mode (*un mode*), according to what you want to say.

a The indicative (l'indicatif) mood is used to make statements, in various tenses (*temps*). A tense is one of the ways of indicating when something happens (present), happened (past) or will happen (future).

Les temps simples (simple tenses, where the verb consists of one word):

le présent	l'imparfait	le passé simple	le futur
There is only one present tense in French. *Je joue* can be translated as *I play* (to talk about something that happens regularly, or something that is always true) or *I am playing* (to talk about something that is happening at the moment).	The imperfect is used to express a continuous or repeated action in the past, to speak of a situation as opposed to an action. *Je jouais:* I used to play, I was playing. *Il faisait beau:* It was fine. *Il y avait du monde:* There were a lot of people.	The *passé simple* is used to speak of completed actions in the past. It is used in literature and formal writing, never in conversation or letters. You are unlikely to have to use it at this stage, but you should recognise it. *Je jouai:* I played.	The future is used to express an action which has not yet happened. *Je jouerai:* I will play. The future is sometimes used in French where we would use the present in English: *I'll call you as soon as he arrives: Je t'appelerai dès qu'il arrivera.*

Les temps composés (the compound tenses, where the verb consists of two words: the auxiliary *avoir* or *être* and a past participle)

le passé composé	le plus-que-parfait	le futur antérieur
avoir or *être* in the present tense + past participle: *J'ai joué:* I played or I have played. *Je suis parti:* I left or I have left.	*avoir* or *être* in the imperfect: *J'avais joué:* I had played. *J'étais parti:* I had left.	*avoir* or *être* in the future: *J'aurai joué:* I will have played. *Je serai parti:* I will have left.

b The imperative mood (l'impératif) is used for giving instructions or orders. It can also be used to make a suggestion: Allons-y! Let's go!

c The subjunctive mood (le subjonctif). Whereas the indicative mood is used to state facts, the subjunctive mood may be used to express a wish, a possibility, a judgement, an attitude.

The subjunctive is used after
  – expressions of necessity: *il faut que*
  – verbs of demanding and wishing: *je demande que…, j'exige que…, je veux que…, tu veux que je fasse les courses?*
  – expressions of emotion: *je suis étonné/heureux/fier/désolé que…, je regrette que…*
  – verbs of allowing, asking, forbidding, preventing: *il a permis que…*
  – expressions of doubt, possibility or uncertainty: *je doute que…, il est possible que…, il se peut que…*
  – expressions indicating fear: *de peur que, de crainte que*
  – the following conjunctions:
      of concession: *bien que, quoique, encore que*
      of time: *avant que, jusqu'à ce que*
      of purpose: *pour que, afin que, de façon que, de manière que*
      of condition: *pourvu que, à condition que, à moins que (+ne), supposé que*
  – in superlative expressions: *C'est la fille la plus sympathique que je connaisse.*

d The conditional mood (le conditionnel) indicates what would happen if certain conditions obtained.

Le conditionnel	Le conditionnel passé
J'irais …: I would go … *J'aimerais …:* I would like	*Je serais allé …:* I would have gone … *J'aurais aimé:* I would have liked

The conditional is also used
- to make a polite or formal request: *Pourriez-vous m'aider, s'il vous plaît. Je voudrais savoir…*
- in reported speech: *Il a dit qu'il le ferait.*
- to make a suggestion: *Nous pourrions… Tu aimerais…?*
- to make a statement with some reservation: *Il y aurait 6 blessés:* It is reported that 6 people were injured.
- to give advice: *Tu devrais ranger ta chambre.*

2 **You can give a verb a voice (*une voix*): active or passive (*active ou passive*).**

When the subject does something, the verb is said to be in the active voice: *Je mange.*
When something is done to the subject, the verb is said to be in the passive voice: *Je suis mangée* (dit la pomme).
The passive is formed with the appropriate tense of the verb *être* + a past participle which agrees with the subject.
(As an alternative to the passive voice, *on* is used when the action is intentional and the doer is not mentioned. *Ici on parle français:* French is spoken here.)

3 **Sometimes you can use a verb just as you find it in a dictionary, in the infinitive: *l'infinitif*.**

The English equivalent of the infinitive *jouer* is *to play*. It does not have a subject. It does not change its endings. The equivalent negative infinitive is *ne pas jouer: not to play.*

The infinitive is used in some situations where *-ing* is used in English.
Je l'entends chanter: I hear him singing.   *Je la vois arriver:* I see her arriving.   *J'aime lire:* I like reading.

Some of the verbs which may be followed directly by an infinitive are:
aimer, adorer, aller (to speak of the future), désirer, devoir, entendre, espérer, faire, falloir, laisser, oser, pouvoir, préférer, savoir, voir, vouloir.
   J'aime jouer au foot mais je préfère jouer au rugby.   *Je vais jouer au foot:* I'm going to play football.

Some verbs may be followed by *de* + infinitive. The following are some examples:
achever de, s'arrêter de, avoir peur de, décider de, se dépêcher de, essayer de, éviter de, finir de, mériter de, oublier de, refuser de, regretter de.
   Il a décidé de partir.   *Il a décidé de ne pas partir.*

The following are **some of the verbs which may be followed by *à* + infinitive:**
aider (quelqu'un) à, apprendre à, s'attendre à, chercher à, commencer à, s'habituer à, hésiter à, s'intéresser à, se mettre à, parvenir à, réussir à, tenir à
   J'apprends à parler français.

4 **Les participes (participles)**

You can use a **present participle** (*participe présent*) if you want to
a   speak of doing two things at the same time:
   En écoutant la radio, j'ai entendu cette chanson.
b   express sequence:
   Ayant suivi cette route, je suis arrivé plus vite.
   En suivant cette route, vous arriverez plus vite.
The present participle always ends in *-ant* (the equivalent in English is *-ing*). It can be used as an adjective, in which case it agrees with the nouns it qualifies: *l'eau courante.*

The **past participle** (*participe passé*) is used to form compound tenses. Like the present participle, it can also be used as an adjective: *la crème fouettée.*

5 **Reflexive verbs (*les verbes réfléchis*)**

You can use some verbs reflexively, by giving them a pronoun object which agrees with the subject. (See the list of reflexive pronouns on page 332). This can show:
a   that the subject does the action to itself: *Il se lave:* He's washing, or he washes himself.
b   that plural subjects do the action to each other: *Ils se regardent:* They look, or they're looking at each other.

Some verbs are reflexive in form but show no reflexive meaning.
   Il s'agit de… (It's a question of…)

Regular verb table

infinitif (infinitive) participe présent participe passé (present and past participles)	impératif (imperative)	indicatif (indicative) présent (present)	passé composé (perfect)	imparfait (imperfect)
donner to give **donn**ant donné	donne! donnons! donnez!	je donne tu donnes il/elle/on donne nous **donn**ons vous donnez ils/elles donnent	j'ai donné tu as donné il a donné nous avons donné vous avez donné ils ont donné	je **donn**ais tu donnais il donnait nous donnions vous donniez ils donnaient
finir to finish **finiss**ant fini	finis! finissons! finissez!	je finis tu finis il/elle/on finit nous **finiss**ons vous finissez ils/elles finissent	j'ai fini tu as fini il a fini nous avons fini vous avez fini ils ont fini	je **finiss**ais tu finissais il finissait nous finissions vous finissiez ils finissaient
vendre to sell **vend**ant vendu	vends! vendons! vendez!	je vends tu vends il/elle/on vend nous **vend**ons vous vendez ils/elles vendent	j'ai vendu tu as vendu il a vendu nous avons vendu vous avez vendu ils ont vendu	je **vend**ais tu vendais il vendait nous vendions vous vendiez ils vendaient

The verbs above are regular. This means that they can be used as models for all other regular verbs in the French language. Read through the rules for the formation of the participles, moods and tenses of the three groups of regular verbs.

Verb endings

In the **present tense** and the **past historic**, endings vary according to the group a verb belongs to.

In the **imperfect**, the **future**, the **conditional** and the **subjunctive**, verbs always have the same endings, regardless of which of the three groups they belong to.

The **conditional** has the same endings as the **imperfect**.

The **imperative** is the same as the **present** tense, omitting the pronoun.
Note that in -er verbs the -s of the tu form is dropped.

passé simple (past historic)	futur (future)	conditionnel (conditional)	subjonctif (subjunctive)	other verbs on the same model
je donnai tu donnas il donna nous donnâmes vous donnâtes ils donnèrent	je donnerai tu donneras il donnera nous donnerons vous donnerez ils donneront	je donnerais tu donnerais il donnerait nous donnerions vous donneriez ils donneraient	je **donn**e tu donnes il donne nous donnions vous donniez ils donnent	Most verbs in the French language follow this pattern.
je finis tu finis il finit nous finîmes vous finîtes ils finirent	je finirai tu finiras il finira nous finirons vous finirez ils finiront	je finirais tu finirais il finirait nous finirions vous finiriez ils finiraient	je **finiss**e tu finisses il finisse nous finissions vous finissiez ils finissent	about 250 other verbs.
je vendis tu vendis il vendit nous vendîmes vous vendîtes ils vendirent	je vendrai tu vendras il vendra nous vendrons vous vendrez ils vendront	je vendrais tu vendrais il vendrait nous vendrions vous vendriez ils vendraient	je **vend**e tu vendes il vende nous vendions vous vendiez ils vendent	

Stems

The stem is the group of letters which form the base to which endings are added.

The stem of the *nous* form of the present tense (in bold) is the basis for the **present participle**, the **imperfect** and the **subjunctive**.

The stem of the infinitive (without its ending -er, -ir or -re) is the basis for the **present** and the **past historic**.

The whole infinitive (without the final -e in the case of -re verbs) is the basis for the **future** and the **conditional**.

The **past participle** is formed by changing the infinitive ending: *er* to *é*; *ir* to *i*; *re* to *u*.

In verbs ending in -cer and -ger, c becomes ç, and g becomes ge before the vowels a, o and u (broad vowels). The reason is: to keep the c and g soft. Examples: nous commençons; il mangeait; je dirigeais.

Some -er verbs have peculiarities in the present and subjunctive, without being irregular.

Verb type	Peculiarity	Examples
verbs ending in -ayer, -oyer, -uyer	y changes to i before silent endings (-e, -es, -ent)	j'essaie, tu envoies, ils appuient
verbs with e or é in final syllable of stem	e or é changes to è before silent endings	je me lève, ils espèrent
verbs ending with -eler, -eter	The l or t is doubled before silent endings	je m'appelle, tu jettes (Note that acheter follows the rule of type 2: j'achète.)

Forming compound tenses

In compound tenses, the verb consists of two words: the auxiliary *avoir* or *être* and the past participle of the verb required. The *passé composé* (perfect tense) is the most commonly used of the compound tenses.

Je me suis levé de bonne heure, *je suis allé* au marché et *j'ai acheté* des fleurs.

How do you know when to use *avoir* and when to use *être*?

1. *Etre* is used with reflexive verbs (see page 343). Se lever: Je me suis levé(e).

2. *Etre* is used with the following verbs and their compounds (Down the left hand column read the mnemonic DRAPER'S VAN MMT 13 to help you remember the list of verbs).

Verb	Past participle	Passé composé	Compounds
Decendre (to go down)	descendu	je suis descendu(e)	
Rester (to stay)	resté	je suis resté(e)	
Aller (to go)	allé	je suis allé(e)	
Partir (to leave)	parti	je suis parti(e)	repartir
Entrer (to go in)	entré	je suis entré(e)	rentrer
Retourner (to go back)	retourné	je suis retourné(e)	
Sortir (to go out)	sorti	je suis sorti(e)	
Venir (to come)	*venu	je suis venu(e)	devenir, parvenir, revenir
Arriver (to arrive)	arrivé	je suis arrivé(e)	
Naître (to be born)	*né	je suis né(e)	renaître
Mourir (to die)	*mort	je suis mort(e)	
Monter (to go up)	monté	je suis monté(e)	remonter
Tomber (to fall)	tombé	je suis tombé(e)	
13			

* Note that these past participles are irregular.

3. All other verbs are conjugated with *avoir*.

The table below shows three sample verbs fully conjugated.

*Reflexive verb	*Non-reflexive verb with *être*	Verb with *avoir*
je me suis levé(e)	je suis allé(e)	j'ai acheté
tu t'es levé(e)	tu es allé(e)	tu as acheté
il/elle/on s'est levé(e)	il/elle/on est allé(e)	il/elle/on a acheté
nous nous sommes levé(e)s	nous sommes allé(e)s	nous avons acheté
vous vous êtes levé(e)s	vous êtes allé(e)s	vous avez acheté
ils/elles se sont levé(e)s	ils/elles sont allé(e)s	ils/elles ont acheté

*Note that in verbs conjugated with *être*, the past participle is made to agree with the subject by the addition of an -*e* (*elle est allée*), -*s* (*ils sont allés*), or -*es* (*elles sont allées*). In verbs conjugated with *avoir*, the past participle does not agree with the subject.

The four compound tenses
Each of the compounds in the table below uses a different tense of *avoir* or *être*.

passé composé (perfect)	present tense of *avoir* or *être*	je suis allé(e): I went, I have gone	j'ai acheté: I bought, I have bought
plus-que-parfait (pluperfect)	imperfect of *avoir* or *être*	j'étais allé(e): I had gone	j'avais acheté: I had bought
futur antérieur (future perfect)	future of *avoir* or *être*	je serai allé(e): I will have gone	j'aurai acheté: I will have bought
conditionnel passé (conditional perfect)	conditional of *avoir* or *être*	je serais allé(e): I would have gone	j'aurais acheté: I would have bought

> **To avoid confusion, don't look at these rules unless you fully understand the above!**
> When a verb which is usually conjugated with *être* is used with a direct object, it is conjugated with *avoir*.
> > Il a descendu les livres du rayon (He took the books down off the shelf).
> > Il a monté les valises au grenier (He put the suitcases up it the attic).
> > Il a rentré la voiture (He put the car in).
> > Il a sorti la poubelle (He took out the dustbin).
> When, as in certain constructions, the direct object comes before the verb, the past participle agrees with the direct object.
> > Tu as vu *Claire*? Oui, je *l*'ai vu*e*.
> > Les *livres que* j'ai acheté*s* hier sont sur la table.
> > Elle s'est brûl*ée* au doigt.

Les verbes irréguliers

Below is a table of the most common irregular verbs in French. A verb is said to be irregular if it doesn't follow the same patterns as those set out in the table on page 344. An irregular verb is not necessarily irregular in all moods, tenses or forms. In the table below, only the irregularities are given.

infinitif / participe présent / participe passé	impératif	indicatif présent	passé composé	imparfait	passé simple	futur	conditionnel	subjonctif	other verbs on the same model
aller to go / allant / allé	va! va-t-en! / allons! / allez!	je vais / tu vas / il/elle/on va / nous allons / vous allez / ils/elles vont	je suis allé(e) / Also used with an infinitive to form the futur proche: je vais m'asseoir		*Note that some verbs in the passé simple have *us*, not *is*, endings. In these cases, the *u* continues (see avoir)	j'irai	j'irais	j'aille / tu ailles / il aille / nous allions / vous alliez / ils aillent	Il faut que je m'en aille.
s'asseoir to sit / s'asseyant / assis	assieds-toi! / asseyons-nous! / asseyez-vous!	je m'assieds / tu t'assieds / il s'assied / nous nous asseyons / vous vous asseyez / ils s'asseyent	je me suis assis(e)		je m'assis	je m'assiérai	je m'assiérais	je m'asseye	
avoir to have / ayant / eu	aie! / ayons! / ayez!	j'ai / tu as / il a / nous avons / vous avez / ils ont	j'ai eu / Also used with a past participle to form the passé composé		j'eus / tu eus / il eut / nous eûmes / vous eûtes / ils eurent	j'aurai	j'aurais	j'aie / tu aies / il ait / nous ayons / vous ayez / ils aient	
battre to beat / battant / battu		je bats / tu bats / il bat / nous battons / vous battez / ils battent			je battis				abattre, combattre, débattre
boire to drink / buvant / bu	Buvons encore une dernière fois, à l'amitié, l'amour, la joie!	je bois / tu bois / il boit / nous buvons / vous buvez / ils boivent	j'ai bu		je bus			je boive / tu boives / il boive / nous buvions / vous buviez / ils boivent	
conduire to drive / conduisant / conduit		je conduis / tu conduis / il conduit / nous conduisons / vous conduisez / ils conduisent	j'ai conduit		je conduisis				most verbs ending in *-uire*: construire, introduire, produire

connaître to know connaissant connu		je connais tu connais il connaît nous connaissons vous connaissez ils connaissent	j'ai connu	je connus			(ap)paraître disparaître reconnaître
courir to run courant couru	cours! courons! courez!	je cours tu cours il court nous courons vous courez ils courent	j'ai couru *Un bruit qui court*	je courus	je courrai	je courrais	
craindre to fear craignant craint		je crains tu crains il craint nous craignons vous craignez ils craignent	j'ai craint	je craignis			all verbs ending in -aindre, -eindre, -oindre (plaindre, peindre joindre)
croire to believe croyant cru		je crois tu crois il croit nous croyons vous croyez ils croient	j'ai cru	je crus			je crois tu croies il croie nous croyions vous croyiez ils croient
cueillir to gather, pick cueillant cueilli	*Cueillez dès aujourd'hui les roses de la vie* Ronsard	je cueille tu cueilles il cueille nous cueillons vous cueillez ils cueillent		je cueillis	je cueillerai	je cueillerais	accueillir, recueillir
devoir to have, to owe, to be obliged to devant dû		je dois tu dois il doit nous devons vous devez ils doivent	j'ai dû	je dus	je devrai	je devrais	je doive tu doives il doive nous devions vous deviez ils doivent
dire to say disant dit		je dis tu dis il dit nous disons vous dites ils disent	j'ai dit	je dis			contredire, interdire, prédire

349

infinitif / participe présent / participe passé	impératif	indicatif présent	passé composé	imparfait	passé simple	futur	conditionnel	subjonctif	other verbs on the same model
dormir to sleep / dormant / dormi		je dors tu dors il dort nous dormons vous dormez ils dorment							other verbs which do not use *-iss*: *mentir, partir, se repentir, sentir, servir, sortir*
écrire to write / écrivant / écrit	Ecris-moi bientôt!	j'écris tu écris il écrit nous écrivons vous écrivez ils écrivent	j'ai écrit		j'écrivis				verbs ending in *-crire*: *décrire, inscrire, récrire*
envoyer to send / envoyant / envoyé		j'envoie tu envoies il envoie nous envoyons vous envoyez ils envoient				j'enverrai	j'enverrais	j'envoie tu envoies il envoie nous envoyions vous envoyiez ils envoient	*renvoyer*
être to be / étant / été	sois! Sois sage! soyons! soyez!	je suis tu es il est nous sommes vous êtes ils sont	j'ai été Also used with a past participle to form the passé composé	j'étais Etre is the ONLY verb which is irregular in the imparfait!	je fus	je serai	je serais	je sois tu sois il soit nous soyons vous soyez ils soient	Notre Père, qui es aux cieux… Que ta volonté soit faite!
faire to do, make / faisant / fait	Fais comme chez toi!	je fais tu fais il fait nous faisons vous faites ils font	j'ai fait		je fis	je ferai	je ferais	je fasse	*défaire, refaire*
falloir to be necessary / / fallu	A defective verb which is only used in the *il* form!	il faut	il a fallu	il fallait	il fallut	il faudra	il faudrait	il faille	
lire to read / lisant / lu		je lis tu lis il lit nous lisons vous lisez ils lisent	j'ai lu		je lus				*élire, relire*

mettre to put mettant mis	je mets tu mets il met nous mettons vous mettez ils mettent	j'ai mis	je mis			*permettre, promettre, remettre*
mourir to die mourant mort	je meurs tu meurs il meurt nous mourons vous mourez ils meurent	je suis mort(e)	je mourus	je mourrai	je mourrais	je meure tu meures il meure nous mourions vous mouriez ils meurent	
naître to be born naissant né	je nais tu nais il naît nous naissons vous naissez ils naissent	je suis né(e)	je naquis				*renaître*
ouvrir to open ouvrant ouvert	j'ouvre tu ouvres il ouvre nous ouvrons vous ouvrez ils ouvrent Ouvre-moi la porte!	j'ai ouvert	j'ouvris				*couvrir, découvrir, offrir, rouvrir, souffrir*
plaire (à) to please plaisant plu	je plais tu plais il plaît nous plaisons vous plaisez ils plaisent	j'ai plu S'il te plaît! S'il vous plaît!	je plus				*déplaire*
pleuvoir to rain pleuvant plu	il pleut	il a plu	il plut	il pleuvait	il pleuvra	il pleuvrait	il pleuve
pouvoir to be able pouvant pu	je peux tu peux il peut nous pouvons vous pouvez ils peuvent	j'ai pu	je pus		je pourrai	je pourrais	je puisse

351

infinitif / participe présent / participe passé	impératif	indicatif présent	passé composé	imparfait	passé simple	futur	conditionnel	subjonctif	other verbs on the same model
prendre to take prenant pris	Prends ton temps!	je prends tu prends il prend nous prenons vous prenez ils prennent	j'ai pris		je pris			je prenne tu prennes il prenne nous prenions vous preniez ils prennent	*méprendre, reprendre, surprendre*
recevoir to receive recevant reçu		je reçois tu reçois il reçoit nous recevons vous recevez ils reçoivent	j'ai reçu Merci pour ta lettre que j'ai reçue hier.		je reçus	je recevrai	je recevrais	je reçoive tu reçoives il reçoive nous recevions vous receviez ils reçoivent	*apercevoir, concevoir, décevoir, percevoir*
rire to laugh riant ri		je ris tu ris il rit nous rions vous riez ils rient	j'ai ri		je ris				*sourire*
savoir to know sachant su	sache sachons sachez	je sais tu sais il sait nous savons vous savez ils savent	j'ai su un certain je ne sais quoi		je sus	je saurai	je saurais	je sache	
suivre to follow suivant suivi	- Suivez le guide! - Je suis le guide!	je suis tu suis il suit nous suivons vous suivez ils suivent	j'ai suivi		je suivis				*poursuivre*
se taire to say nothing taisant tu	Tais-toi! Taisez-vous!	je me tais tu te tais il se tait nous nous taisons vous vous taisez ils se taisent	je me suis tu(e)		je me tus				
tenir to hold tenant tenu		je tiens tu tiens il tient nous tenons vous tenez ils tiennent	j'ai tenu		je tins tu tins il tint nous tînmes vous tîntes ils tinrent	je tiendrai	je tiendrais	je tienne tu tiennes il tienne nous tenions vous teniez ils tiennent	*maintenir, retenir, venir, devenir, revenir, se souvenir*

vivre to live vivant vécu	vive! Vive la France!	je vis tu vis il vit nous vivons vous vivez ils vivent	j'ai vécu	je vécus			*survivre*
voir to see voyant vu déjà vu		je vois tu vois il voit nous voyons vous voyez ils voient	j'ai vu	je vis	je verrai	je verrais	je voie tu voies il voie nous voyions vous voyiez ils voient	*pourvoir,* *revoir*
vouloir (to want, wish)	veuillez Used in very formal requests)	je veux tu veux il veut nous voulons vous voulez ils veulent	j'ai voulu	je voulus	je voudrai	je voudrais	je veuille tu veuilles il veuille nous voulions vous vouliez ils veuillent	

353